Christian Jakob, Simone Schlindwein
Diktatoren als Türsteher Europas

W0076567

Christian Jakob, Simone Schlindwein

Diktatoren als Türsteher Europas

Wie die EU ihre Grenzen
nach Afrika verlagert

Ch. Links Verlag, Berlin

»Wir leben in einer globalisierten Welt, alles ist vernetzt:
Computer, Geld, Handel, Waren. Nur wir Afrikaner,
wir dürfen bei dieser Globalisierung nicht mitmachen.
Im Prinzip haben Fische mehr Rechte als wir,
denn sie schwimmen frei umher.«

Samir Abi, West African Observatory on Migration,
Lomé, Togo, Juli 2017

Die Herstellung dieses Buches wurde gefördert
von der stiftung: do (Hamburg) und medico international (Frankfurt)

Auch als **e book** erhältlich

Die Deutsche Nationalbibliothek verzeichnet
diese Publikation in der Deutschen Nationalbibliografie;
detaillierte bibliografische Daten sind im Internet über
www.dnb.de abrufbar.

1. Auflage, Oktober 2017
© Christoph Links Verlag GmbH
Schönhauser Allee 36, 10435 Berlin, Tel.: (030) 44 02 32-0
www.christoph-links-verlag.de; mail@christoph-links-verlag.de
Umschlaggestaltung: Nadja Caspar, Ch. Links Verlag, unter
Verwendung eines Motivs von picture alliance / Westend61
Karte: Peter Palm, Berlin
Satz: Eugen Lempp, Ch. Links Verlag
Druck und Bindung: Druckerei F. Pustet, Regensburg

ISBN 978-3-86153-959-9

INHALT

VORWORT: DIE WIEDERENTDECKUNG AFRIKAS 7

TEIL I: DIE SCHLIESSUNG DER GRENZEN 17

Unsere Partner: Mutmaßliche Kriegsverbrecher 17
Rückblick: Eine kleine Geschichte unserer Türsteher 39
Diplomatie: Monsieur Vimonts letzter Auftrag –
die Einigung mit Afrika 57

TEIL II: DIE VORBILDER 71

Das Abkommen mit der Türkei:
Der Sechs-Milliarden-Euro-Deal 71
Israels Geschäfte: Die Ware Mensch 89
Das Abschiebe-Domino: Zurück auf Los! 100

TEIL III: EIN KONTINENT IN BEWEGUNG 109

Die Schlepper: Ein staatlich-mafiöser Komplex 109
Migration: »Karibu Sana« –
Willkommenskultur auf Kisuaheli 116

TEIL IV: EUROPAS NEUE GRENZEN IN AFRIKA 131

Freizügigkeit: Schengen für uns, Zäune im Sahel 131
Abschiebungen: Dann ist er eben Nigerianer 146
Entwicklungshilfe: »Wir schlagen eine Mischung
aus positiven und negativen Anreizen vor« 159
Europas Wärter: Warum Frontex
keine Grenzen kennt 170
Technologie: Neue Grenzanlagen – ein Subventions-
programm für Europas Waffenschmieden 187
Das Mittelmeer: Sterben, wo andere Urlaub machen 207

TEIL V: DIE ÖFFNUNG DER MÄRKTE 229

Wirtschaftsförderung im Dienste der Migrationskontrolle:
Der »Merkel-Plan« mit Afrika 229
Freihandel: Euro-afrikanischer Milchkaffee 241

FAZIT: EUROPAS TRÄUME, AFRIKAS TRÄUME 251

ANHANG 263

Anmerkungen 263
Weiterführende Literatur 299
Namens- und Abkürzungsverzeichnis 301
Geografisches Register 306
Karte 310
Dank 312
Über Autor und Autorin 316

VORWORT
DIE WIEDERENTDECKUNG AFRIKAS

Der Nachbarkontinent Afrika hat die Europäer lange kaum interessiert. Er stand vor allem für Kriege, Klimawandel, Seuchen wie die tödliche Ebola-Epidemie in Westafrika 2014 oder Katastrophen wie die Hungersnot in Ostafrika 2017. Doch jetzt steht der Kontinent wieder im Fokus der Aufmerksamkeit. Von einer neuen Epoche der Partnerschaft ist zu hören.

Sie nahm ihren Anfang, als die Lage auf der Balkan-Route im Sommer 2015 eskalierte: Hunderttausende Flüchtlinge, unkontrolliert auf dem Weg nach Zentraleuropa. Kurz darauf lud die Europäische Union (EU) 33 Staatschefs aus Afrika zu einem Treffen nach Malta ein. Milliardenschwere neue Programme der Entwicklungshilfe und wirtschaftlichen Zusammenarbeit wurden aufgesetzt. »Eine Situation wie im Sommer 2015 kann, soll und darf sich nicht wiederholen«,[1] sagte die Bundeskanzlerin Angela Merkel. Die Panik in Europa, die die unkontrollierte Flüchtlingsbewegung über die Balkan-Route ausgelöst hatte – sie wurde auf Afrika projiziert. Und eben dort will Europa sein Migrationsproblem jetzt lösen – mit weitreichenden Eingriffen in die Länder südlich des Mittelmeers.

Afrika war schon zu Kolonialzeiten ein Ort, den die Europäer nach ihren Vorstellungen formen wollten. Fünf Meter hoch war die Karte des afrikanischen Kontinents, die im November 1884 im Tagungsraum im Berliner Reichskanzlerpalais an der Wand hing. Vertreter von 13 europäischen Staaten sowie der Vereinigten Staaten (USA) und des Osmanischen Reiches waren der Einladung des deutschen Reichskanzlers Otto von Bismarck nach Berlin zur sogenannten Kongokonferenz gefolgt. Es ging darum, die Handelsfreiheit im Einzugsgebiet der Flüsse Kongo und Niger zu regeln.

Als die Konferenz am 26. Februar 1885 zu Ende ging, hatten die Teilnehmer die Grundlagen geschaffen, den Kontinent untereinander aufzuteilen. Zahlreiche afrikanische Grenzen, die heute im Fokus der EU-Migrationskontrolle stehen, wurden damals von den Kolonialherren am Reißbrett gezogen. Jene, die dort lebten, wurden nicht gefragt.

Seitdem hat sich vieles verändert. Geblieben sind die kolonialen Grenzen und die alte, aus der Kolonialzeit stammende Angst vor dem »Schwarzen Mann«. Einst waren es die tödlichen Tropenkrankheiten aus Afrika, die die Europäer fürchteten. Heute ist es die Furcht vor der »Invasion«, der »Umvolkung«, die die Rechtsextremisten befeuern.

Sie geht einher mit der zunehmenden Furcht vor dem Terror, ausgelöst durch die Anschläge in Paris im November 2015, in Brüssel im März 2016 und auf dem Berliner Weihnachtsmarkt Ende 2016. Die Täter bekannten sich zum Islamischen Staat (IS), der heute auch in Libyen und der Sahelzone aktiv ist. Flüchtlinge und Migranten stehen in Europa unter Generalverdacht. Deshalb sind die Mittel, die im Innern gegen den Terrorismus angewandt werden – Überwachung und Kontrolle, Biometrisierung und Datensammlung – jenen so ähnlich, mit denen nach außen die irreguläre Migration bekämpft wird.

Jedes Jahr veröffentlicht die Weltbank, wie viele Menschen in der Welt von einem Land ins andere wandern. »Migrationskorridore« nennt sie dies. Die 30 größten werden erfasst.[2] Nur die Bewohner eines einzigen Landes aus Afrika südlich der Sahara sind dabei: Burkinabés, die aus ihrer Heimat Burkina Faso in die Elfenbeinküste auswandern. Afrikaner in Europa – unter den Migranten dieser Welt ist ihre Zahl so gering, dass sie nicht in der Liste der Top 30 auftauchen, obwohl die Kontinente nur wenige Kilometer voneinander entfernt liegen.

181 000 Afrikaner kamen 2016 über das Mittelmeer nach Europa.[3] Das sind etwa so viele Menschen, wie in Hamm oder Saarbrücken leben. Keine große Zahl für die EU mit ihrer halben Milliarde Einwohner. Doch seit 2010 hat sich die Zahl der jährlich ankommenden Afrikaner mehr als verdoppelt. Und viele fürchten: So wird es weitergehen.

Bis 2050 wird die Bevölkerung des Kontinents auf mehr als 2,2 Milliarden wachsen, prognostizieren die Vereinten Nationen (UN).[4] »Dramatisch zunehmen« könnte die Migration aus Afrika, sagte der deutsche Entwicklungsminister Gerd Müller (CSU) im Oktober 2016. Im Juni 2017, der Bundestagswahlkampf steht vor der Tür, wird er konkreter: »Bis zu 100 Millionen Menschen«[5] könnten sich in Afrika auf den Weg nach Norden machen, wenn der Klimawandel nicht verlangsamt werde. Eine Zahl, monströs, aber bewusst gesetzt, um Ängste zu schüren.

Denn die Menschen, um die es geht, sind schwarz. Carlos Lopes, bis vor Kurzem UN-Chefökonom für Afrika, erinnert daran, dass im vergangenen Jahrzehnt Hunderttausende Arbeitsmigranten aus Bolivien, Ecuador, Kolumbien und Peru nach Spanien kamen. Es war dieselbe Zeit, in der das südeuropäische Land, das nur wenige Kilometer von Afrika entfernt liegt, mit seinem »Plan África« (→ *Kapitel: Rückblick*) die Migration aus Westafrika stoppte. Einwanderung aus Lateinamerika dagegen ließ es zu. Eine »kulturelle Wahl«, sagt Lopes zu dieser Entscheidung: »Es gab keine Angst vor Migranten, sondern vor Afrikanern.«[6]

Diese Angst ist – so wie die vor Muslimen – einer der Nährstoffe für den Rechtsruck, der das politische Gefüge in vielen Ländern Europas erschüttert hat. Die Debatte um Zuzug, offene Grenzen und Flüchtlingsschutz hat die EU als Projekt insgesamt möglicherweise stärker unter Druck gesetzt als selbst die Eurokrise 2010.

Den Deutschen drohe, »in weniger als einer Generation« im erwerbsfähigen Alterssegment »eine Minderheit im eigenen Land« zu werden, sagt der Juraprofessor Ralph Weber. Bei den Landtagswahlen in Mecklenburg-Vorpommern holte er in seinem Wahlkreis Vorpommern-Greifswald III an der Ostseeküste 35 Prozent[7] aller Stimmen – das bis dahin beste AfD-Ergebnis in einem Wahlkreis überhaupt. Weber rechnet vor: Bis 2017 dürften 3,5 Millionen »illegale Zuwanderer« ins Land gekommen sein. Wenn die sich in der »lebensbejahenden Verbreitungsstrategie, die diesen Völkern eigen ist, ausbreiten, also vier bis fünf Kinder in zehn Jahren«, gebe es bald »elf bis zwölf Millionen illegale Zuwanderer und deren Nachfolger«. Eine Argumentation, wie sie unter Rechtsextremen weit verbreitet ist. Doch genau das, behauptet Weber, seien die Dinge, die die Menschen bei seinen vielen Wahlveranstaltungen im äußersten Nordosten der Republik angesprochen hätten.

Die Angst vor den Afrikanern und muslimischen Einwanderern, sie buchstabiert sich selten so offen aus wie im AfD-Wahlkampf von Ralph Weber. Doch ihre Verbreitung nimmt zu. Sie ist der Antrieb für immer weitergehende Versuche, Migration in einer globalisierten Welt wieder unter Kontrolle zu bekommen. Und zwar vor allem aus und in Afrika. Denn die meisten der teils riesigen Migrationskorridore auf der Weltbank-Liste sind völlig geräuschlos. Niemand nimmt an den Bewegungen der Menschen Anstoß. Dass sie wandern, wird akzeptiert.

Im Jahr 2004 widmete die für Bildung, Wissenschaft und Kultur zuständige UNESCO (United Nations Educational, Scientific and Cultural Organization) Afrika eine Tagung. Ihr Titel: »Der vergessene Kontinent«. Damals war das fast ein Synonym für Afrika. Das ist vorbei. Afrika ist in den Mittelpunkt des europäischen Interesses gerückt.

Im Grunde ist dies eine gute Nachricht. Sie könnte, zum Beispiel, dazu führen, dass über die aktuelle, größte Hungerkatastrophe seit Bestehen der UN gesprochen wird, die in Afrika Millionen Menschen bedroht. Oder über die Lage in Uganda, einem kleinen Land, wo zu Beginn 2017 das größte Flüchtlingslager der Welt aus dem Boden gestampft wurde, aber die Mittel fehlen, um die Menschen zu ernähren. Doch diese Dinge sind kein Thema für weite Teile der Öffentlichkeit und viele Politiker in Europa.

Sie interessiert, was getan werden kann, damit keine Flüchtlinge zu uns kommen. Der milliardenschwere EU-Türkei-Deal (→ *Kapitel: Das Abkommen mit der Türkei*) soll dafür Modell stehen. Das Abkommen hat viele empört. Seine Kritiker klingen dabei häufig so, als habe Europa mit dem türkischen Staatschef Recep Tayyip Erdoğan eine neue, besonders verwerfliche Praxis der Abschottung begonnen. Tatsächlich aber nimmt die EU schon seit langer Zeit Staaten in ihren Dienst, aus denen die Migranten und Flüchtlinge nach Europa kommen – mit »Nachbarschaftsverträgen«, »Arbeitsabkommen« und »Partnerschaftsrahmen«. Anders als die Abmachung mit der Türkei hat dies die Öffentlichkeit nie interessiert. Die einzige Ausnahme war der Vertrag zwischen Italiens damaligem Ministerpräsidenten Silvio Berlusconi und Libyens Diktator Muammar Gaddafi 2008. Berlusconi stellte Gaddafi Milliarden Euro in Aussicht. »Weniger Flüchtlinge – mehr Öl«, sagte Berlusconi damals, das sei der Deal.

Heute ist es die EU, die mit Hochdruck daran arbeitet, solche Abkommen mit vielen Staaten Afrikas abzuschließen. Für Flüchtlinge wird es so immer schwieriger, Schutz zu finden. Und für Arbeitsmigranten wird es immer gefährlicher, an Orte zu gelangen, an denen sie ein Einkommen suchen können. Doch das ist nicht die einzige Folge. Je mehr Europa versucht, die Migration zu kontrollieren, desto schwieriger wird es für viele Afrikaner, sich innerhalb ihres eigenen Kontinents, ja selbst innerhalb ihres eigenen Landes frei zu bewegen.

Dieses Buch handelt von diesem neuen Umgang mit Afrika. Doch das, was darin beschrieben ist, ist europäische Innenpolitik.

Seit die EU sich zusammenschließt, wachsen ihre Grenzen schneller als sie selbst. Zuerst verhielt sie sich wie ein Nationalstaat: Sie kontrollierte die Zugänge zum eigenen Territorium. Doch das reichte irgendwann nicht mehr. Weil sie die Migration von außen im Innern nicht kollektiv zu regeln vermochte, versucht sie jetzt stattdessen, Migrationsbewegungen in ihre Richtung zu verhindern, vor allem in Afrika. Erst sollten die Transit-, dann die Herkunftsregionen dafür sorgen, dass möglichst wenige Menschen zum Schengen-Raum vordringen konnten. Ein Plan voller Hybris.

Die EU bietet dafür immer mehr Geld. Rund zwei Milliarden Euro waren es seit dem Beginn des Jahrtausends bis 2015. Bis 2020 sollen mindestens weitere 14 Milliarden Euro (→ *Kapitel: Entwicklungshilfe*) hinzukommen. Die EU begleicht die Kosten, die durch die Kontrolle der Migration selbst entstehen: Lebensmittel oder Zelte für aufgehaltene Flüchtlinge, Jeeps oder Schiffe für die Grenzpolizei, Abschiebungen oder den Bau und Betrieb von Internierungslagern. Aber sie gibt noch mehr, gewissermaßen als Prämie: eine Extraportion Entwicklungshilfe für die Koalition der Willigen in Sachen Grenzschutz.

Manche Staaten Afrikas stellen deshalb die Ausreise in Richtung Europa generell unter Strafe. Manche sparen sich ein solches Gesetz und sperren Migranten einfach so ein. Manche errichten Grenzposten, wo bislang keine waren. Manche führen biometrische Pässe ein. Manche nehmen Abgeschobene aus Europa zurück, selbst wenn sie gar nicht ihre eigenen Bürger sind. Manche Staaten blockieren Migrationsrouten mit Soldaten. Manche erlauben europäischen Beamten, dies selbst zu übernehmen. Und manche schließen die Grenzen: nicht nur für Transitmigranten, sondern auch für die eigenen Bürger. Sie tun genau das, was den Staaten des einst kommunistischen Ostmittel- und Osteuropas bis heute, völlig zu Recht, als eine ihrer größten Sünden vorgeworfen wird.

Immer öfter wird das Geld, das als Gegenleistung für die Kontrolle der Migration gezahlt wird, als Official Development Assistance (ODA) – gemeinhin Entwicklungshilfe genannt – verbucht. Es ist eine Zweckentfremdung von Mitteln, die dazu da sind, Armut und Not zu lindern. Es widerspricht dem Sinn von Entwicklungshilfe auch deshalb, weil Arbeitsmigration ein Segen für arme Länder ist. Sie bringt Geld in die Kassen der kleinen Händler und Bauern.

Diese Vermischung von Entwicklungshilfe und Migrations-kontrolle wird zunehmen. »Fluchtursachenbekämpfung« ist das neue Paradigma der Entwicklungspolitik. Die afrikanische Zivilgesellschaft bekommt davon nur wenig mit. Die Verhand-lungen laufen im Geheimen.

Deutschland ist das Kraftzentrum der neuen EU-Afrika-Politik. Im Herbst 2016 reiste die Bundeskanzlerin Angela Merkel (CDU) zum ersten Mal seit Langem wieder nach Afrika. Danach kamen eine ganze Reihe von afrikanischen Staatschefs und Delegationen nach Berlin. Ähnliches spielte sich in Brüs-sel ab. Der Kontinent bekam plötzlich mehr Aufmerksamkeit als etwa während der Ebola-Krise 2014. Als Kanzlerin Merkel im Dezember 2016 die Präsidentschaft der G20-Staatengruppe übernahm, nannte sie eine Säule ihres Programms: »Verant-wortung übernehmen – besonders für Afrika«. Bis zum Som-mer 2017 riss die Serie der Afrika-Konferenzen in Berlin nicht ab. Selbst Menschen, die hauptberuflich die Afrika-Politik er-forschen, kamen kaum noch mit.

Die Agenda klang teils so, als sei sie im Eine-Welt-Laden ge-schrieben worden: »Afrika ist nicht arm, sondern wurde von uns arm gemacht« – mit solchen Sätzen wirbt Entwicklungs-minister Müller für seinen »Marshallplan mit Afrika«, der die »postkoloniale Ausbeutung stoppen« soll.[8]

Neu ist diese staatliche Befassung mit Afrika nicht. Ihre »afrikapolitischen Leitlinien« inklusive der Rede vom »Kon-tinent der Chancen« etwa formulierte die Bundesregierung schon 2014. Auch bei den G8-Gipfeln 2005 im schottischen Glen-eagles und 2007 in Heiligendamm an der Ostsee war Afrika ein Thema. Die aktuelle Ballung diplomatischer Betriebsamkeit aber hat zweifellos eine neue Qualität.

In dieser neuen Welt wächst auch die Bereitschaft, militäri-sche Mittel zu wählen. »Die Ereignisse der letzten zwei Jahre waren ein Weckruf, den wir verstanden haben«,[9] sagte Verteidigungsministerin Ursula von der Leyen (CDU) im März 2017 auf einer Konferenz, die sie in Berlin mit Entwicklungsminister Müller ausrichtete. Der Satz war offen auf die Situation auf der Balkan-Route gemünzt. Würden die Probleme Afrikas nicht gelöst, »machen sich die Menschen auf den Weg, wenn sie bedroht sind«, sagte von der Leyen. Das Verteidigungs- und das Entwicklungsministerium hätten sich »in der Vergangenheit oft als Gegensätze verstanden«. Damit müsse Schluss sein. In Afrika gehen jetzt deutsche Verteidigungs- und Entwicklungspolitik Hand in Hand. Müller wies auf den Zusammenhang von Nahrungskrisen und bewaffneten Konflikten hin. In mehr als der Hälfte der weltweit 37 Staaten, in denen aktuell Hungerkrisen drohen oder herrschen, seien Kriege der Hauptgrund. Nigeria etwa habe bald die drittgrößte Bevölkerung der Erde und würde durch ein Erstarken der islamistischen Miliz Boko Haram »in Flammen stehen«, sagte Müller. »Stellen Sie sich vor, welche dramatischen Auswirkungen das für uns alle hätte«, so der Minister: »Afrikas Zukunft bestimmt auch unsere Zukunft.«

Migration aber ist nicht auf bewaffnete Konflikte, Armut oder Erderwärmung reduzierbar. Sie ist eine anthropologische Konstante und eine Normalität der Globalisierung. Unter der Migrationsabwehr leiden in erster Linie die Migranten. Die EU aber fühlt sich als Opfer. Hier heißt es: Das Boot ist voll. In Afrika wird Migration dagegen als Motor der wirtschaftlichen Entwicklung betrachtet. Aus der Sicht der afrikanischen Staaten ist jeder zurückgenommene Flüchtling oder Migrant ein schlechtes Geschäft.

Nur wenige Länder Afrikas lassen sich deshalb bislang von Europa vereinnahmen. Zu wichtig ist Migration für sie.

Afrika hat eigene Vorstellungen von seiner Zukunft formuliert, vor allem im Kontext der Afrikanischen Union (AU) und ihres 50-Jahr-Plans, der sogenannten Agenda 2063, die sie im Jahr 2013 als Zukunftsvision formuliert hat.

Sie will mehr Integration und mehr Migration: Alle Afrikaner sollen innerhalb des Kontinents visumfrei reisen und arbeiten können. Es soll einen gemeinsamen afrikanischen Reisepass geben. Gerade hier fallen europäische und afrikanische Interessen auseinander: Der Wunsch nach mehr Grenzkontrollen ist mit dem Wunsch nach echter innerafrikanischer Freizügigkeit unverträglich. Europa ignoriert das – und formt Afrika so einmal mehr nach seinen eigenen Wünschen und Vorstellungen.

In den Monaten, in denen dieses Buch fertiggestellt wurde, hat sich die Entwicklung stark beschleunigt. Die Krise im Mittelmeer spitzte sich zu und fast wöchentlich fassten die EU oder europäische Staaten neue Beschlüsse, um die Ankunft von Flüchtlingen und Migranten einzuschränken. Die in diesem Buch beschriebenen Prozesse haben sie so weitergetrieben, die von uns aufgezeigten grundlegenden Probleme, vor allem die unterschiedlichen Auffassungen von europäischer und afrikanischer Seite zur Zukunft von Migration, bleiben bestehen.

Berlin, Kampala, August 2017

TEIL I
DIE SCHLIESSUNG DER GRENZEN

Unsere Partner
Mutmaßliche Kriegsverbrecher

»Ich sage es ganz klar: Wir sind von den Flüchtlingen nicht gefährdet, denn die Menschen wollen ja nach Europa«,[1] erklärt der Kommandant von Sudans Spezialeinheiten RSF (Rapid Support Forces) im August 2016 auf einer Pressekonferenz in der Hauptstadt Khartoum. Stolz präsentiert er der Presse über 800 verhaftete »illegale Migranten«: Eritreer, Äthiopier und Sudanesen; darunter Frauen und Kinder. Wie Vieh sind sie auf der Ladefläche von Lastwagen vom Gefängnis zur Pressekonferenz gekarrt worden. Sie waren auf dem Weg nach Europa, als die RSF sie aufgriff. »Also arbeiten wir stellvertretend für Europa«, erklärt Generalmajor Mohammed Hamdan Daglo in die Kameras.

Berühmt und berüchtigt ist Daglo unter dem Kriegsnamen »Hametti«. Sudans oberster Grenzschützer ist mutmaßlicher Kriegsverbrecher mit blutiger Vergangenheit. Hamettis Onkel ist Chef eines der Clans in der Bürgerkriegsregion Ost-Darfur, die traditionell als Kamelhirten und Händler bewaffnet in den Grenzgebieten der Wüste umherziehen. Seine Reitermiliz wurde 2003 von Sudans Regime als Stoßtrupp aufgestellt, um die Rebellen in Ost-Darfur zu bekämpfen. Bekannt als Janjaweed, wird Hamettis Miliz von internationalen Menschenrechtsorganisationen für grausame Verbrechen verantwortlich gemacht.[2] Ihr Name ist Programm: Übersetzt bedeutet er »berittene Teufel«. UN-Ermittler präsentierten Beweise für Folter, Vergewaltigungen und Massenhinrichtungen.[3]

Im Sudan selbst gilt Hametti als Held. Erst im April 2016, kurz vor den Wahlen, befördert Sudans Präsident Omar al-Bashir ihn zum Generalmajor und verteilt Tapferkeitsmedaillen an dessen Kämpfer. Hametti hatte im Bürgerkrieg in Darfur den entscheidenden Sieg erzielt: die Zerschlagung der Rebellengruppe JEM (Justice and Equality Movement). Während Bashir von der Ladefläche eines Pick-ups herab seine Lobrede auf Hametti hielt, verrotteten im Hintergrund aufgedunsene Leichen im Wüstensand.[4] Amnesty International schreibt im Darfur-Bericht 2016 von Giftgasanschlägen der Regierung gegen die eigene Bevölkerung – vergleichbar mit dem Regime in Syrien.[5] Bereits 2009 stellte der Internationale Strafgerichtshof gegen Präsident Bashir einen ersten Haftbefehl aus, der zweite folgte ein Jahr später. Der Vorwurf: Völkermord in Darfur.[6]

Hametti erledigt auch in den anderen Bürgerkriegsgebieten Süd-Kordofan und Blue Nile für Bashir die Drecksarbeit. 2013 gingen seine Einheiten in der Hauptstadt brutal gegen Demonstranten vor. Er gilt als persönlicher Garant von Bashirs Macht und brüstet sich damit. 2014 stellt er sich in seinem Hauptquartier in Darfur vor die Kameras des australischen TV-Senders *ABC*.[7] Seine Kämpfer präsentieren schwere Waffen. Gegenüber der im Sudan geborenen *ABC*-Journalistin Nima Elbagir rühmt er sich, er habe 2006 Präsident Bashir persönlich getroffen. Von ihm empfange er seitdem direkt seine Befehle. 2013 wurde seine Miliz als Grenzwächtereinheit vom Geheimdienst NISS (National Intelligence and Security Service) übernommen, der sich bemühte, die Grenzen zwischen Darfur und dem Nachbarland Tschad unter Kontrolle zu bekommen, um den JEM-Rebellen die Rückzugswege abzuschneiden. Hametti heuerte dazu seine Verwandten an. Dafür fordert er Pfründe: Macht, Einfluss und vor allem Ausrüstung.[8]

Sudans Geheimdienst NISS darf seit der jüngsten Verfassungsänderung 2015 eigene Truppen unterhalten. Laut Artikel 151 ist er jetzt nicht mehr nur für die »Überwachung der Grenzen und Bekämpfung von Schmugglern« durch das

»Sammeln von Informationen« zuständig, sondern wird als eigenständiges Organ der Armee gleichgestellt.[9] Im Januar 2017 verabschiedete Sudans Parlament ein Gesetz, das die mittlerweile 30 000 RSF-Soldaten unter direkten Befehl von Präsident Bashir stellt und die Truppen offiziell in die Armee integriert.[10] Hametti wird so auch formell zum persönlichen Handlanger Bashirs. Seine RSF ist besser ausgestattet als die regulären Streitkräfte. Sie ist für die Überwachung der strategisch wichtigen Grenzen zu Libyen, Ägypten und dem Tschad zuständig.[11] Dazu gehört auch der Feldzug gegen die Migranten. Im Januar 2017 verhaftete er erneut 1500 Menschen bei ihrer Flucht über die Grenzen.[12]

Aus der Sicht des Regimes sind vor allem Flüchtlinge aus Darfur Staatsfeinde. Denn das Chaos in Sudans nördlichem Nachbarland Libyen hat auch Rebellen aus Darfur angelockt. Der Handel mit Gold aus ihrer Heimat hat sie reich gemacht. Sie rekrutieren jetzt zunehmend Flüchtlinge aus Darfur, die auf dem Weg nach Europa Libyen passieren, und rüsten sich entlang der Grenze gegen Sudans Regierung. Dagegen soll Hametti einen Puffer errichten und versuchen, die Flüchtlinge einzufangen, bevor sie dem Feind als Rekruten in die Hände fallen. Dafür versucht er, im Grenzgebiet eine Koalition mit der libyschen Miliz Libya Dawn einzugehen, die im Übergangsrat in der libyschen Hauptstadt Tripolis sitzt und vom Sudan und Katar unterstützt wird.

In der erwähnten Pressekonferenz im August 2016 erklärt Hametti vor internationalen Reportern: Bei der Festnahme der 800 Migranten wurden 25 seiner Soldaten getötet, 315 verletzt, und 151 Autos habe er verloren. »Bei unserem Kampf gegen illegale Migration haben wir schwere Verluste hinnehmen müssen, unsere Fahrzeuge wurden zerstört, während wir durch die libysche Wüste Jagd gemacht haben, dennoch hat uns bislang niemand dafür gedankt«,[13] beklagt er sich. Adressiert ist diese Äußerung an die EU, von der er mehr Dankbarkeit in Form von Ausrüstung erwarte.

Merkel entdeckt Afrika

»Das Wohl Afrikas liegt im deutschen Interesse«, verkündet Bundeskanzlerin Angela Merkel im Oktober 2016, bevor sie ins Flugzeug steigt. Auf ihrem Reiseprogramm standen Mali, Niger, Äthiopien – drei Länder in drei Tagen. Der Auftakt zu einer neuen Afrika-Politik.

Als Merkel am 9. Oktober 2016 zum ersten Mal für wenige Stunden malischen Boden betrat und dem dortigen Präsidenten Ibrahim Boubacar Keïta auf dem Rollfeld des Flughafens der Hauptstadt Bamako die Hand schüttelte, betonte sie neben Sicherheit und Stabilität den »Schutz der Grenzen« als gemeinsames Ziel.[14] Am Tag darauf, im benachbarten Niger, besucht sie ein Auffanglager der UN-Agentur IOM (International Organization for Migration) nahe der Hauptstadt Niamey. Durch den Wüstenstaat führt die wichtigste Route für Migranten aus den west- und den zentralafrikanischen Ländern in Richtung Mittelmeer. Für viele endet die Reise nach Europa in diesem Camp, das mit europäischen Geldern unterhalten wird. Merkel hat eine Botschaft an die Afrikaner. Sie warnte vor falschen Vorstellungen: »Oft nehmen besonders junge Menschen einen lebensgefährlichen Weg in Kauf, ohne zu wissen, was sie erwartet und ob sie überhaupt bleiben können«,[15] sagt sie am Tag darauf in der äthiopischen Hauptstadt Addis Abeba, kurz nachdem sie feierlich das neue Gebäude des AU-Sicherheitsrates eröffnete hatte, das mit deutschen Geldern finanziert worden war.

Fünf Jahre lang war die Kanzlerin nicht in Afrika gewesen. So wirkte es im Jahr 2016, als habe die Bundesregierung den südlichen Nachbarkontinent neu entdeckt. In den Monaten zuvor hatte Entwicklungsminister Gerd Müller (CSU) Eritrea, Ruanda, Senegal, Benin und Togo besucht und afrikanische Partner nach Berlin geladen. Bundesverteidigungsministerin Ursula von der Leyen (CDU) war im April 2016 nach Mali aufgebrochen und hatte deutsche Soldaten in der UN-Friedensmission MINUSMA besucht. Auch Außenminister Frank-Walter

Steinmeier (SPD) reiste 2016 vermehrt nach Afrika, im Oktober 2016 war er in Nigeria.

Kurz nach ihrer Rückkehr empfängt Merkel zwei weitere afrikanische Staatschefs im Kanzleramt: Idriss Déby, als erster Präsident Tschads in Deutschland zu Gast, sagt: »Ich hoffe, dass die Tür jetzt offen ist und wir oft nach Berlin kommen werden.«[16] Wenige Tage darauf heißt Merkel Muhammadu Buhari willkommen, den Präsidenten Nigerias. Das bevölkerungsreichste Land Afrikas zählt zu den engsten Partnern auf dem Kontinent. Nigerianer stellen innerhalb der EU fast die meisten Asylanträge, direkt nach den Eritreern. Deutschland wolle für junge Nigerianer »vor Ort Zukunftsperspektiven schaffen«, betont Merkel. Gemeint sind Arbeitsplätze und Ausbildungsmöglichkeiten und mehr Engagement deutscher Unternehmen in Nigeria – heute ist das Fluchtursachenbekämpfung. Wer auswandert, werde es hingegen schwerer haben, warnt die Kanzlerin. In diesem Monat begännen Verhandlungen zwischen Nigeria und der EU-Kommission über ein Rückführungsabkommen für illegal eingereiste Nigerianer.[17]

So viel Afrika in Berlin – das ist kein Zufall. Nur knapp zehn Tage nach Merkels Reise tagten in Brüssel die EU-Mitgliedstaaten. Ihr Hauptdiskussionspunkt: Migration, der Schutz der EU-Außengrenzen sowie die Reform des EU-Asylrechts. Im Fokus stehen die neu konzipierten »Migrationspartnerschaften« zwischen der EU und afrikanischen Ländern. Dafür hat die Europäische Kommission zunächst fünf Partnerländer ausgesucht: »Zusammen mit Niger, Nigeria, Senegal, Mali und Äthiopien will die EU die Fluchtursachen bekämpfen. Nach vier Monaten der Umsetzung sind erste operative Ergebnisse vor Ort sichtbar«, heißt es in einer EU-Pressemitteilung: »Zudem konnte der Nothilfefonds für Afrika mit der Umsetzung von 24 Projekten erste Erfolge verzeichnen, sodass die EU-Kommission den Mitgliedstaaten eine Aufstockung um 500 Millionen Euro vorgeschlagen hat.«[18]

Die Migrationspartnerschaften sind nur der nächste Schritt

in einer breit angelegten EU-Politik gegenüber Afrika, bei der kaum mehr jemand durchblickt: Agenda für Migration, Afrika-EU-Partnerschaftsrahmen, Aktionsplan für Migration, Aktionsplan Rückkehr, Marshallplan mit Afrika, Compacts mit Afrika, Valletta-, Khartoum-, Rabat-Prozess. Es ist ein Labyrinth bedruckter Seiten, doch die Konzepte haben im Wesentlichen ein gemeinsames Ziel: die Migration vom südlichen Nachbarkontinent zu stoppen.

Mit ihrem Aktionismus verpasste Merkel der neuen EU-Afrika-Politik von vornherein eine deutsche Handschrift, genauer: ihre Handschrift. Die Dringlichkeit hat auch mit dem anstehenden Wahlkampf zur Bundestagswahl im Herbst 2017 zu tun. Niedrige Flüchtlingszahlen helfen der Bundeskanzlerin bei der Wiederwahl. Die Willkommenskultur hatte gerade einmal ein Jahr lang gehalten.

Die Abkommen zwischen der EU und afrikanischen Staaten zielen vor allem auf eine bessere Kontrolle der afrikanischen Grenzen, die im 19. Jahrhundert von den europäischen Großmächten auf dem Reißbrett gezogen wurden. So sollen Migranten erst gar nicht mehr bis ans Mittelmeer vorstoßen. Die EU kauft sich Afrikas Staatschefs als Türsteher ein. Wer es trotzdem nach Europa schafft, soll sofort wieder abgeschoben werden können – selbst in Länder wie dem Sudan, Eritrea oder Äthiopien, wo autoritäre Regime an der Macht sind.

In einem Drahtbericht des Auswärtigen Amtes ist von »maßgeschneiderten Länderpaketen« die Rede, »die unter keinen Umständen an die Öffentlichkeit gelangen dürften«. Der Grund: »Der Ruf der EU stehe auf dem Spiel, wenn sie sich zu stark mit dem Land engagiere.«[19]

Ob Äthiopien, Eritrea, Sudan, Somalia, Niger, Tschad, Mali, Gambia, Senegal, Ghana, Elfenbeinküste, Tunesien, Algerien, Marokko und Nigeria – für all diese Regierungen hat die EU seit 2016 solche »maßgeschneiderte Länderpakete« in der Schublade. Es sind Strategiepapiere für Rückführungsabkommen, die die EU mit ihren afrikanischen Partnern verhandelt. Ziel ist es, die Zahl der Abschiebungen zu erhöhen. Erleichterungen im Bereich Arbeitsmigration für Afrikaner könne man nicht anbieten – dafür sei die Lage auf dem Arbeitsmarkt zu angespannt, heißt es in einem Drahtbericht des Auswärtigen Amtes.[20] Damit wird das Versprechen der Kanzlerin auf den Kopf gestellt: Das Wohl Deutschlands liegt vielmehr in Afrikas Interesse.

Wenige Tage bevor die Bundeskanzlerin von West- nach Ostafrika jettete, versammeln sich vor dem Gebäude der EU-Kommission am Brandenburger Tor in Berlin einige Dutzend Äthiopier, Eritreer, Sudanesen, Malier und Nigerianer, um gegen Merkels neue Afrika-Offensive zu demonstrieren. Ein Schlauchboot wird aufgepumpt, theatralisch aus Ziegelsteinen eine Mauer gebaut. »EU: kein Pakt mit Kriegsverbrechern!« steht auf einem Spruchband mit dem Logo der Gesellschaft für bedrohte Völker, die die Demonstration organisiert hat.[21] »Stoppt den Völkermord in Äthiopien und im Sudan«, ist auf einem weiteren Plakat zu lesen, das zwei Äthiopier von der Ethnie der Oromo hochhielten. Nur einen Tag vor Merkels Äthiopien-Reise verhängt die dortige Regierung den Ausnahmezustand und schaltet das Internet ab. Beim traditionellen Erntedankfest der Oromo-Volksgruppe war es zu Protesten gekommen, die von Polizei und Militär brutal niedergeschlagen wurden. Zahlreiche Menschen starben: 52 nach Regierungsangaben, über 500 nach Angaben von Oppositionellen.

»Die Unterstützung von Diktatoren in Äthiopien führt nicht zu einer Verbesserung der Lebensbedingungen, sondern fördert Flucht und Verbrechen gegen die Menschlichkeit«, mahnt Seyoum Habtemariam, Vorsitzender des Äthiopischen Menschenrechtskomitees in Deutschland, durch ein Megafon. Die Demonstranten zollen Beifall. Einige haben Masken gebastelt: mit den Gesichtern der Bundeskanzlerin sowie von Sudans Präsident Bashir. Beide Maskierte schütteln sich die Hand: »Kein Pakt mit Kriegsverbrechern!«, skandieren die Demonstranten.

Ein Kriegsverbrecher erpresst die EU

In ihrer neuen Migrationspolitik gegenüber Afrika hat sich die EU ausgerechnet den Sudan als zentrales Partnerland ausgeguckt. Der Grund: Es ist das »Haupttransitland« für Migranten, die vom Horn von Afrika gen Mittelmeer ziehen, so ein internes Dokument des Auswärtigen Amtes.[22] Dabei ist Präsident Bashir der einzige Staatschef weltweit, gegen den ein Haftbefehl verhängt wurde – auch auf europäische und vor allem deutsche Initiative hin. Seitdem war der Sudan gleichsam isoliert. Doch in der neuen EU-Migrationspolitik wird jetzt ausgerechnet Hametti zum entscheidenden Player.

2016 wird nach jahrelanger Funkstille zwischen Khartoum, Brüssel und Berlin wieder viel hin- und hergeflogen. Anfang Oktober, kurz vor Merkels Afrika-Reise, treffen deutsche Parlamentarier in Sudans Hauptstadt mit dem dortigen Innenminister, Leutnant Esmat Abdul-Rahman, zusammen. Neben den Mitgliedern des Bundestagsausschusses für wirtschaftliche Zusammenarbeit und Entwicklung sitzen zwei NISS-Agenten am Tisch und hören alles mit. Am Vortag hatten die Deutschen ohne Geheimdienstler Bashirs Berater Ibrahim Mahmoud Hamid getroffen, ein enger Vertrauter des Präsidenten, der für ihn die Kontakte zum Westen pflegt, die er aufgrund des internationalen Haftbefehls nicht persönlich führen kann.[23]

Hamid ist der offizielle sudanesische Ansprechpartner im Khartoum-Prozess *(→ Kapitel: Diplomatie)*, einer Dialogrunde, in der die EU mit Staaten verhandelt, durch die Migranten vom Horn von Afrika aus nach Europa ziehen. Sowohl Deutschland als auch der Sudan sitzen im Lenkungsausschuss. Für Westafrika wurde parallel der sogenannte Rabat-Prozess ins Leben gerufen. Ziel soll es jeweils sein: »Menschenhandel und Schleusertum einzudämmen«, heißt es im Khartoum-Abkommen.[24] Den Opfern soll »besserer Schutz vor Ausbeutung und Misshandlungen« gewährt und nicht zuletzt die unkontrollierten Migrationsströme auf dem Kontinent eingedämmt werden, die laut der neuen EU-Verteidigungsstrategie die Sicherheit der EU gefährden.[25]

Um dies zu erreichen, will die EU Afrikas Grenzbehörden unterstützen: in Form von »Training, technischer Hilfe und Lieferung von angemessener Ausrüstung, um die Migrationspolitik umzusetzen«, heißt es in der Beschreibung des Projekts Better Migration Management (BBM), das im Rahmen des Khartoum-Prozesses umgesetzt werden soll. Europäische Trainer sollen ihre afrikanischen Kollegen ausbilden, um die Migration nach Europa zu stoppen.[26]

Auch in anderen Ländern Afrikas, etwa Tunesien oder Mali, sind deutsche Grenzschützer in »Ertüchtigungsprojekten« in diesem Sinne tätig. In der Projektbeschreibung des Bundesverteidigungsministeriums für Tunesien etwa steht »Beschaffung von elektronischen Überwachungsanlagen« zur Grenzsicherung aufgeführt.[27] Diese Grenzbehörden sind Sicherheitskräfte, die in der Regel der Polizei, Armee oder auch dem Geheimdienst unterstehen.

Sudans Innenminister schickte den Europäern eine Wunschliste, mit alldem, was er zur Kapazitätsbildung benötige. Darauf standen: »Ausrüstung, Internierungszellen, Zäune und Kampfhubschrauber für die Grenzpolizei«.[28]

Deutschland – Sudan: eine historische Beziehung

In der deutschen Entwicklungszusammenarbeit war der Sudan lange Zeit Hauptempfängerland in Afrika. In den 1980er Jahren unterhielt das Bundesland Niedersachsen mit dem Sudan eine Partnerschaft. Bis heute nimmt Niedersachsen innerhalb der Bundesrepublik schwerpunktmäßig Asylsuchende aus dem Sudan auf. Die Beziehungen wurden offiziell beendet, als sich 1989 der heutige Staatschef Bashir an die Macht putschte. Tatsächlich blieben aber viele persönliche Kontakte nach Khartoum bestehen, die bis heute die offizielle Wahrnehmung des flächenmäßig größten Landes Afrikas in Berlin prägen.

Im Sudan-Referat des Auswärtigen Amtes wurde das Land wegen seiner Amtssprache und der islamischen Religion dem arabischen Raum zugeordnet. Dementsprechend wurden die inneren Auseinandersetzungen des Sudans in Berlin als kulturelle oder religiöse Konflikte interpretiert: »arabisch« und »muslimisch« gegen »christlich« oder auch »schwarzafrikanisch«. Unter Bashirs Herrschaft entwickelte sich daraus eine völkermörderische, rassistische Ideologie, die zumindest in Darfur und anderen Konfliktgebieten des Sudans Teile der Bevölkerung getötet und vertrieben hat und nicht zuletzt zur Unabhängigkeitserklärung des Südens 2011 geführt hatte.

Die Bundesregierung half dabei, die rassistische Polizei- und Militärdiktatur, die jene Minderheit unterdrückt, aufzurüsten. Bereits vor Bashirs Machtergreifung in den 1980er Jahren setzte die deutsche Entwicklungszusammenarbeit im Sudan auf die Ausbildung der Sicherheitskräfte. So wurden damals die ersten sudanesischen Polizisten beim Bundeskriminalamt in Wiesbaden geschult. Der baden-württembergische Waffenhersteller Heckler & Koch lieferte passend dazu das G3-Sturmgewehr, Daimler-Benz verkaufte Militär-Unimogs, und die einst bundeseigene Firma Fritz Werner baute den Sudanesen eine Munitionsfabrik.[29]

Erst als die EU 1994 ein Waffenembargo über den Sudan verhängte, wurden die deutschen Rüstungslieferungen eingestellt. Dank deutscher Hilfe ist der Sudan seither der drittgrößte Waffenproduzent des Kontinents, und nach wie vor fahren Sudans Soldaten deutsche Armeelastwagen. In den Jahren 2011 und 2012 exportierte Deutschland über 3000 Militär-Lkws in die Niederlande und nach Belgien, von dort aus wurden sie weiter in den Sudan geliefert, wo sie in Kriegsgebieten gesichtet wurden.[30] Bis heute werden mit dem Standardgewehr der deutschen Bundeswehr im Bürgerkriegsgebiet Darfur Menschen getötet. Beweise dazu fanden auch die Ermittler, als sie den Haftbefehl gegen Bashir formulierten.[31] Sudans Minderheiten fliehen also auch vor deutschen Waffen.

Für Ulrich Delius von der Gesellschaft für bedrohte Völker sind demnach Partnerschaften mit Regimen wie dem im Sudan ein »untaugliches Mittel, weil diese Staaten durch ihre eigene Politik zunehmend mehr Flüchtlinge selbst produzieren«.[32] Bei der Demonstration am Brandenburger Tor im Oktober 2016 wollte er auf dieses Problem aufmerksam machen.

Auf dieser Kundgebung hielt auch ein junger Flüchtling aus Darfur eine Rede. Der 22-jährige Abdulman, der aus Angst vor dem weltweiten Netzwerk von Sudans Geheimdienst seinen Nachnamen nicht nennen will, lebt seit einem Jahr in Deutschland, geht in Niedersachsen auf die Berufsschule, spricht recht gut Deutsch. »Meine Flucht nach Europa war sehr teuer, kompliziert und gefährlich«, berichtet er.[33] Nachdem Mutter, Vater und seine Brüder im Bürgerkrieg von Hamettis Reitermiliz getötet worden seien, sei er zuerst nach Khartoum geflüchtet. Dort habe er Demonstrationen gegen das Regime organisiert und sei mehrfach festgenommen worden. Um zu fliehen, habe er sich einen Reisepass auf einen falschen Namen besorgt. Der Grund: »In unseren Pässen ist die Herkunft verzeichnet – und wer bei den Behörden angibt, er stamme aus Darfur, oder einen typischen darfurischen Namen hat, der bekommt keinen Pass«, so Abdulman. Mit dem Reisedokument habe er unter einem arabischen Decknamen die Grenze nach Ägypten passiert. Von Kairo aus war er dann mit Turkish Airlines nach Istanbul geflogen und hatte dort ein Boot nach Griechenland genommen. Gemeinsam mit Hunderttausenden Syrern, Afghanen und anderen Nationalitäten war er 2015 über die Balkan-Route zu Fuß nach Deutschland marschiert. Über 2500 Euro habe seine Reise gekostet. Das Geld habe er sich von einem Onkel geliehen, er kam völlig verschuldet in Europa an. »Es wäre so viel billiger gewesen, in Khartoum eine Maschine bis nach Frankfurt zu nehmen, aber wie hätte ich mit einem gefälschten Pass in der deutschen Botschaft ein Visum bekommen können?«, fragt er.

Mittlerweile fliehen immer mehr Sudanesen wie der Darfuri

Abdulman vor der Diktatur Bashirs nach Europa: Über 11 000 waren es 2015. Doch nur die Hälfte wurde von den EU-Mitgliedstaaten unter Schutz gestellt. Die übrigen sollen abgeschoben werden. Die Rückführungsrate sei im Fall des Sudans jedoch »besonders niedrig«, so das EU-Strategiepapier für das geplante Rückführungsabkommen vom März 2016.[34] Sie liege bei nur zwölf Prozent. Bei anderen Ländern seien es hingegen 40 Prozent. Der Grund, so das Papier: »ein kompletter Mangel an Kooperation von Sudans Seite«. Um die Kooperationsbereitschaft auszubauen, verspricht die EU im nächsten Satz Maßnahmen zur »Kapazitätsbildung« und unterbreitete dem geächteten Regime ein Angebot, das es kaum ausschlagen kann: die Wiederaufnahme in die Weltgemeinschaft, als »Partner«.[35] Zudem erwägt die EU die Erlassung aller Schulden des Sudans bei EU-Staaten und will sich bei den USA dafür einsetzen, den Sudan von der Liste derjenigen Staaten zu streichen, die Terrorismus fördern, sowie sich bei der Welthandelsorganisation WTO (World Trade Organization) für neue Gespräche starkmachen.

Das finanzielle Engagement der EU ist gewaltig: Die EU sagt dem Sudan im Rahmen des Khartoum-Prozesses anteilig Gelder aus dem 40-Millionen-Euro-Topf für das Horn-von-Afrika-Projekt Better Migration Management zu, wozu Deutschland weitere sechs Millionen zuschießt. Der Sudan ist eines von neun unterstützten Ländern. Im Rahmen des EU-Afrika-Migrations- und Mobilitäts-Dialogs fließen weitere 17,5 Millionen Euro anteilig in den Sudan. Weitere 35 Millionen Euro Hilfe für Flüchtlinge sicherte die Bundesregierung als Einzelmaßnahme zu. Das größte EU-Paket umfasst 100 Millionen Euro aus dem Nothilfefonds für Afrika für zwei Jahre, um den Herausforderungen von »Klimawandel, Armut oder Vernachlässigung« zu begegnen. Dieser Fonds war 2015 vor dem Migrationsgipfel in Maltas Hauptstadt Valletta *(→ Kapitel: Diplomatie)* für die afrikanischen Partner aufgesetzt worden, um Fluchtursachen zu bekämpfen.[36]

Italien, das von Migranten und Flüchtlingen am meisten

betroffen ist, gehen die Verhandlungen der EU nicht schnell genug. Die italienische Polizei unterzeichnet mit dem Sudan im August 2016 eine bilaterale Absichtserklärung. Darin geht es unter anderem um Kooperation der Sicherheitskräfte bei Grenzkontrollen, Kampf gegen Drogenhandel, Terrorismus und Migration sowie eine bessere Zusammenarbeit bei Rückführungen.[37] Drei Wochen später hebt eine Maschine vom Flughafen in Turin in Richtung Khartoum ab. An Bord: 48 abgeschobene Sudanesen.[38] Wenige Tage später stellt sich General Hametti vor die Kameras und verlangt die versprochene Ausrüstung. Italien zeigt sich flexibel: Im Auftrag der italienischen Entwicklungsagentur trainiert seitdem IOM sudanesische Polizisten im Grenzmanagement.[39]

Auch die Bundesregierung geht jetzt auf Khartoum zu. Nur knapp eine Woche nach Merkels Rückkehr aus Afrika im Herbst 2016 reist eine sudanesische Polizeidelegation nach Berlin. Der Chef von Sudans Immigrationsbehörde, Generalleutnant Awad Dahiya, will biometrische Reisepässe und Ausweise einführen – so lässt sich der Wunsch der EU, Migration zu kontrollieren, besser erfüllen. Dazu besichtigte er die Bundesdruckerei in Berlin. Danach werden im Präsidium der Bundespolizei Hände geschüttelt. Ein »Kennenlerngespräch«, so die Auskunft der Pressestelle. Sie betont: »Vereinbarungen zwischen der sudanesischen Polizei und der Bundespolizei wurden mithin im Rahmen des Besuchs nicht getroffen.«[40] Sudans Innenministerium sagt: Man habe in Berlin über technische und logistische Ausrüstung sowie Trainings geredet, und der Chef der deutschen Bundespolizei habe die Einladung, nach Khartoum zu reisen, gern angenommen.[41]

Kurz nach Unterbreitung des 100-Millionen-Euro-Angebots kam auch Sudans Außenminister Ibrahim Ghandour nach Berlin und Brüssel. Der *ARD* sagte er: »Wir haben schon lange nach Ausrüstung wie GPS und anderem Grenzschutzequipment gefragt«. Darüber sei mit Deutschland und der EU gesprochen worden, und er erwarte »ein gegenseitiges Einvernehmen«. Auf die Frage, ob der Sudan bereit sei, Flüchtlinge zurückzunehmen, sagte er: »Der Migrationskommissar in Brüssel hat mir gesagt: ›Wir haben 12 000 illegale Migranten aus dem Sudan in der EU. Sind Sie bereit, die zurückzunehmen?‹ Ich sagte ihm: ›Sofort. Steht zu euren Versprechen, und sie sind herzlich willkommen.‹«[42]

»Es ist eine Schande«

»Die EU sollte das Reputationsrisiko sorgfältig abwägen, sich mit dem Sudan einzulassen«, heißt es im Strategiepapier zum Sudan. Deswegen erfolge das direkte Engagement der EU über Nichtregierungsorganisationen (NGOs).[43] So ist unter anderem die deutsche GIZ (Gesellschaft für Internationale Zusammenarbeit) für die Projekt-Umsetzung zuständig. »Nach der Diskussion mit der EU haben wir sehr klare Menschenrechtsprinzipien festgelegt«, sagt Martin Weiß, der in der GIZ für das Projekt zuständig ist. Diese seien in die Präambel als Bestandteil des Projekts aufgenommen worden. »Die Maßnahmen werden ausgeführt mit vollem Respekt gegenüber den Menschenrechten von Migranten«, heißt es darin.[44]

Ein Training für Sudans Grenzbeamten sei »denkbar«, so Weiß, »weil Flüchtlinge dort kriminalisiert werden«. Dieses Training würde allerdings nicht im Sudan, sondern in Äthiopien stattfinden, wozu auch Sudanesen eingeladen wären. EU-Ausbilder würden den menschengerechten Umgang mit Migranten lehren – »normale Polizei, in menschenrechtskonformer Ermittlungsarbeit«, heißt es bei der GIZ. Die RSF seien dabei von der Teilnahme ausdrücklich ausgeschlossen. Weiß unterstreicht: »Wir werden nicht mit Menschen zusammenarbeiten, die wegen Menschenrechtsverbrechen auf Sanktionslisten stehen«, und »wir werden keine Ausrüstung liefern, die auf geltenden Sanktionslisten aufgeführt ist.« Die einzige Ausnahme: Büromaterialien bis zum Laptop.

Im Jahr 2016 war auch Weiß viel in Afrika unterwegs. Es

mussten Gespräche mit den neun Regierungen geführt werden, die am Khartoum-Prozess teilnehmen, sowie mit Partnern wie der IOM oder dem UNODC (United Nations Office on Drugs and Crime). In Kenia, Äthiopien und dem Sudan wurden Büros angemietet und Mitarbeiter angestellt. Im Oktober 2016 findet ein Treffen mit allen Projektpartnern statt, auch mit italienischen, französischen, britischen, berichtet Weiß. Fünf bis zehn Maßnahmen sollen pro Land stattfinden. Für Äthiopien sei eine »Fortbildung für Richter und Staatsanwälte in Hinsicht auf die Verfolgung von Menschenhandel mit Fokus auf den menschenrechtlichen Umgang mit Opfern« konzipiert. Im Sudan sollen sogenannte »Safe Houses«, Schutzhäuser, eingerichtet werden, in denen Opfer von Menschenhändlern Zuflucht und Beratung finden. »Im Sudan sind die Gefängnisse voller Migranten, unser Auftrag ist hier, Verständnis für deren Lage herzustellen.« Flüchtlinge und Migranten würden verurteilt, wenn sie keine Papiere haben, heißt es bei der GIZ. Deshalb sollen Grenzbeamte und Polizei, die dem Innenministerium, nicht dem Militär unterstellt seien, trainiert werden.

»Es ist eine Schande, dass sich die GIZ auf so etwas einlässt«, kritisiert der ehemalige Sudan-Ermittler der UN, Jerome Tubiana, der mittlerweile für die NGO Small Arms Survey recherchiert und regelmäßig die Grenze des Sudans bereist: »Oft ist nicht klar, wer hier wer ist – selbst wenn jemand eine Uniform trägt«, so Tubiana und warnt vor einer Zusammenarbeit mit dortigen Sicherheitsbehörden, vor allem mit Hametti: »Der ist ganz klar ein Kriegsverbrecher«, so Tubiana.

Das Better Migration Management ist nicht die einzige europäische Trainingsmaßnahme für Sudans Grenzschützer. An der Polizeischule in Khartoum wird auf Kosten der EU das Regionale Operationszentrum ROCK eingerichtet, in dem die Staaten Ostafrikas ihre Informationen über Schmuggelnetzwerke und Migrationsrouten sammeln und austauschen sollen.[45] In der Antwort auf eine Kleine Anfrage teilt die Bundesregierung mit: Die Bundespolizei habe im Januar und Februar 2016 Grundlehrgänge in Dokumenten- und Urkunden-sicherheit mit sudanesischen Grenzpolizisten durchgeführt, die für die Passkontrollen an Flughäfen zuständig sind. Der Schulungsort war jeweils die Trainingsakademie der sudanesi-schen Polizei in Khartoum.[46]

Eritrea: weltweit einer der größten Flüchtlingsproduzenten

Die Nachrichten über die Ausbildungshilfe aus der EU haben sich in Afrika herumgesprochen. Eritreische Flüchtlinge, die im Sommer 2016 aus ihrer Heimat über die Grenze in den Sudan geflohen sind, berichteten der eritreischen Exilorgani-sation EIRR (Eritrean Initiative on Refugee Rights), sie hätten auf deutschen Armee-Lastwagen hochgerüstete Spezialeinhei-ten patrouillieren sehen. »Sie erzählen, Sudans Einheiten seien von Deutschen ausgerüstet worden, deswegen wagen sie sich nicht mehr über die Grenze«, sagt die EIRR-Direktorin und Journalistin Meron Estefanos.[47] Die Eritreerin im Exil in Schwe-den vermutet, dies seien Gerüchte, nachdem in den Medien die Zusammenarbeit von Sudans Grenzeinheiten mit Deutschland publik wurde. Doch bereits solche Gerüchte führten dazu, dass Eritreer vermehrt nach Äthiopien flüchten statt in den Sudan. »Seitdem Sudans Grenzeinheiten gezielt Flüchtlinge verhaften, fühlt sich da niemand mehr sicher.«[48]

Sudans Nachbar Eritrea ist mit 5,4 Millionen Einwohnern eines der kleinsten, aber auch eines der ärmsten Länder des Kontinents – und weltweit einer der größten Produzenten von Flüchtlingen. Die Weltbank geht davon aus, dass mehr Eritreer im Ausland leben als in ihrer Heimat. Der Grund ist das Regime von Präsident Isayas Afewerki, das seit der Unabhängigkeit von Äthiopien 1991 an der Macht ist. Seine Herrschaft wurde zu-nehmend autokratischer: 2005 ging er besonders brutal gegen Oppositionelle vor. Die EU kürzte die Entwicklungshilfe darauf-hin um 70 Prozent, das Regime verlor fast 190 Millionen Euro im Jahr. Deutschland stellte die Zusammenarbeit offiziell 2007 ein. Der UN-Sicherheitsrat beschloss 2009 unter anderem ein Waffenembargo, Regimemitglieder wurden mit Reiseverboten belegt. 2011 warfen die UN Afewerki vor, mit Steuermitteln die islamistische Miliz al-Shabaab in Somalia zu finanzieren, die dem weltweiten Terrornetzwerk al-Qaida nahesteht. UN-Ermittler appellierten 2015 an alle Staaten, eritreische Asylsuchende nicht zur Rückkehr zu zwingen. Das Regime bestrafe »jeden, der versucht, das Land ohne Genehmigung zu verlassen«.[49]

Gleichzeitig profitiert die Diktatur in Asmara von ihrer gewaltigen Diaspora: Zwei Prozent ihres im Ausland erwirtschafteten Einkommens müssen alle Eritreer laut Gesetz an den Staat zu Hause abführen – die sogenannte Wiederaufbausteuer. Egal, ob sie irgendwo Sozialhilfe bekommen oder einen Job haben, selbst wenn sie eine andere Nationalität angenommen haben – bis 2011 mussten Eritreer in Deutschland diese Steuer monatlich in der Botschaft im Prenzlauer Berg in Berlin oder beim Konsulat in Frankfurt abgeben. Die Bundesregierung hat dies 2011 verboten. Seitdem treiben Afewerkis Beamten die Steuer bei den Verwandten in der Heimat ein. Eritreas Regierung, die keinen Haushalt veröffentlicht, finanziert sich wohl zu einem Großteil von den Devisen, die die Flüchtlinge von überall auf der Welt nach Hause schicken.[50]

Afewerkis Herrschaft stützt sich auf einen gewaltigen Sicherheits- und Geheimdienstapparat, der weltweit tätig ist. »Die Informationen, die dieses alles durchdringende Kontrollsystem sammelt, werden in absoluter Willkür verwendet, um die Bevölkerung in ständiger Angst zu halten«, so die UN in ihrem jüngsten Untersuchungsbericht zur Menschenrechtslage. »In Eritrea herrscht nicht das Recht, sondern die Angst«, schlossen die Ermittler unter Leitung des australischen Experten Mike Smith.[51]

Die eritreische Regierung hatte ihnen die Zusammenarbeit verweigert und sie nicht einreisen lassen. Der Grund: Die UN-Ermittler beschuldigen die Armee, Verbrechen gegen die

Menschlichkeit zu begehen, Frauen systematisch sexuell zu missbrauchen und die eigene Bevölkerung als Zwangsarbeiter auszubeuten.[52] Die Verbrechen des Regimes, so auch die eritreische Menschenrechtsorganisation EIRR, sind der Hauptgrund, weshalb Eritreer in Massen fliehen.[53]

Einer der schlimmsten Diktaturen der Welt werden Hilfszahlungen lange Zeit aus guten Gründen weitgehend verweigert. Dies wird sich jetzt ändern. Der Grund: Bei der Einwohnerzahl liegt Eritrea an 43. Stelle in Afrika, aber bei den Asylanträgen in Europa belegt es den Spitzenplatz auf dem Kontinent. Monatlich flüchten rund 5000 Menschen aus dem Land. Die meisten suchen sich in Afrika eine neue Bleibe: in Äthiopien, Kenia, Uganda, im Sudan oder gar im Bürgerkriegsgebiet Südsudan. Nach Deutschland flohen 2016 nur 20000.[54] In Frankfurt am Main gibt es seit den 1980er-Jahren eine große eritreische Exilgemeinde, sogar eine orthodoxe Kirche – ein Anziehungspunkt für viele, die bereits Verwandte in Deutschland haben.

Bundesentwicklungsminister Müller reiste im Dezember 2015, als erster deutscher Minister nach 20 Jahren, in die Hauptstadt Asmara und traf Präsident Afewerki: »Wir können Eritrea unterstützen, den Exodus der Jugend zu stoppen«, sagte er, »indem wir die Lebenssituation vor Ort verbessern und möglichst auch Rückkehrperspektiven eröffnen.« Müller »sondierte Hilfe« – zum Beispiel in der beruflichen Ausbildung und in der Energieversorgung. Die Bedingung: Eritreas Regierung müsse wirtschaftliche und politische Reformen einleiten und die Menschenrechtslage verbessern.[55]

Müllers Besuch in Asmara war der Anfang vom Ende der Isolation des Regimes. Nur wenige Wochen später besuchte eine eritreische Regierungsdelegation Berlin und Brüssel. Am 28. Januar 2016 unterzeichneten Eritrea und die EU ein Abkommen. Glatte 200 Millionen Euro aus dem 11. Europäischen Entwicklungsfonds EDF (European Development Fund) sagte die EU dem Land bis 2020 zu. Dieser Topf war im Juni 2013 aufgesetzt und mit einem Etat von rund 30 Milliarden Euro ausgestattet worden, aus dem bis 2020 Entwicklungsprojekte in Afrika finanziert werden sollen. Hinzu kommen weitere 13 Millionen Euro für die Energieversorgung von Kleinunternehmern – so sollen Jobs entstehen, damit die Menschen im Land bleiben.[56]

Der Hauptgrund der Massenflucht der Jugend ist der sogenannte National Service, im Prinzip der Wehrdienst bei der Armee, zu dem alle Männer und Frauen nach ihrem Schulabschluss automatisch eingezogen werden. Laut Verfassung soll er nur zwei Jahre dauern, tatsächlich kann ein halbes Leben daraus werden. Die Menschen arbeiten als Soldaten an der langen Grenze zum Nachbarland Äthiopien, auf Baustellen entlang der Straßen, in Steinbrüchen oder an Megaprojekten wie den Staudämmen, die derzeit entstehen. Sie leisten schwere körperliche Arbeit für umgerechnet 25 Euro im Monat – Sklavenarbeit.[57]

In einem Strategiepapier zu einem geplanten Rückführungsabkommen mit Eritrea vom März 2016 notiert die EU als ihr »Schlüsselinteresse« die Reform des National Service, des Zwangsdienstes, der die jungen Menschen aus dem Land treibt. Dies sei Bedingung für die Auszahlung der 200 Millionen Euro aus ihrem Entwicklungsetat.[58] Einen Monat später erklärt die Bundesregierung in einer Antwort auf eine Kleine Anfrage: »Die eritreische Regierung erscheint bestrebt, die Dauer des Nationalen Dienstes auf die offiziellen 18 Monate zu beschränken, kann den Jugendlichen aber im Anschluss keine alternativen Beschäftigungsmöglichkeiten bieten. Arbeitsplätze und Beschäftigungsmöglichkeiten sind für die Regierung daher zentrale Voraussetzung für eine flächendeckende Senkung der tatsächlichen Dienstzeit. Deutschland kann über Unterstützung in den Bereichen berufliche Bildung und Beschäftigungsförderung dazu einen wichtigen Beitrag leisten.«[59]

In Berlin und Brüssel ist man offenbar willig, dem Regime diese Zusagen abzunehmen und auf positive Wendungen zu hoffen. Der EU-Delegationsleiter in Asmara, Christian Manahl, sagt: Die EU habe Afewerkis Regime keine Vorbedingungen gesetzt, man erhoffe sich jedoch durch eine Kooperation eine »Verbesserung der Regierungsführung«. Als Beispiel nennt auch er die Reform des National Service. Die EU übe »Druck« aus, diese Reform auch »umzusetzen«.[60]

Die deutschen Behörden hoffen offenbar, dass mit einer Liberalisierung der Lage in Eritrea bald auch dessen Staatsangehörige kein Recht mehr auf Asyl genießen. Mit dem Schweizer Staatssekretariat für Migration hat das deutsche Bundesamt für Migration und Flüchtlinge (BAMF) im ersten Halbjahr 2016 eine Delegationsreise nach Asmara unternommen. Die Beamten wollten herausfinden, wie gefährlich es in Eritrea tatsächlich ist. Im Abschlussbericht heißt es: »An der Grenze wird nicht systematisch auf illegal Ausreisende geschossen, Schüsse können aber vorkommen.«[61]

»Die Regierung tut das Äußerste, was sie tun kann, unter den gegebenen Umständen«, sagt Informationsminister Yemane Ghebremeskel am 25. Februar 2016 der Nachrichtenagentur *Reuters:* Die »Gehälter« für den Dienst würden steigen, »aber es gab keine Pläne, den nationalen Dienst zu beenden oder zu verkürzen«. Eine »Demobilisierung« sei nur möglich, wenn die Bedrohung durch Äthiopien entfalle.[62] Die eritreische Exil-Organisation ERRI spricht von einem doppelten Spiel: »Das hat Afewerki der EU versprochen und nicht uns Eritreern – er führt den Westen an der Nase herum«, so EIRR-Direktorin Estefanos.

Afewerki hat erreicht, was er wollte: Eritrea wird nun nach einem Jahrzehnt der Isolation eingebunden in den sogenannten Khartoum-Prozess, die erwähnte EU-Dialogrunde mit den Staaten am Horn von Afrika. Es spiele darin eine »konstruktive Rolle«, heißt es im EU-Strategiepapier.[63] Aus den für Better Migration Management veranschlagten Topf gehen auch anteilig Gelder nach Asmara. Sie würden allerdings nicht auf eritreische Konten überwiesen werden, sondern vor Ort von europäischen und internationalen NGOs ausgegeben, so Manahl: »Wir können das Problem nicht ändern, indem wir wegschauen, das ist der Grund, warum wir kooperieren müssen«, sagt der Österreicher. Mit Blick auf eine mögliche Zusammenarbeit mit eritreischen Sicherheitskräften hätten viele EU-Mitgliedstaaten zwar »Bedenken«. Die sei jedoch »in der Zukunft nicht ausgeschlossen«, so Manahl.

Im Juli 2017 geht die GIZ im Rahmen des Better-Migration-Management-Projekts drei Maßnahmen an: Sie unterstützt die Regierung Eritreas, das sogenannte Palermo-Protokoll zum Menschenhandel zu ratifizieren. Dabei gehe es für die eritreische Seite darum, »menschenrechtskonform gegen Menschenhandel vorzugehen«, heißt es bei der GIZ. Gleichzeitig bereitet sie Schulungen über die Gesetze zu Menschenhandel und -schmuggel für Justizbeamte in Eritrea vor. Polizei, Grenzbehörden, Militär und Geheimdienst seien in Eritea von diesen Trainings ausgeschlossen. Lediglich Amtsrichter sollen darin geschult werden, »wie diese Delikte gerichtlich zu behandeln sind«, heißt es bei der GIZ. Schließlich sei Menschenhandel nicht richtig in der Gesetzgebung verankert, so fehle es in der Justiz an Wissen und Handhabe gegen das Delikt.

Die eritreische Regierung hat ein Gremium gebildet, das sich aus Vertretern des Außenministeriums und des Informationsministeriums sowie aus Zivilorganisationen zusammensetzt, um Fragen rund um das Thema Migration zu koordinieren – mit dem arbeitet die GIZ nach eigenen Angaben bei der Umsetzung von Better Migration Management zusammen.

Was ist, wenn Fluchthilfe nicht gegen den Willen der Flüchtenden läuft? »Wir verhindern keine Flucht«, heißt es dazu knapp bei der GIZ. Wie will sie mit dem Umstand umgehen, dass die Regierung in die Schleusung verwickelt sein könnte? (→ *Kapitel: Die Schlepper*) Es sei ihr »Auftrag«, dass die Partnerstaaten »kriminelle Elemente und die Menschenhändler verfolgen«, heißt es bei der GIZ. Sie selbst habe aber »keinen Ermittlungsauftrag«, um »kriminelle Regierungsstellen, die da involviert sein könnten«, zu identifizieren.

Schließlich arbeitet die GIZ mit dem Informationsministerium an einer dritten Maßnahme. Sie nennt sie die »Komponente Information und Beratung«. Dabei gehe es um »Aufklärung über mögliche Gefahren durch Menschenschmuggel und Menschenhandel«. Sie werde »keine Abschreckungskampagnen konzipieren«, heißt es dazu bei der GIZ. Stattdessen wolle sie Menschen, die die Absicht haben, zu migrieren, helfen, »lebenswerte Perspektiven« in Eritrea zu finden. Und wer den lebenslangen Militärdienst für keine akzeptable Perspektive hält? »Wir sprechen diese Themen an und haben uns zum Ziel gesetzt, die Regierung für das Thema Menschenrechte zu sensibilisieren«, meint die GIZ.

Am 24. Mai 2016 feierte Eritrea den 25. Jahrestag seit der Unabhängigkeit von Äthiopien mit Pomp und Paraden. Ein paar europäische Journalisten durften einreisen, Fotos machen. Die eritreische Hauptstadt wird von der UN-Weltkulturagentur UNESCO zum Weltkulturerbe ernannt. Bei den Paraden ließ sich Präsident Afewerki als Befreier huldigen. Tausende Soldaten, junge Männer wie Frauen im Zwangsdienst, marschierten im Spalier, Schüler hinterher. Wahrscheinlich waren unter ihnen viele, die mit dem Gedanken spielen, zu fliehen, womöglich sogar nach Europa. Afewerkis Allmacht ist unumstritten. Geholfen hat dem Diktator, dass er jetzt wieder von den Europäern hofiert wird und in Zukunft bald Gelder aus Brüssel fließen, mit dem Ziel, die Eritreer zu Hause zu halten.

Rückblick
Eine kleine Geschichte unserer Türsteher

Das Wort »Flüchtlingsstrom« gilt als unangemessen, wenn von Migration die Rede ist. »Strom« weckt die Assoziation eines gebrochenen Dammes, einer hereinbrechenden Katastrophe. Aber kein Bild beschreibt besser, was geschieht, wenn Migration gestoppt werden soll, als das eines Flusses: Wird die eingeschlagene Richtung versperrt, gibt es einen Stau. Die Menschen weichen aus, den neuen Ort suchend, an dem der Widerstand am geringsten ist. Die Migranten finden diesen Ort, so wie die Schwerkraft Wasser an den tiefsten Punkt führt. Da setzen sie ihren Weg fort. Errichtet man hier neue Barrieren, wiederholt sich das Geschehen.

Das ist die Geschichte der europäischen Migrationskontrolle. Bewegungen von Menschen werden vorübergehend gestaut und verlagern sich dann. Und die Offensiven zu ihrer Eindämmung ziehen ihnen hinterher. Die Abmachung zwischen den EU-Staaten und der Türkei (→ *Kapitel: Das Abkommen mit der Türkei),* die so viel Aufmerksamkeit bekam, war nur eine Etappe dieser Kontrollversuche.

Es begann in Melilla und Ceuta, den beiden spanischen Enklaven in Marokko. Hier grenzen die EU und Afrika auf 20 Kilometern direkt aneinander. Es ist der kürzeste Weg zwischen den beiden Kontinenten. Lange konnte jeder diese Grenze einfach passieren, es gab nichts weiter als einen Grenzstein. Marokkaner und andere Afrikaner taten dies, um zu arbeiten, ebenso, wie sie damals Schiffe nach Andalusien besteigen konnten. Bis zum Juni 1991. Da trat Spanien dem Schengener Abkommen bei. Ab dem Zeitpunkt des Inkrafttretens, im März 1995, würde das Land zu einem neuen Raum der Freizügigkeit gehören: demjenigen der EU. Das verpflichtete Spanien, seine Grenzen als die der neuen Schengen-Gemeinschaft zu schützen. Im Fernsehen lief damals »Der Marsch«

des britischen Autors William Nicholson. Darin setzte eine »verzweifelte Armee von Miserablen«,[1] so der *Spiegel*, in Booten von Tanger nach Spanien über. Kurz hinter Algeciras stoppt sie eine »europäische Armee«. Das war damals Fiktion. In der Realität stand Spanien unter Druck. Das Land musste die Skepsis mancher europäischer Partner entkräften, dass es den Schutz der EU-Außengrenze tatsächlich gewährleisten konnte.

Am 15. Mai 1991 entschied der spanische sozialdemokratische Präsident Felipe González, dass Marokkaner von nun an ein Visum für Spanien brauchen. Er wies den Hauptkommissar von Algeciras, José Cabrera, an, auf der Straße von Gibraltar »absolut niemanden durchzulassen«. Man sei sich der Verantwortung Spaniens für Europa bewusst, sagte Oberstleutnant Mariano Ortiz von der Guardia Civil in Algeciras, aber »wir können die Berliner Mauer nicht hier am Strand neu aufbauen«.[2]

Gleichwohl: Die uralte Migrationsroute aus dem Maghreb-Raum nach Andalusien war unterbrochen. Die Freizügigkeit der Maghrebiner wurde gegen die der Europäer getauscht. Damit wenigstens ein paar seiner Untertanen überhaupt noch nach Spanien eingelassen wurden, musste Marokkos König Hassan II. das erste Rücknahmeabkommen unterzeichnen: Er sollte alle Migranten zurücknehmen, die Spanien abwies. Die Abschiebung in deren Herkunftsländer war den Spaniern zu beschwerlich. Zudem sollte Marokko Spaniens Grenzanlagen vor den Migranten schützen. Nach und nach legten Madrid und Brüssel dafür immer mehr Geld auf den Tisch. Allein zwischen 2007 und 2010 flossen 654 Millionen Euro »Nachbarschaftshilfe« nach Rabat.[3]

Das SIVE, das »Integrierte elektronische System zur Außenüberwachung«, entstand – eine Blaupause für das spätere satellitengestützte EU-Grenzüberwachungsnetzwerk EUROSUR. Kameras, Radar, Hubschrauber und eine Leitzentrale in Madrid haben die gesamte spanische Küste rund um die Uhr im Blick. Insgesamt wurden für SIVE bei Baubeginn 260 Millionen Euro für den Zeitraum 2000 bis 2008 veranschlagt.[4]

Dazu errichtete Spanien den ersten Zaun um die Enklave Melilla, die EU übernahm drei Viertel der Kosten. Zunächst war die Barriere noch leicht zu überwinden. Fünf Mal rüstete die Regierung ihn in den zwei Jahrzehnten auf. Menschen wie der Senegalese Sambo Sadiako fielen ihm zum Opfer. Am Morgen des 6. März 2009 entdeckte ihn die Guardia Civil, die spanische Grenzpolizei. Sein lebloser Körper hing ausgeblutet im Klingendraht. »Widrige Wetterumstände« hätten den Senegalesen in der Nacht tödlich stürzen lassen, behauptete die spanische Regierung zuerst. Doch das war falsch. »Tod durch massiven Blutverlust wegen aufgeschnittener Arterien«,[5] stellten die obduzierenden Ärzte fest. Sadiako wurde 30 Jahre alt.

Bloß ein »psychologischer und optischer Effekt«

Verbaut wurde in dem Zaun Klingendraht des Typs »Concertina 22«,[6] gedacht zum Schutz von Atomkraftwerken, Munitionslagern und Flughäfen. Im Abstand von 38 Millimetern sind daran scharfe Klingen angebracht; 22 Millimeter lang, 15 Millimeter hoch. Genug, um Sehnen und Bänder, Nerven und Blutbahnen zu durchtrennen. Antonio Mora, der Chef des zum spanischen Metallbau-Konzern Mora Salazar gehörenden Unternehmens ESF (European Security Fencing), das diesen Klingendraht produziert, sagte, der Klingendraht habe »einen psychologischen und optischen Effekt«. Nur wenn »300 Leute auf einmal über den Zaun klettern, einer über dem anderen«, könne es »Kratzer und Schnitte geben«. Ansonsten aber sei das »Ziel des Zauns nicht, jemanden zu verletzen, sondern abzuschrecken«.[7]

Fälle wie den Sadiakos gibt es viele. Die Zahl Schwerverletzter liegt im vierstelligen Bereich. Der mittlerweile sechs Meter hohe Doppelzaun ist eine Menschenfalle. Wer sich nicht abschrecken lässt, verfängt sich in den Klingen. Wer auf der anderen Seite hinunterstürzt oder springt, den erwarten an vielen Stellen kreuz und quer gespannte Drahtseile, aus denen kaum ein Entkommen ist.[8] Hinzukommen sollen eine Stahlwand und ein Unterwasserzaun, um die Eindringlinge auch zu Wasser abzufangen.

Wegen der vielen schweren Verletzungen und Todesfälle wurden die Klingen zwischenzeitlich wieder abgenommen. Doch im Oktober 2013 entschied die spanische Regierung erneut, Klingendraht von ESF anzubringen. »Dieser Zaun ist nicht nur der Zaun von Melilla. Es ist der Zaun von ganz Europa«,[9] sagte der Präsident von Melilla, Juan José Imbroda. Im November 2013 waren die Arbeiten für den ersten Abschnitt beendet. Weitere sollen folgen.

Die Aufrüstung ist in Spanien umstritten. *El País,* die größte Tageszeitung Spaniens, stellte ein Video online, auf dem ein Kameruner zu sehen ist, der mit einem Ganzkörperverband in einem spanischen Krankenhaus liegt. Er hatte versucht, über den Zaun zu klettern. »Die Ärzte haben zwölf Stunden gebraucht, um meine Wunden zuzunähen«,[10] erklärt er. Er schäme sich, seine Haut mit all den Narben zu zeigen.

Der sozialistische Abgeordnete Antonio Trevín brachte im Dezember 2013 ein Stück des Drahtes in eine Parlamentssitzung mit. Um ihn zu präsentieren, zog er einen Lederhandschuh an und schlug vor, stattdessen mit Drohnen gegen die Papierlosen vorzugehen. »Unser Problem ist nicht, sie zu entdecken«, entgegnete Innenminister Fernández Díaz. »Das Problem ist, sie aufzuhalten.«[11] Die Klingen bleiben, entschied Ministerpräsident Mariano Rajoy.

Auch EU-Innenkommissarin Cecilia Malmström verlangte Aufklärung. Díaz reiste nach Brüssel und erklärte, der Klingenzaun habe einen »abschreckenden, passiven Charakter« und bewege sich »im Rahmen der Legalität« – davon könne sich die Kommissarin gern vor Ort überzeugen.[12] Malmström genügte das.

Vielleicht ist es am Ende die Guardia Civil, die weitere Tote verhütet: Die Gewerkschaft von Polizei und Grenzschützern erklärte am 16. November 2013, die Beamten seien »den Anblick sterbender Menschen leid«, die versuchen, die Grenze zu überqueren. »Wir sind nicht bereit, noch mehr Afrikaner zu finden, die blutend im Stacheldraht festhängen«, schrieb sie. Die Konfrontation mit diesen vermeidbaren Todesfällen setze die Grenzschützer »unnötigem Stress« aus.[13]

Leichen am Badestrand

Der zweitkürzeste Weg von Afrika nach Europa führt mit dem Boot vom marokkanisch besetzten Westsahara-Gebiet auf die Kanarischen Inseln: 240 Kilometer Seeweg. Die Fahrt dauert gut zwölf Stunden – wenn das Boot seetüchtig ist. Je härter die Ceuta / Melilla-Route wurde, desto mehr Menschen versuchten es hier. Nicht alle kamen durch. Ab dem Beginn des Jahrtausends landeten immer mehr Leichen an den Küsten der Vulkaninseln an. Ertrunkene Afrikaner, dort, wo Europäer Urlaub machen. Was heute Alltag ist, war damals neu. Spanische Zeitungen druckten Bilder der Toten. Spanien brachte Marokko schließlich dazu, die Strände der Westsahara zu blockieren. Die Migranten wichen nach Süden aus. Sie starteten von Nouadhibou in Mauretanien. Ihr Seeweg war nun mehr als 900 Kilometer lang – und entsprechend gefährlicher. Doch wer hier in Seenot geriet und ertrank, geriet nicht in den Blick der Pauschaltouristen.

Menschen wie Cheikh Ould Baya kamen ins Spiel. Er ist Bürgermeister von Zouérat im Norden Mauretaniens. Einst war er Kommandant der Grenzpolizei, heute ist er Berater des Fischereiministers, der in seinem Land für die Seegrenzen zuständig ist. »Wir sind die Gründer dieses Prozesses«, sagt er, »wir sind eines der ersten Länder, die gegen illegale Migration vorgegangen sind.«[14]

Schon 2003 unterschrieb Mauretanien ein Abkommen. Es war das All-inclusive-Paket für Spanien. Mauretanien nahm fortan jeden zurück, bei dem »festgestellt oder vermutet« wurde, dass er nach Spanien wollte – egal ob Bürger Mauretaniens oder eines anderen Staates. Doch aufgehalten wurden die Menschen da noch nicht – die Ankunftszahlen stiegen weiter an. 2006 zogen etwa 30 000 Menschen auf dem Weg in Richtung Kanaren durch die mauretanische Wüste. »Damals war das legal, wir hatten fast keine Gesetze gegen Schlepperei«, sagt Baya.

Baya baute die Küstenwache aus. 400 Männer, zehn Radarstationen auf 700 Kilometern, er zählt es auf, wie ein General, der von einer erfolgreichen Schlacht berichtet. »Die Hilfe kam aus Deutschland und Spanien.«[15] Das Programm richtete sich gleichermaßen gegen Raubfischer wie gegen irreguläre Migranten.

Sie nannten es »Guantanamito«

Der mauretanischen Marine spendierte die spanische Guardia Civil Patrouillenboote, sie stationierte ein Aufklärungsflugzeug, einen Helikopter, Schiffe. Wen sie in Richtung Kanaren aufhielt, den schleppte die Guardia Civil nach Mauretanien zurück. Polizisten beider Länder patrouillierten zusammen an der mauretanischen Küste, um die Abfahrt von Booten zu unterbinden. Mit spanischem Geld errichtete Mauretanien in Nouadhibou ein Internierungslager in einer ehemaligen Schule. Die Anwohner nannten es »Guantanamito«[16], auf die lehmfarbenen Putzwände kamen Zäune, als Sträflingsuniform bekamen die Gefangenen weiße T-Shirts und ballonseidene Trainingshosen. Ein Gesetz für ihre Haft gab es nicht, die Verpflegung beschaffte das spanische Rote Kreuz. Eine Delegation von Amnesty International zählte 2008 bei einem Besuch in einer Zelle von fünf mal acht Metern 35 eingesperrte Afrikaner, die sich 17 Betten teilen mussten.[17] Von dort aus fuhren mauretanische Soldaten sie am Ende mit Lastwagen durch die Wüste nach Süden.

Allein 2006 lud Mauretanien rund 11 000, meist von den Spaniern aufgegriffene, Afrikaner einfach am glühend heißen

Südrand der Sahara ab, nahe Gogui an der malischen Grenze. Manchmal nahm das Rote Kreuz die Migranten entgegen, manchmal nicht. Holte niemand sie ab, mussten sie viele Stunden zu Fuß durch die Wüste gehen – nachdem sie tagelang durch die Sahara gefahren worden waren. Immer wieder verdursteten Menschen.

Die Nordatlantik-Route war nun so beschwerlich, dass der mittlerweile weiter erhöhte Zaun in Ceuta und Melilla wieder in den Blick geriet. Tausende Menschen versuchten im Sommer und Herbst 2005, ihn zu überklettern. Sie banden mit Plastiktüten Äste zu Leitern zusammen, ließen sich über den Stacheldraht rollen und nach unten fallen, sie zogen weitere Leitern hinterher, auch für den zweiten Zaun, bis sie auf dem Weg landeten, auf dem die Guardia Civil patrouillierte. Mindestens 14 Menschen starben,[18] der Zaun hielt dem Ansturm nicht stand.

Was die EU heute mit Milliardensummen für halb Afrika versucht: Spaniens Nachbarschaftspolitik der sozialistischen Regierung von José Luis Rodríguez Zapatero war dafür die Blaupause. »Wir glauben, dass es sinnvoll ist, die Aufstockung der Entwicklungshilfe an die Ausarbeitung von Rücknahmeabkommen zu koppeln«,[19] sagte der damalige Justizminister und heutige sozialistische EU-Abgeordnete Juan Fernando López Aguilar 2006.

Der Plan África

»Traditionell gab es kaum Präsenz und institutionelle Beziehungen Spaniens in Schwarzafrika. In manchen Fällen waren sie so gut wie nicht vorhanden«,[20] gestand der damalige sozialistische Außenminister Miguel Ángel Moratinos. Der »Plan África« (2006 bis 2008, der Folgeplan 2009 bis 2012) änderte dies. 2006 eröffnete Spanien Botschaften in Kap Verde, Mali und dem Sudan; ein Jahr später in Niger, Guinea-Bissau und in Conakry in Guinea. Von 2006 bis 2008 wurden insgesamt zwölf Abkommen mit westafrikanischen Ländern geschlossen. Die

Universität des Baskenlandes hat untersucht, wie sehr Spanien auf Entwicklungshilfe setzte, um die afrikanischen Länder zur Kooperation zu bewegen.[21] Von 2004 bis 2008 vervierfachte es seine Hilfsgelder fast. Die Entwicklungshilfe (ODA) fokussierte sich besonders auf den für Transitmigration wichtigen westafrikanischen Raum: Für dieses Gebiet stiegen die Hilfszahlungen im gleichen Zeitraum gar um mehr als das Fünffache, von knapp 35 auf 219 Millionen Euro. Die Gelder für polizeiliche Zusammenarbeit mit neun westafrikanischen Staaten stiegen zwischen 2004 und 2007 von 83 000 auf rund 4,8 Millionen Euro an. So war die Kooperation für die westafrikanischen Länder lukrativ.[22]

Nach dem Ansturm auf die Zäune von Ceuta und Melilla im Herbst 2005 eröffnete Madrid in Malis Hauptstadt Bamako die erste Botschaft. Was sie tun sollte, beschrieb ein deutscher Diplomat so: »Die haben ein sehr großes Referat für innere Sicherheit. Grenzüberwachung, Grenzpolizei, Schleuserbekämpfung – darum geht's.«[23] Mali wurde Schwerpunktland der spanischen Entwicklungshilfeagentur AECID (Agencia Española de la Cooperación Internacional de Desarrollo). Im Gegenzug sollte es verhindern, dass Transitmigranten aus Zentralafrika das Land Richtung Norden durchqueren.

Doch die Kooperation der Transitstaaten traf immer auch die eigenen Bürger: Auch sie konnten nicht mehr einfach so ausreisen. Und fast nie hielt Europa seine Versprechen für die Visavergabe ein.

»Eine Gefahr für die malische Gesellschaft«

2008 etwa eröffnete der damalige EU-Entwicklungskommissar Louis Michel in Malis Hauptstadt Bamako als Teil eines solchen Abkommens das CIGEM (Centre d'Information et de Gestion des Migrations), ein EU-Verbindungsbüro, großspurig angekündigt als »Jobcenter für Afrika«. »Statt die Migration zu verteufeln, sollten wir sie durch flankierende Maßnahmen strukturieren und steuern, um daraus das Beste für die Menschen in Afrika und Europa zu machen«,[24] sagte Michel. Das CIGEM ebne Mali den Weg, das »Entwicklungspotenzial der Migration besser zu nutzen«. Im Folgejahr 2009 durften ganze 29 der 14 Millionen Malier in die EU – als Saisonarbeiter zum Gemüsepflücken auf den Kanarischen Inseln.[25] Tatsächlich betrieb das CIGEM in erster Linie Propaganda, um den Leuten die Migration wieder auszureden. In Richtung mauretanischer Grenze stellte die EU Warnschilder auf. »Stoppt die irreguläre Migration. Sie ist eine Gefahr für die malische Gesellschaft«, stand darauf, darunter das Logo der EU.

Die Migranten gingen zu diesem Zeitpunkt, 2009, schon im Senegal an Bord. 1500 Kilometer von den Kanaren entfernt. Die Guardia Civil stationierte Schiffe, ein Flugzeug, einen Helikopter in Dakar. Senegal verschärfte seine Schleppergesetze, die Guardia Civil durfte in den Küstengewässern patrouillieren, wenn ein senegalesischer Offizier mit an Bord war. Fischerboote unterwegs Richtung Norden wurden innerhalb der senegalesischen Gewässer zur Umkehr gezwungen – und das, obwohl die Überfischung der Meeresregion ausgerechnet durch spanische Flotten sie dazu zwang, immer weiter herauszufahren.[26] Die Küstenwache müsse Gefahren für das Wohl senegalesischer Staatsbürger abwehren, sagte Senegals Regierung.

Heute ist die Nordatlantik-Route geschlossen. 2016 kamen ganze 617 Flüchtlinge auf den Kanaren an.[27] Bürgermeister Baya ist stolz darauf. »Wir sind ein Beispiel, wir sind vorangegangen«, sagt er. Am 8. Februar 2017 sitzt Baya im grauen Anzug bei Wasabi-Nüssen an der Hotelbar des noblen Westin Dragonara Resort in St. Julians auf Malta und überlegt, wie er wieder ins Spiel kommen könnte. Hunderte hohe Beamte aus Afrika und Europa treffen sich an diesem Tag in dem Tagungshotel und verhandeln über den EU-Nothilfefonds für Afrika, den die EU ein Jahr zuvor für den Kampf gegen die illegale Migration aufgelegt hat *(→ Kapitel: Diplomatie; Entwicklungshilfe)*. Nur rund 38 Millionen aus dem 2,85 Milliarden Euro schweren Topf will die EU nach Mauretanien leiten.[28] Zu wenig, findet Baya. Das, was jetzt in Valletta zwischen der EU und Afrika verhandelt werde, habe doch ein einfach zu benennendes Ziel: »Null illegale Migration. Da sind wir als Mauretanien schon – fast wenigstens.«

»Wir überreden sie gerade, uns ein neues Flugzeug zu kaufen«

Doch dabei müsse es nicht bleiben. Mit einer gewissen Sorge blickt Baya auf die Entwicklung im Niger und Libyen, der zentralen Sahara-Route, über die heute die meisten Menschen den Weg nach Europa gehen. Bald, fürchtet Baya, könnte dieser Weg dicht sein. Und dann, da sei er »hundertprozentig sicher«, gingen die Menschen wieder über die Atlantik-Route. Um das den Europäern klarzumachen, ist er nach Valletta gekommen. Sein Land will mehr Geld, für Küstenwache, für Ausbildung, Ausrüstung, Jeeps, Boote. Eben das, was Staaten wie Niger auch bekommen. »Wir überreden sie gerade, uns ein neues Flugzeug zu kaufen«, sagt er, mit Infrarotkameras und Nachtsichtgeräten. Sechs Millionen Euro würde das kosten. »Das ist nichts im Vergleich zu dem, was wir damit machen können.«

Mauretanien hat alles getan, was die Europäer wollten: Internierungslager gebaut, Flüchtlinge zurückgenommen, Patrouillen europäischer Grenzpolizisten in seinen Gewässern gestattet. Die Folge war: Die Migrationsroute hat sich verlagert. Wie er es sieht, ist Baya jetzt Opfer seines eigenen Erfolgs geworden. »Mauretanien wurde von Brüssel vergessen, weil es bei uns gerade keine Probleme gibt, weil wir unsere Hausaufgaben gemacht haben.«

Je mehr Grenzen Europa im Innern abbaute, desto mehr ließ es anderswo errichten. Die Vorteile dieser Auslagerung lagen für Europa auf der Hand: Jeder, der gar nicht erst ankommt, muss nicht teuer wieder abgeschoben werden. So richtete sich der Blick langsam von den Transit- auch auf die

Herkunftsregionen. Am 19. Januar 2012 unterschrieb Ilkka Laitinen, der damalige Chef der EU-Grenzschutzagentur Frontex, ein sogenanntes Arbeitsabkommen mit Rose Uzoma, der Chefin der nigerianischen Einwanderungsbehörde NIS (Nigeria Immigration Service). Es sei ihm eine »große Freude [...] mit einem so wichtigen Partner eine Vereinbarung zu treffen«, sagte er. Nigeria liegt über 3600 Kilometer vom Schengen-Raum entfernt, aber Laitinen war sich sicher, dass der »Austausch von Informationen und Know-how« ein »wichtiges Element der europäischen Grenzsicherung« sei.[29]

Lampedusa – Libyen, One Way

Europa gab sich Mühe, die Westmittelmeer- und Atlantik-Route zu blockieren, zu Wasser und zu Land, bis ins Herz Afrikas hinein. Doch die Menschen blieben deswegen nicht zu Hause. Stattdessen wuchsen in der zweiten Hälfte der Nullerjahre die Migrationsbewegungen auf der zentralen Mittelmeerroute an: über Libyen und Tunesien Richtung Italien. Es war ein Weg, den vorher viele scheuten, weil dazu die Sahara an der breitesten Stelle durchquert werden muss. Ebenso wie Spanien in Westafrika wurde die Regierung Italiens deshalb in Libyen aktiv.

Die Ethnologin Silja Klepp hat die Geschichte dieser Kooperation erforscht. Sie reicht zurück in die Zeit, als Libyen hochoffiziell als »Schurkenstaat« galt. Nach den Anschlägen auf die Diskothek La Belle in Berlin 1986 und das 1988 über dem schottischen Lockerbie explodierte Pan-Am-Flugzeug, mit denen Libyens Diktator Gaddafi in Verbindung gebracht wird, war das Land politisch isoliert. Dennoch nahm die italienische Regierung in den späten Neunzigerjahren erste informelle Gespräche mit Gaddafi auf. Im Dezember 2000 wurde in Rom ein erstes Abkommen unterzeichnet; neben Terrorismus und Kriminalitätsbekämpfung ging es um die Eindämmung irregulärer Migration.

In den folgenden Jahren trafen italienische und libysche

Spitzenpolitiker häufig zusammen, Rom bereitete so der Rehabilitation Gaddafis den Weg. 2003 schließlich hob die UN ihre Sanktionen gegen Libyen auf. 2004 zog die EU nach. Die Zusammenarbeit kam in Fahrt: »Abschiebeflüge von Migranten aus Libyen, Haftzentren für Migranten, technische Unterstützung zur besseren Überwachung der libyschen Grenzen und Ausbildungshilfen für Sicherheitsbeamte wurden mit italienischen Geldern in Libyen finanziert«,[30] schreibt Klepp. 2004 und 2005 flog Italien über 4000 Migranten von der Insel Lampedusa nach Libyen zurück.

Auf See ging man rigoros gegen Flüchtlinge vor. Der südafrikanische Politologe Richard Pithouse beschreibt die Praktiken so: »Wenn die italienische Marine sie abfängt, werden sie oft mit Knüppeln und Elektroschock-Schlagstöcken aus den Booten geprügelt. Man bringt sie erst in Gefängnisse in Tripolis, von dort dann in Haftanstalten wie jene in dem Wüstendorf Al Qatrun, nahe der Grenze zum Tschad. Drei Tage sind die Migranten in Lastwagen dorthin unterwegs. Dort sind mehr als 50 Personen in einen Raum gesperrt. Sie schlafen auf dem Boden, es gibt Schläge, Vergewaltigungen und Erpressung. Selbstmorde sind häufig.«[31] Italiens Innenminister Roberto Maroni nannte die Zusammenarbeit mit Libyen hingegen einen »historischen Erfolg«.[32]

Eine bequeme Lösung: Dublin

An dieser Tragödie ist Rom keineswegs allein schuld. »Italien hat nur versucht, den Schwarzen Peter weiterzureichen«,[33] schreibt der Juraprofessor Gregor Noll von der Universität Lund. »Das verwerfliche Geschacher zwischen Berlusconi und Gaddafi ist nichts weiter als die logische Folge des verwerflichen Dublin-II-Abkommens« (→ *Kapitel: Das Mittelmeer*). Diese EU-Richtlinie legt fest, dass innerhalb des Schengen-Raums immer jenes Land für ein Asylverfahren zuständig ist, das einen illegalen Grenzübertritt nicht verhindert hat. Für zentrale

EU-Länder wie Deutschland ist das eine überaus bequeme Lösung, für die Staaten an der südlichen Peripherie ein Riesenproblem.

Für Berlusconi war dies ein Grund, die Zusammenarbeit zu forcieren. Im März 2009 traf er im libyschen Sirte mit Gaddafi zusammen, um ein »Freundschaftsabkommen«[34] abzuschließen. Angeblich als »Entschädigung für koloniales Unrecht« sollten bis 2025 fünf Milliarden Dollar aus Italien nach Libyen fließen, größtenteils für Infrastrukturprojekte.[35] Italienische Firmen bekamen große Aufträge aus Tripolis – und Libyen machte noch stärker als bislang den Türsteher für Italien, die Bereitschaft zur massenhaften Rücknahme von Migranten inklusive.

Auch auf EU-Ebene näherte man sich an. Im Dezember 2004 hatte die Kommission in einem Bericht festgehalten, dass Gaddafi Migranten »willkürlich« festnehmen und in Internierungslager sperren lasse, Kinder von ihren Eltern trennte, Frauen nicht vor Vergewaltigung schütze. Konsequenzen zog die EU daraus nicht. 2006 schob der EU-Kommissar für Justiz und Inneres, Franco Frattini, die ersten drei Millionen Euro als Beihilfe zur Grenzsicherung nach Tripolis.

Bald darauf trat die damals noch junge EU-Grenzschutzagentur Frontex auf den Plan. In einem von Klepp zitierten Brief bat Gil Arias, der stellvertretende Direktor von Frontex, um Erlaubnis, in libyschen Gewässern zu patrouillieren und auf dem Wasser aufgegriffene Migranten zurückzuschicken.[36] Arias' Bitte wurde abgewiesen. Offenbar, um Tripolis umstimmen zu können, setzte Frontex 2007 einen Bericht an die EU auf. »Dieser Bericht machte klar, dass Libyen nicht die Absicht hatte, die Genfer Flüchtlingskonvention zu unterzeichnen. Und anders als in früheren EU-Papieren finden sich auch keine Bemerkungen zur Menschenrechtssituation in Libyen oder zu inakzeptablen Haftbedingungen für Migranten darin«,[37] sagt Klepp. Dafür legte Frontex einen Wunschzettel Gaddafis bei: Zur Grenzsicherung forderte er aus Brüssel unter anderem zehn Schiffe, zwölf Aufklärungsflugzeuge, 18 Hubschrauber, 22 voll ausgerüstete Kommandozentralen, 28 Patrouillenboote, 80 Pick-ups, 86 Lastwagen, 100 Schnellboote und 240 Geländewagen.

Einig mit Gaddafi

In Brüssel entschied man, mit Gaddafi ein Gesamtpaket auszuhandeln. 2008 begannen die Verhandlungen über ein Rahmenabkommen. Dieses sollte nicht nur die politischen Beziehungen, sondern auch Fragen der Energiepolitik und des Handels regeln – mittelfristig strebte die EU die Errichtung einer Freihandelszone an. Aber es ging erstmals konkret um die Flüchtlingsabwehr. Im September 2009 informierte der stellvertretende Direktor des EU-Kommissars für auswärtige Angelegenheiten, Hugues Mingarelli, das EU-Parlament über den Stand der Verhandlungen – unter Ausschluss der Öffentlichkeit. Die Grünen-Abgeordnete Franziska Brantner war entsetzt: »Die Kommission wollte mit Gaddafi ein Rücknahmeabkommen abschließen, um unerwünschte Flüchtlinge aus ganz Afrika nach Libyen abschieben zu können.«[38]

Im Juni 2010 verabschieden Libyen und die Kommission ein »Memorandum of Understanding«. Brüssel bot Tripolis technische Hilfe und Zusammenarbeit für die Zeit von 2011 bis 2013 an. Schwerpunkt dieser Zusammenarbeit: die »gemeinsame Verantwortung für die Herausforderung des Migrationsmanagements«.[39] Gaddafi sollte 50 Millionen Euro aus Brüssel erhalten, damit er seine Grenzen für afrikanische Migranten noch weiter abdichtet.

Kurz zuvor hatte Gaddafi das UN-Flüchtlingshilfswerk UNHCR aus dem Land geworfen, weil es sich kritisch über die Zustände in den libyschen Abschiebelagern geäußert hatte. Die Kommission störte das nicht: Das Memorandum wurde im Juni 2010 unterzeichnet.

Der Arabische Frühling kommt dazwischen

Vier Monate später, im Oktober 2010, reisten die EU-Innen-kommissarin Cecilia Malmström und der EU-Kommissar für Erweiterung und europäische Nachbarschaftspolitik, Stefan Füle, nach Tripolis. Die Beziehungen zu Gaddafi hätten sich in den vergangenen drei Jahren »gut entwickelt, wir haben gemeinsame Interessen«,[40] lobte Füle. »Eine partnerschaftliche Zusammenarbeit mit Libyen in allen Fragen der Migration hat hohe Priorität für die EU«,[41] ergänzte Malmström. Die beiden wollten klären, wie sich die Zuwendungen an Gaddafi am besten deklarieren ließen, ohne allzu viel Kritik zu provozieren. Die Lösung: Die Bediensteten in den libyschen Abschiebelagern sollten »Menschenrechtstrainings« bekommen und in der Registrierung der Flüchtlinge geschult werden – und somit genau die Aufgabe erledigen, die bis zum Sommer das UNHCR übernommen hatte.

Mit dieser Offerte habe die EU Gaddafi geradezu dafür belohnt, dass er die UN-Agentur aus dem Land geworfen hatte, sagte die damalige EU-Abgeordnete Brantner (Grüne). »Keinen einzigen Euro hätte man dafür lockermachen dürfen.«[42] Damit das EU-Parlament die Pläne der Kommission nicht verhindern konnte, hatte diese die für Gaddafi bestimmte Summe auf drei Haushaltsposten aufgeteilt und damit die Veto-Schwelle für die EU-Abgeordneten unterschritten.

Im Januar 2011 dann nannte das EU-Parlament das geplante Rücknahmeabkommen »absolut inakzeptabel«. In einem einstimmig angenommenen Bericht der portugiesischen Abgeordneten Ana Gomes hieß es, ein solches Abkommen widerspreche »den Werten der EU-Grundrechtecharta«. Doch bei einem Hearing zeigte die Kommission sich unbeirrt: Ein Vertreter verwies auf »massiven politischen Druck« durch den Rat der EU. »Die wollten dieses Abkommen, koste es, was es wolle«, sagte ein Beobachter des Hearings.[43]

Nach den brutalen Attacken auf die Aufständischen im eigenen Land zu Beginn des Arabischen Frühlings 2011 nannte der damalige deutsche Bundespräsident Christian Wulff Gaddafi »Staatsterrorist« und »Psychopath«,[44] Merkel schimpfte ihn einen »Despoten«, »grausam und brutal«, urteilte NATO-Generalsekretär Anders Rasmussen. Die EU focht das nicht an: Noch am 15. Februar 2011 empfing sie Gaddafis engsten Vertrauten, den damaligen libyschen Innenminister Abdul Fatah Younis, in Brüssel. Erst als die Nachrichten über die Kämpfe in Libyen in den Tagen nach seiner Visite immer dramatischer wurden, fror EU-Außenkommissarin Catherine Ashton das Geld ein.

Der Arabische Frühling 2011 fegte die Diktatoren in Kairo, Tripolis und Tunis davon und öffnete für die Migranten den Zugang zum Meer. Anfang 2011 kamen innerhalb weniger Wochen viele Tausende in Booten in Italien an: junge Nordafrikaner, aber auch Menschen aus dem subsaharischen Raum und dem Nahen und Mittleren Osten, die sich die neue Reisefreiheit zunutze machten. Doch die währte nicht lang. In kurzer Zeit brachte die EU Tunesien und die libysche Rebellenregierung dazu, die Strände für Ausreisewillige wieder dichtzumachen. Den libyschen Rebellen in der Küstenstadt Bengasi rang die EU-Außenkommissarin Ashton dieses Versprechen schon ab, bevor diese überhaupt Gaddafi besiegt hatten. Danach hielten sie Wort. Die grauenhaften Migrantengefängnisse, die Gaddafi errichtet hatte, betrieben sie einfach weiter.

»Schlimmer als Dantes Inferno«

Am Mittelmeer geschah nun das Gleiche wie zuvor am Atlantik: Die Migranten wichen aus, diesmal nach Osten. Israel und ab 2009 dann die Ägäis-Region wurden zum Hotspot der Migration. In manchen Nächten kamen damals Hunderte Menschen in Schlauchbooten auf Inseln wie Lesbos an. Das Einzugsgebiet ihrer Herkunft war riesig: Menschen aus Gambia, Eritrea und Afghanistan erreichten gleichzeitig die griechischen Strände. Die Türkei ließ sie passieren, denn sie war beleidigt, weil die

EU-Beitrittsverhandlungen nicht vorangingen. Griechenland setzte auf Härte: Es sperrte die Menschen in provisorische Knäste ein, unter Umständen, die am Ende selbst der griechische Vize-Innenminister Spyros Vouyia »schlimmer als Dantes Inferno«[45] nannte: Auf Lesbos etwa kamen die Menschen, darunter Minderjährige und Schwangere, in die Hallen eines alten Fabrikgebäudes im Dorf Pagani. Sie blieben dort teils monatelang, in glühender Hitze, ohne zu erfahren, wann sie freikommen würden. Über 100 Menschen mussten sich eine Toilette und einen Wasserhahn teilen. Krankheiten brachen aus, Ärzte kamen nur selten.

So gab es den nächsten Umschwung in der Migrationsroute: nach Norden, diesmal durch das Dreiländereck zwischen der Türkei, Bulgarien und Griechenland – auch, weil Bulgarien nun Teil des Schengen-Raums wurde. 2011 übertraten 55 000 Menschen unerlaubt den Grenzfluss Evros. Er fließt träge dahin, vielleicht so breit wie die Weser, doch ertranken auch hier viele: Im Sommer, wenn er wenig Wasser führt, unterschätzten manche seine Tiefe und versuchten, ihn zu durchschreiten; viele Afrikaner können nicht schwimmen. Im Winter, wenn der Evros anschwillt, fielen Menschen aus überladenen Booten.

Doch die Route blieb attraktiv – bis zum 4. Dezember 2013. »Das ist ein historischer Tag für die türkische Bevölkerung«, sagte da der türkische Außenminister Ahmet Davutoğlu, der später beim sogenannten EU-Türkei-Deal[46] (→ *Kapitel: Das Abkommen mit der Türkei*) noch eine entscheidende Rolle spielen würde. Schon 2013 hatte er in Brüssel ein Abkommen ausgehandelt, das Ankara dazu verpflichtet, abgelehnte Asylbewerber wieder aufzunehmen, die über ihr Territorium in die EU kommen. Dafür begann Brüssel mit der Türkei Gespräche über Visa-Erleichterungen für türkische Staatsbürger. Zum Dank konnten die Frontex-Grenzschützer auf der griechischen Seite nun ganz bequem per Funk die türkischen Kollegen alarmieren, wenn sie Migranten in Richtung Grenze laufen sahen; die Türken hielten sie auf und brachten sie ins Landesinnere zurück. Im nächsten Jahr gelangten nur noch 24000 Flüchtlinge nach Griechenland.

In der Zwischenzeit war Libyen im Chaos versunken. Die alten Milizen hatten sich für das Aufhalten der Flüchtlinge bezahlen lassen, jetzt wurden sie zu Schleppern und nahmen den Flüchtlingen buchstäblich das letzte Hemd für einen Platz im Boot nach Süditalien. Der Weg war teuer und mörderisch, und trotzdem war er im Sommer 2014 die erste Wahl, vor allem für Menschen, die aus Syrien fliehen wollten.

Dann geschah Folgendes: Die Türkei hatte seit Beginn des Krieges in Syrien 2011 zwei Millionen Syrer aufgenommen. Nun öffnete sie die Tore. Jeder, der wollte, konnte an der Küste Kleinasiens in ein Schlauchboot nach Griechenland steigen. Das Abkommen, das Davutoğlu 2013 unterschrieben hatte, galt nicht mehr. Vorerst.

Erfolg hatte diese Strategie nicht. Die Migration ließ sich nur erschweren, nicht aufhalten. Das stellte die EU auch 2014 fest, als die Migranten erstmals nicht in großer Zahl über das Wasser kamen, sondern über Land: über die Balkan-Route.

Diplomatie
Monsieur Vimonts letzter Auftrag –
die Einigung mit Afrika

Wer sein ganzes Berufsleben lang an den großen Rädern dreht, der kann am Ende nur schwer davon lassen. Und so ist Pierre Vimont für seinen Ruhestand nicht an die Côte d'Azur gezogen oder in ein kleines Chalet in den Alpen, sondern in eine cremefarbene Jugendstilvilla in der Rue de Congrès in der Brüsseler Innenstadt. In den unteren Stockwerken der US-Denkfabrik für Sicherheitspolitik CEIP (Carnegie Endowment for International Peace), die 2016 auf Platz fünf der Liste der weltweit einflussreichsten Think-Tanks stand, sitzen junge Analysten, Politikberater, Medienleute. Im dritten Stock, am Ende einer mit dicken roten Läufern ausgelegten Treppe, sitzt Pierre Vimont an einem Rauchglasschreibtisch. Auch im Hochsommer trägt er das weiße Hemd bis oben geschlossen, die rote Krawatte nicht gelockert, die Welle im grauen Haar verleiht ihm das Aussehen eines britischen Lords. Er war Kabinettschef in Paris, vertrat Frankreich als Botschafter in Washington und Brüssel. Später, als die EU begann, selbst Botschaften zu eröffnen und Außenpolitik zu betreiben, als sei sie nicht ein mühsam zusammengehaltenes Kompromissgebilde, sondern ein Staat – da ernannte die Kommission Vimont zum Generalsekretär ihres Schatten-Außenministeriums EEAS (European External Action Service). Sechs Jahre lang baute Vimont dieses Zwitterwesen aus EU-Kommission und -Rat auf. Im Februar 2015 dann verabschiedete er sich in den Ruhestand, als »Senior Fellow« bei Carnegie. Doch dort blieb er nicht lang. Nach nur zwei Monaten, Ende April 2015, klingelte Vimonts Telefon. Der polnische Ratspräsident Donald Tusk war dran. »Können Sie zurückkommen?«, fragte er. Vimont konnte.[1]

Fünf Wochen zuvor, in der Nacht vom 18. auf den 19. April 2015, war ein Flüchtlingsboot auf dem Weg von Libyen nach

Italien gekentert: 28 der Insassen wurden gerettet, etwa 500 ertranken. Bereits in der Vorwoche waren bei mehreren kleinen Unglücken etwa 1000 Menschen gestorben. Es sei »eine der größten Tragödien, die jemals im Mittelmeer geschehen sind«,[2] sagt Carlotta Sami, Sprecherin des UN-Flüchtlingswerks UNHCR. Vier Tage später treffen sich die Staatschefs der EU in Brüssel zu einem außerordentlichen Ratsgipfel. Die meisten der 28 EU-Staaten fühlten sich selbst nicht von der Krise betroffen. Auf der Balkan-Route ist zu dieser Zeit noch alles vergleichsweise ruhig. In Brüssel wollen sie vor allem darüber reden, ob sich die Sache mit etwas mehr Geld für Rom abfedern lässt. So wie immer.

Doch eine Teilnehmerin will mehr. Es ist die deutsche Bundeskanzlerin Merkel. »Das wird immer weitergehen, es wird nicht aufhören«, sagt sie in der Staatschefs-Runde, berichten Anwesende.[3] Merkels Idee: ein Gipfel mit Afrika. Dort kommen die Flüchtlinge schließlich her. Also ist Afrika auch der Schlüssel, sie zu stoppen. Auf diese Idee waren Italien und Spanien in der Vergangenheit auch schon gekommen (→ *Kapitel: Rückblick*). Die anderen Mitgliedstaaten hatten darüber noch nicht weiter nachgedacht. Alle vier Jahre treffen sich die EU und die AU ohnehin. Das nächste Mal ist für den November 2017 geplant. Die anderen Staaten wollen bis dahin warten. Merkel dauert das zu lange. Sie ahnt, dass sich die Situation auf dem Mittelmeer verschärfen wird. Der maltesische Premier Joseph Muscat gibt ihr recht. »Ich richte den Gipfel aus«, sagt er. »Hat jemand etwas dagegen?«, fragt EU-Ratspräsident Donald Tusk, der das Treffen leitet. Niemand sagt etwas. Die Runde beauftragte Tusk, alles vorzubereiten. Wenige Tage später ruft dieser Vimont an.

Der Auftrag: Vimont soll halb Afrika einladen, im November 2015 nach Malta zu kommen und sich dort zu verpflichten, die Flüchtlingszahlen in Europa zu drücken. Was würden sie dafür verlangen? Und: Was kann die EU ihnen dafür bieten? Um das zu sondieren, bleiben dem aus dem Ruhestand zurückbeorderten Unterhändler nur 20 Wochen. Vimont bekommt den Titel »Persönlicher Gesandter des Ratspräsidenten bei der Konferenz in Valletta«. Ein kleines Team in Vimonts alter Behörde, dem EEAS, wird gebildet: Vimont, ein Assistent, dazu ein vom EU-Rat abkommandierter Berater. Wie weit Vimont gehen darf, das bestimmen im Ministerrat vor allem die Ressorts Justiz und Inneres.

»Die Beamten in Brüssel sind skeptisch«, sagt Vimont. Die Todeszahlen im Mittelmeer gehen in den folgenden Monaten leicht zurück, dafür beginnt sich eine Eskalation auf der Balkan-Route abzuzeichnen. Ungarn kündigt das Dublin-Abkommen auf, die Aufnahme von Flüchtlingen in Griechenland kollabiert. »Alle haben auf die Balkan-Route geschaut, während wir an dem Afrika-Gipfel gearbeitet haben«, sagt Vimont. Dessen Notwendigkeit leuchtet vielen in Brüssel nicht ein. »Die Menschen kümmern sich um das Dringlichste«, sagt Vimont. »Und das war damals eben die Balkan-Route.« Im Frühsommer reist er in die EU-Hauptstädte, trifft Staatssekretäre. Er will wissen: Was sind sie den Afrikanern anzubieten bereit? Ihre Haltung ist anders als in Brüssel. »Die Berater der Regierungschefs haben uns gesagt: ›Es ist richtig! Macht weiter! Wenn sich die Lage auf dem Balkan beruhigt hat, wird die afrikanische Migration weitergehen.‹«

Eine begrenzte Gruppe

Seit 2006 gibt es eine lose Runde zwischen Europa und 23 Staaten West- und Zentralafrikas, den sogenannten Rabat-Prozess (→ *Kapitel: Unsere Partner*). Gesprochen wird dort über Migrationspolitik, Ausrichter ist der in Wien ansässige Think-Tank ICMPD (International Centre for Migration Policy Development). Gleiches gilt für das ostafrikanische Pendant, den 2014 in Rom begonnenen Khartoum-Prozess, zwischen der EU und Ägypten, Äthiopien, Dschibuti, Eritrea, Kenia, Somalia, Südsudan und Sudan.

Viel herausgekommen ist bei den beiden Prozessen bis dahin nicht, aber die Gespräche haben eine gewisse Struktur. Darauf baut Vimont jetzt auf. Im Juli lädt er Vertreter aller Staaten der EU, des Rabat- und des Khartoum-Prozesses zu einem Treffen nach Brüssel ein, dazu die AU, das UN-Flüchtlingswerk UNHCR, die IOM und den Think-Tank ICMPD. Afrikanische Länder, die nicht Teil des Rabat- und Khartoum-Prozesses sind, wollen an den Verhandlungen beteiligt werden. »Die anderen Staaten waren ja durch die AU auch repräsentiert. Wir wollten mit einer begrenzten Gruppe anfangen«, sagt Vimont.

Die geladenen afrikanischen Staaten schicken Diplomaten. »Ich habe sie gefragt: ›Was soll ihrer Meinung nach das Ergebnis dieses Gipfels sein?‹«, sagt Vimont. Sie ahnen, dass etwas für sie zu holen sein wird, und fordern konkrete Gegenleistungen. Im September kündigt EU-Kommissionspräsident Jean-Claude Juncker an, einen 1,2 Milliarden Euro schweren Fonds aufzulegen, um »Ursachen irregulärer Migration und Vertreibungen in Afrika zu bewältigen«.[4]

»Die afrikanischen Staaten waren angenehm überrascht«, sagt Vimont. Noch drei Mal kommen die Unterhändler in den folgenden Monaten zusammen: am Tag nach Junckers Ankündigung Ende September in der ägyptischen Küstenstadt Sharm El-Sheikh, im Oktober in Rabat und im November schließlich in Malta.

Von Beginn an stehen die Verhandlungen vor einem Problem: Unter den 31 Staaten des Rabat- und Khartoum-Prozesses befinden sich offene Diktaturen und autoritäre Regime (→ Kapitel: Unsere Partner). Eritrea und der Sudan sind darunter, Äthiopien, der Südsudan und Ägypten – Militärmachthaber, Kriegsverbrecher, Bürgerkriegsregime. Noch verhandelt Vimont unbemerkt von der Öffentlichkeit, doch schon bald wird diese aufmerksam. Medien, NGOs, Abgeordnete stellen die Frage: Darf man mit solchen Staaten zusammenarbeiten?

In Brüssel wird darüber schon früh nachgedacht. Die Antwort lautet: Ja. »Die Innenminister haben vor allem auf die Effektivität geschaut«, sagt Vimont. »Es ging darum: Wie kommen wir zu Ergebnissen?« Die EU-Innenminister treten also dafür ein, die Vertreter von Diktaturen an den Tisch zu holen, wenn diese nützlich sein können. Vimont verwendet dazu eine sehr diplomatische Formel: »It required some accommodation with our principles and values«, sagt er. Es brauchte dafür also gewisse Zugeständnisse, was Werte und Prinzipien angeht. Ein Umstand, der seitens der Innenminister ins Feld geführt wird: die Toten im Mittelmeer: »Darunter waren viele Eritreer. Muss man nicht auch versuchen, ihre Leben zu retten?«, fragt Vimont. »Aber es ist nicht einfach, da stimmen wir alle zu.«

Europas Innenminister haben eine ganze Reihe von Wünschen, die Vimont verhandeln soll. Alle haben eines gemeinsam: Sie führen dazu, dass weniger Menschen in Europa ankommen und dafür mehr abgeschoben werden können. Sie formulieren sie in einem »EU-Aktionsplan Rückkehr«, der am 9. September veröffentlicht wird, etwa zwei Monate vor dem Gipfel in Valletta. Es ist das Pflichtenheft für Vimont. »Eine der wirksamsten Methoden zur Bekämpfung der irregulären Migration ist die systematische – freiwillige oder erzwungene – Rückkehr von Personen, die nicht oder nicht mehr berechtigt sind, in Europa zu bleiben«, steht darin.

Ein Weg dazu: Die Afrikaner sollen eine neue Sorte von Abschiebepapieren, sogenannte EU-Laissez-Passers, anerkennen. Der Clou: Die EU-Mitgliedstaaten können diese einfach selbst ausstellen. Wenn Abzuschiebende keinen Pass haben und die Botschaft auch keinen ausstellt, ist das überaus praktisch. Im Dezember 2015 bringt die Kommission den Gesetzentwurf für ein »EU-Reisedokument für illegal aufhältige Drittstaatenangehörige« ein. Doch das Problem ist: Kein Nicht-EU-Staat erkennt sie an, denn damit würde er ein Stück seiner Souveränität aufgeben – das Recht zu bestimmen, wer einreisen darf. Für einen »Verstoß gegen internationales Recht«[5] hält die AU gar die Papiere. »Das war das Schwierigste«, sagt Vimont. Die Afrikaner signalisieren ihm: Sie werden nicht zustimmen.

Ebenso wenig begeistert sind sie von dem Wunsch der Europäer nach mehr Grenzkontrollen in Afrika. Ein hoher Beamter in Brüssel beschreibt es so: »In vielen Staaten Afrikas kontrolliert der Staat nicht. Den Mitgliedstaaten *[der EU, Anmerkung d. Autoren]* reicht das nicht aus. Neue Mauern bauen? Das klappt nicht. Das ist viel zu groß. Es geht darum, sporadische Kontrollen vorzunehmen. Zurückgeschickt wird dann, wer keine Papiere hat.« Er räumt ein, dass dies »entwicklungspolitisch problematisch« und »nicht ganz traditionelle Entwicklungszusammenarbeit« sei. Die Staaten sollen also dort kontrollieren, wo sie dies bislang nicht getan haben. Doch die Formel »Zurückgeschickt wird nur, wer keine Papiere hat« bildet die Realität nicht ab und ist keineswegs so harmlos, wie sie klingt *(→ Kapitel: Freizügigkeit; Abschiebungen).*

Dabei halten die afrikanischen Staatschefs mehr Grenzkontrollen selbst durchaus für nötig – nicht zuletzt wegen der in der Sahelzone aktiven islamistischen Terrormilizen, Boko Haram, und al-Qaida im Maghreb (AQM). »Die Afrikaner haben anerkannt, dass es Dysfunktionalitäten gab«, sagt Vimont. Das sei auch der Grund gewesen, weshalb später so viele Staaten die Angebote für europäische Trainingsmissionen angenommen hätten.

Die Grenzen zwischen ihren Ländern stärker zu kontrollieren, bloß, weil die Europäer das wollen – das fühlt sich für sie wie eine Einmischung an. Es verletzt ihren nationalen, auch den antikolonialen Stolz. »Es war eine Prinzipienfrage«, sagt Vimont. Spanien etwa *(→ Kapitel: Rückblick)* habe das schon früh verstanden. »Spanien hat diese Grenzkontrollen und Rücknahmen von Ländern in Westafrika verlangt und bekommen«, sagt Vimont. »Aber es ist dabei sehr geräuschlos vorgegangen, ohne viel Statements, keine öffentlichen Erklärungen, das war das Geheimnis ihres Erfolges.« Anders als die Europäer jetzt: »Die wollten das laut und klar im Kommuniqué von Valletta, das war nicht leicht.«

Nicht einmal 30 Prozent reisen aus

Rücknahmeabkommen sind ein völkerrechtliches Kuriosum. Eigentlich dürfte es sie gar nicht geben: Das Völkerrecht regelt, dass jeder Staat seine eigenen Bürger wieder einreisen lassen muss. In einem Abkommen, unterzeichnet in Benins Hauptstadt Cotonou, aus dem Jahr 2000 hat die EU den sogenannten AKP-Staaten – also den Staaten Afrikas, des Pazifiks, der Karibik – noch einmal die Zusicherung abgenommen, dass sie alle ihre Bürger zurücknehmen, die sich unberechtigt in der EU aufhalten.

Nur: Das geschah nicht.

In ihrem »Rückkehrplan« vom September 2015, dem Pflichtenheft für Vimonts Verhandlungen, schreiben die EU-Innenminister:»Im Schnitt reisen nicht einmal 30 Prozent aller Ausreisepflichtigen der Afrikaner aus. Der Wert liegt damit noch deutlich unter der ohnehin zu niedrigen Gesamtquote von 40 Prozent.« Sie hoffen auf den bevorstehenden Valletta-Gipfel: Der »eine Gelegenheit für ein neues Engagement zugunsten der Rückübernahme bot«, sagt Vimont.

Die Abkommen sollen dafür sorgen, dass die Staaten bei Abschiebungen kooperieren: dass sie Pässe ausstellen, Identitäten bestätigen. Unter den 17 Ländern, mit denen die EU als Ganze bislang ein Rücknahmeabkommen abschloss, zählt außer dem winzigen Inselstaat Kap Verde kein einziger zu Afrika. Das soll sich nun ändern. Damit das in Menschenrechtsfragen etwas sensiblere EU-Parlament nicht dazwischenfunkt, will die Kommission am liebsten informelle Vereinbarungen, denen das Parlament nicht zustimmen muss.

Die Mitgliedstaaten haben es vorgemacht: Von den 60 Abkommen zu Abschiebefragen, die allein Deutschland, Großbritannien, Italien, Frankreich und Spanien mit afrikanischen Ländern abgeschlossen haben, sind nur acht formale Rücknahmeabkommen. Beim Rest handelt es sich um undurchsichtige Absprachen, oft zwischen Polizeibehörden.

Schon lange vor Vimonts Mission verhandelt die EU mit afrikanischen Staaten darüber. Fortschritte gibt es kaum. Die Afrikaner sollen sich nicht bloß verpflichten, ihre eigenen Bürger zurückzunehmen, sondern auch die von anderen Staaten, die sie im Transit durchquert haben. »Ein sehr schwieriger Punkt«, sagt Martijn Pluim vom Think-Tank ICMPD, der viele der Verhandlungen mitorganisiert hat. »Es wäre viel einfacher, ohne die Drittstaatenregelung zu verhandeln. Sobald die drin ist, wird das Verhandlungspotenzial für die afrikanischen Staaten viel größer, die Forderungen werden größer.«[6] Doch viele EU-Staaten bestehen darauf, die Drittstaatler einzuschließen. Die Vorteile für sie liegen auf der Hand: Abschiebungen in die nordafrikanischen Transitstaaten sind viel einfacher, schneller und billiger zu organisieren.

Auch der EU-Rat und der Europäische Auswärtige Dienst EEAS (European External Action Service) wollen die Klausel unbedingt in den Abkommen haben. Das hat für die EU auch Prestigegründe: Dann könnte sie einen Verhandlungserfolg präsentieren, der den Einzelstaaten bei ihren Rücknahmeabkommen nicht geglückt ist – und sich so als außenpolitischer Player etablieren. Denn viele der EU-Mitglieder sehen es kritisch, dass die Truppe um die Außenkommissarin Federica Mogherini immer mehr Einfluss bekommt.

Doch auch in diesem Punkt sind viele afrikanische Regierungen skeptisch. Sie lehnen die Rücknahmeabkommen ab. Umgekehrt fordern sie Visa für ihre Bürger. Doch der Zeitpunkt dafür ist schlecht. Hunderttausende Flüchtlinge kommen in diesen Wochen über die Balkan-Route nach Zentraleuropa. In den Regierungszentralen dort herrscht Alarmstimmung. Von Forderungen, die mehr Einwanderung bedeuten könnte, will niemand etwas wissen. »In der EU heißt es: Das Boot ist voll. Aus der Sicht der Partnerländer hingegen ist jeder zurückgenommene Flüchtling ein schlechtes Geschäft«, sagt ein hoher Beamter aus dem Haus von EU-Entwicklungskommissar Neven Mimica.

Unterhändler Vimont stößt auf taube Ohren in der EU: Kein Land will Kontingente bereitstellen. Da nützt auch nichts, dass EU-Kommissionsvize Frans Timmermans die Staaten dazu ermutigt, ein Zeichen guten Willens zu setzen. »Niemand machte Zusagen für mehr Visa für die Afrikaner«, sagt Vimont. Die Kommission kann sich nicht durchsetzen.

Ein fatales Signal, glaubt Pluim vom ICMPD: »Wenn afrikanische Länder sehen: Die EU ist nur interessiert, mit uns zu verhandeln, wenn es um Rückkehr geht, will aber keine positive Message zu mehr Einwanderung, dann schafft das neue Empfindlichkeiten.«

Über Monate ziehen sich die Verhandlungen hin. Vimont versucht, zwischen den europäischen Innenministern und der AU zu vermitteln. Doch viel anzubieten hat er denen nicht. Es gibt Reibungen zwischen dem EEAS und der Kommission. Viele Staaten finden, dass die Kommission nicht weit genug geht. Diese aber ahnt, dass von den Afrikanern all das, was die Innenminister wollen, nicht zu haben sein wird. »Für Afrika ist Migration ein Kapital. Für die EU eher eine Herausforderung, wenn nicht ein Sicherheitsrisiko. Das ist das Problem«, sagt Vimont.

Am Abend des 10. Novembers 2015 versammeln sich die Regierungschefs von 62 Ländern aus Europa und Afrika im Renaissancepalast Auberge de la Castille am Rande der Altstadt von Malta. Der mit internationalem Haftbefehl gesuchte Präsident des Sudans, Bashir, muss sich vertreten lassen. Bis zum frühen Morgen sitzen Vimont und die Unterhändler in dieser Nacht beisammen. Sie sollen das Papier aushandeln, das die Staatschefs am nächsten Morgen beschließen. Es ist ihr viertes Treffen, aber viele Punkte sind noch offen. Zu viele.

Am nächsten Tag übernimmt die höchste politische Ebene. Verhandlungsführer während des eigentlichen Gipfels ist Timmermans, Kommissions-Vizepräsident. Am Vortag war er in Ankara, um der türkischen Regierung das Versprechen abzutrotzen, die etwa zwei Millionen syrischen Flüchtlinge im Land zu halten *(→ Kapitel: Das Abkommen mit der Türkei)*. Es war durchgesickert, dass die EU wohl bereit sein würde, dafür die von Erdoğan geforderten drei Milliarden Euro plus Visafreiheit zu zahlen. Jetzt sitzt Timmermans hinter den dicken Mauern der jahrhundertealten Malteser-Festung in Valletta und muss den angereisten 33 afrikanischen Staats- und Regierungschefs und Ministern erklären, warum für sie alle zusammen nur 1,8 Milliarden und ein paar Studentenvisa drin sein sollen – dafür, dass sie die Migranten und Flüchtlinge ihres ganzen Kontinents zurückhalten. Die Afrikaner spüren, dass die Not aufseiten der Europäer groß ist.

Es ist 12:15 Uhr am Donnerstag, dem 12. November 2015, dem zweiten Tag des Gipfels, als die aus Ungarn stammende Übersetzerin Eva Szilva den letzten Absatz der Abschlusserklärung in ihren Computer tippt.

Die Staatschefs geloben »gemeinsame Anstrengungen im Kampf gegen die irreguläre Migration«, so steht es in dem 17-seitigen Kommuniqué mit dem schlichten Namen »Action Plan«, das weder das Logo der EU noch jenes der AU trägt. Sonst steht darin wenig: Die Rücknahmeabkommen? »Wir beschließen weitere Verhandlungen.« Die Laissez-Passers? Nicht erwähnt. Visa für die Afrikaner? »Innerhalb der bestehenden Gesetze möglich«. Stärkere Grenzkontrollen innerhalb Afrikas? Die EU bietet »Unterstützung bei der Ertüchtigung der nationalen Grenzsicherung« an. Kurzum: Es ist ein weitgehend nichtssagendes Papier. In keinem der für die andere Seite entscheidenden Punkte gaben die Afrikaner oder die Europäer nach. Den hochtönend aufgelegten sogenannten EU-Nothilfefonds für Afrika halten die Afrikaner ohnehin für Etikettenschwindel. Der Löwenanteil des Geldes war zuvor schon längst als Entwicklungshilfe im EU-Haushalt *(→ Kapitel: Entwicklungshilfe)* eingestellt. Allzu bereitwillig auf die Wünsche der EU einzugehen, kommt für die afrikanischen Staatschefs nicht infrage: Rücküberweisungen von Migranten aus Europa nach Afrika sind zu wichtig, Abschiebungen beim eigenen Volk unbeliebt.

Ein All-inclusive-Paket der Zusammenarbeit

Vimonts Aufgabe ist beendet. Der EU aber wird klar, dass der Versuch, ein Abkommen mit einem halben Kontinent zu schließen und so ihr Flüchtlingsproblem zu lösen, nicht glücken wird.

Was nun?

Die EU sucht in Valletta fünf Staaten aus, mit denen sie intensiv weiterverhandeln will. Aber anders, als Vimont es zuvor versucht hat, mit jedem dieser Staaten einzeln: Mali, Nigeria, Niger, Senegal und Äthiopien. Mit ihnen will die Kommission sogenannte Migration Compacts eingehen. Es sind Rahmenverträge zu Investitionen, Rücknahme, Abschiebung, Terrorbekämpfung – eine Art All-inclusive-Paket der Zusammenarbeit.

Doch die Differenzen bleiben. In den Folgemonaten gelingt es dem EEAS auch bei den bilateralen Verhandlungen mit den fünf Compact-Staaten nicht, entscheidende Zugeständnisse zu erringen. Die einzige Ausnahme bildet Niger. Insgesamt aber reisen nicht mehr Menschen nach Afrika zurück als zuvor – und nicht weniger kommen über das Mittelmeer an.

Die Bundesregierung versucht es im Alleingang: Im Februar 2016 schreiben der damalige Außenminister Steinmeier und Innenminister Thomas de Maizière (CDU) gemeinsam einen Brief an die Regierungen von Algerien, Benin, Senegal, Guinea-Bissau, Niger, Nigeria, Marokko und dem Sudan. Sie erklären, dass sie das Ziel haben, »gegenüber allen Herkunftsstaaten von irregulär eingereisten Menschen, die in Deutschland keine Bleibeperspektive haben, EU-Laissez-Passer-Dokumente für die Rückkehr zu verwenden«.[7] Die Regierungen werden mit der Aussicht umworben, dass die Kooperation in eine »neue Phase« eintreten könnte, die sich später »auch auf andere Bereiche unserer Zusammenarbeit positiv auswirken wird«. Es nützt nichts: Kein Land will sich auf die Abschiebepapiere Made in Germany einlassen.

Wenige Wochen später greift dann der Türkei-Deal. »Das

war eine Zäsur«, sagt Vimont. »Das hat die Idee der Rückführung noch mal besonders stark gemacht. Denn alle haben gesehen: Das funktioniert.« Die Türkei beweist, dass Transitstaaten »mit der EU Gemeinsamkeiten finden können«, sagt Vilmont. Kommissions-Vizepräsident Timmermans will das Abkommen jetzt im zentralen Mittelmeer kopieren. Viele EU-Staaten tragen das mit. »Das etwas härtere Narrativ, das dann kam, hat viel damit zu tun«, sagt Vimont.

Das »etwas härtere Narrativ« ist am 7. Juni 2016 zu hören, ein halbes Jahr nach dem Gipfel von Valletta. Jetzt setzt die EU den afrikanischen Partnern die Pistole auf die Brust. In ihrem neuen Partnerschaftsrahmen mit Afrika droht sie unverhohlen Sanktionen an: »Sämtliche Politikmaßnahmen und -instrumente, die der EU zur Verfügung stehen«,[8] heißt es darin, sollten genutzt werden, um »konkrete Ergebnisse« in der Migrationssteuerung zu erzielen. Timmermans erläutert an diesem Tag dem EU-Parlament die neue Afrika-Politik: Diese sei eine »Mischung aus positiven und negativen Anreizen«,[9] erklärt er. Drittländer, die »effizient« mit der EU zusammenarbeiten, seien zu »belohnen«, für die anderen solle es »Konsequenzen« geben.[10]

Vimonts Ansatz setzte darauf, die gemeinsamen Interessen mit Afrika zu betonen und so vor allem die AU als Ganze zu gewinnen. »Es muss sich (...) um wirkliche Partnerschaften, auch wirtschaftlicher, sozialer und kultureller Art, handeln«, behauptete der damalige EU-Parlamentspräsident Martin Schulz (SPD). Doch das entspricht nicht der Wahrheit, und die Afrikaner wissen das. Ihre Interessen und jene Europas in der Migrationsfrage überschneiden sich nicht. Der Valletta-Prozess wird zwar als Dialogrunde fortgesetzt, doch im Zentrum der diplomatischen Bemühungen steht er nicht mehr. In dieses rückt die Politik von Zuckerbrot und Peitsche. Den Ländern, die dabei mithelfen, die Abschiebezahlen zu steigern und jene der Ankünfte zu drücken, denen stellt Timmermans insgesamt acht Milliarden Euro bis Ende des Jahrzehnts in

Aussicht – ein Vielfaches dessen, was bislang für den Nothilfe-fonds vorgesehen war. Das Ziel: »Ordnung in die Migrations-ströme« bringen.

Von Mitte 2016 bis Mitte 2017 beschwört der Rat dieses Ziel. »Konkrete und messbare Ergebnisse bei der zügigen Rückfüh-rung irregulärer Migranten« verlangte er bei seinen Treffen am 28. Juni und dann noch einmal am 21. Oktober 2016. Liefern die afrikanischen Staaten dies nicht,[11] werden »Engagement und Hilfe angepasst«. Im Dezember 2016 verlangte er, »andere Instrumente und Politikbereiche«[12] systematisch einzubezie-hen – also unter anderem Handelssanktionen zu erwägen. Fast ein Jahr nachdem Timmermans den auf politischen Druck set-zenden Migrationspartnerschaftsrahmen vorgestellt hat, beim Ratstreffen im Juni 2017, kündigt die EU schließlich die »Nut-zung aller verfügbaren Hebel«[13] an. In der Sprachregelung der EU soll das wohl heißen: Kürzungen bei der Entwicklungszu-sammenarbeit.

Zwei Jahre nachdem der Diplomat Vimont in seinem Büro in der Rue de Congrès aus dem Ruhestand zurückgeholt worden war, ist die EU kaum einen Schritt weiter: Kein afrikanisches Land hat ein Rücknahmeabkommen unterzeichnet, keines er-kennt die Laissez-Passers offiziell an. Im Juni 2017 vermeldet die Kommission, dass weiterhin nur 26 Prozent aller ausreise-pflichtigen Nigerianer die EU verlassen, bei den Senegalesen ist dieser Wert von 12,5 auf neun Prozent gefallen, nach Äthio-pien reisen nur 9,8 und nach Mali gerade mal 4,8 Prozent aus – gemessen an ihren eigenen Zielen, ein für die EU desaströses Ergebnis.

Es muss, diese Erkenntnis setzt sich in Brüssel und Berlin langsam durch, eine neue Strategie her.

TEIL II
DIE VORBILDER

Das Abkommen mit der Türkei
Der Sechs-Milliarden-Euro-Deal

Am Sonntag, dem 7. März 2016, treffen sich in Brüssel der damalige türkische Ministerpräsident Ahmet Davutoğlu (→ *Kapitel: Rückblick*), der niederländische Ministerpräsident Mark Rutte – zu jener Zeit EU-Ratspräsident – und Bundeskanzlerin Merkel. Eine Nacht lang, so hat es *Welt*-Redakteur Robin Alexander rekonstruiert, sitzen sie im Büro des türkischen EU-Botschafters Selim Yenel in Brüssel zusammen.[1] Es sind die Stunden vor dem entscheidenden EU-Gipfel zur Flüchtlingskrise. Und es sind die »wichtigsten Stunden der Kanzlerschaft Merkels«, so Alexander.[2]

Erst im Flugzeug nach Brüssel hatte der bald darauf von Erdoğan kaltgestellte Davutoğlu die endgültigen Bedingungen für das Abkommen über die Flüchtlinge formuliert. Sein Land werde »alle notwendigen Maßnahmen ergreifen, um [...] illegale Einwanderung von der Türkei in die EU zu verhindern«, steht unter Punkt drei.[3] Griechenland darf alle Migranten, die ab dem 20. März 2016 auf den griechischen Inseln ankommen und die kein Asyl beantragen oder deren Antrag abgelehnt wird, auf Kosten der EU in die Türkei zurückschicken. Für jeden dieser Flüchtlinge darf wiederum ein anderer aus der Türkei in die EU ausreisen.

Was wie ein absurder Kreislauf erscheint, ist das strategische Herzstück der Abmachung: Einerseits kann die EU reklamieren, Flüchtlingen den Weg aus der Türkei offen zu halten. Gleichzeitig setzt sie – ebenso wie die Türkei – darauf, dass sich unter den Flüchtlingen herumspricht, dass sich die Fahrt über die Ägäis nicht lohnt: Wer ins Boot steigt, hat schließlich selbst nichts davon.

Offiziell ist das Ganze nur eine Stellungnahme, kein völkerrechtliches Dokument – weshalb zwei Pakistanis und ein Afghane im Februar 2017 mit dem Versuch scheitern, beim EU-Menschenrechtsgerichtshof dagegen zu klagen.[4]

»Nachdem die unkontrollierten Grenzübertritte [...] erheblich reduziert wurden, wird eine freiwillige Aufnahme syrischer Flüchtlinge aus humanitären Gründen aktiviert«, heißt es weiter in dem Papier. Wie groß diese »freiwillige Aufnahme« sein wird, steht nirgendwo. Alexanders Recherchen zufolge sollen Merkel und Rutte sich mündlich, aber verbindlich, gegenüber Davutoğlu zu einer Größenordnung von 150 000 bis 250 000 Menschen[5] jährlich verpflichtet haben. Das, so Alexander, hätten ihm an den Verhandlungen Beteiligte persönlich bestätigt. Wäre diese Zahl korrekt – sie läge höher, als das UN-Flüchtlingswerk UNHCR jährlich aus allen Krisenregionen der Welt umsiedeln darf. Seit Jahren versucht die UN-Agentur, in ihrem sogenannten Resettlement-Programm Flüchtlingen in besonderen Notlagen die Ausreise an einen sicheren Ort zu ermöglichen. Die bereitgestellten Aufnahmeplätze aber reichen nie aus: 2016 etwa bat das UNHCR um 162 500 Plätze, bekam aber nur 125 600[6] – wie gesagt: weltweit. Für den Türkei-Deal gelten andere Maßstäbe als für alle anderen Krisen der Erde. Allerdings: Ob Merkel und Rutte das offenbar gemachte Zugeständnis zur »freiwilligen Aufnahme« jemals umsetzen können, ist genauso offen wie, ob sie sich nach Erdoğans jüngster Entwicklung daran gebunden fühlen.

Ebenso unrealistisch war die Visafreiheit für türkische Staatsbürger, die die EU der Abmachung zufolge bis Juni 2016 »anstreben«[7] werde – ein in dieser Zeit absehbar unerfüllbares Versprechen. Anders Punkt sechs, die Einrichtungen für Flüchtlinge in der Türkei FRT (Facility for Refugees in Turkey): Zwei Milliarden aus Brüssel, eine Milliarde von den Mitgliedstaaten, auszugeben bis Ende 2017; ab 2018 vielleicht noch einmal so viel – Europas Beitrag zur Versorgung der Flüchtlinge im Reich Erdoğans.

Die Bedeutung des Abkommens kann kaum überschätzt werden. Alexander und viele andere glauben, es habe Merkel die »Kanzlerschaft gerettet«[8]. Manche, wie der slowenische Premierminister Miro Cerar, denken, dies gelte gar für die EU als solche, die sonst am Streit um die Migration zerfallen wäre.[9] Kritiker, wie die Grünen-Bundestagsvizepräsidentin Claudia Roth, hingegen sagen, Europa habe »mit diesem Abkommen seine Seele verloren und seine Werte verschachert«.[10] Schließlich gibt es viele, die sicher sind: Genauso müsste die EU sich auch mit anderen Staaten einigen, um ihr Flüchtlingsproblem dauerhaft zu lösen.

Seit die Tinte unter dem Abkommen mit Erdoğan trocken ist, ventilieren europäische Politiker diese Vorstellung. Zu ihnen gehört auch Merkel selbst: Sie fordert im September 2016 beim G20-Treffen in Wien ein ähnliches Abkommen mit Ägypten.[11] Deutschlands Innenminister de Maizière[12] und Italiens Premierminister Matteo Renzi[13] äußern sich ähnlich. Im Mai 2017 reist Österreichs Bundeskanzler Christian Kern (SPÖ) nach Kairo, um beim Militärmachthaber Abd al-Fattah al-Sisi in dieser Angelegenheit vorzusprechen.[14]

Milliardenhilfen dafür, dass Transitstaaten Flüchtlingen den Weg abschneiden und sie zurücknehmen – das also soll die Zukunft der europäischen Grenzpolitik sein. Aber ist es wirklich möglich, das Türkei-Abkommen zu kopieren? Und welche Folgen hätte dies für die Flüchtlinge?

Sie belog den Islamischen Staat

Die EU verweist auf Menschen wie Sabha al Mustafa aus Rakka. Sie zählt zu jenen syrischen Flüchtlingen, die von den Zahlungen der EU profitieren. Es ist der 1. Februar 2017, 16:49 Uhr, als ihr goldfarbenes Smartphone eine neue SMS anzeigt. »Ihr Antrag wurde geprüft. Sie wurden als berechtigt eingestuft«, steht da, auf Arabisch. Tags darauf holt al Mustafa eine rote EC-Karte in einer Filiale der staatlichen türkischen Halkbank an der Atatürk-Straße in der Innenstadt von Urfa, im Süden der Türkei, ab. Bald soll sie damit Geld abheben können – zum ersten Mal, seit sie sechs Monate zuvor die Türkei erreichte.

Al Mustafa berichtet davon in ihrer Wohnung im ersten Stock eines Hauses in einem Außenbezirk von Urfa. Draußen liegt das Gebirge, das den Frieden vom Krieg trennt, es leuchtet ockerfarben, dahinter zieht sich die Grenze, in den eisblauen Himmel legen die Bomber der türkischen Armee auf dem Weg zur islamistischen Miliz IS ihre Kondensstreifen.[15]

Al Mustafa trägt einen türkisfarbenen Mantel und ein schwarzes Kopftuch, ihre Züge sind hart. Sie ist 42 Jahre alt, die Kinder sechs, sieben und acht. Der Altersunterschied zur Mutter ist ungewöhnlich in einer Region, in der viele Frauen Kinder bekommen, bevor sie volljährig sind. Aber al Mustafa hat studiert, spät geheiratet; einen Zimmermann, der meist in Saudi-Arabien arbeitete. In ihrer Wohnung in Urfa gibt es keine Möbel, in der Ecke steht ein großer, eiserner Ofen, zum Heizen aber hat al Mustafa nichts; daneben eine Nähmaschine, die große Rolle schwarzen Garns sticht in die eiskalte Luft, darunter versteckt sich eine der Töchter.

Auf der anderen Seite von Urfa hat die Hilfsorganisation Türkischer Roter Halbmond ein Gebäude gemietet. 400 000 syrische Flüchtlinge leben hier; mehr als in jeder anderen türkischen Stadt mit Ausnahme von Istanbul. Seit Dezember 2016 haben 240 Familien hier jeden Tag einen Termin, penibel geordnet nach den Stadtteilen, in denen sie leben. Hier können sie Leistungen aus dem EU-Hilfsprogramm ESSN (Emergency Social Safety Net) beantragen, bezahlt mit dem Geld aus dem Flüchtlingsdeal.

Anfang Januar 2017 war al Mustafa im Büro des Roten Halbmonds. Sie hat sich auf die blauen Metallbänke gesetzt, und als die Digitalanzeige auf ihre Wartenummer sprang, bekam sie einen Fragebogen, 17 Seiten lang. Alle hier müssen den ausfüllen, wer nicht lesen kann, muss seine Nachbarn fragen. Dann trat al Mustafa im neonbeleuchteten Innenraum an einen der Schalter. Sie zeigte die syrischen Ausweise von sich und den Kindern vor und gab den Fragebogen ab.

Al Mustafa hatte das vom IS beherrschte Rakka Mitte 2016 mithilfe einer Lüge verlassen. Ihre Tochter brauche eine Brille, hatte sie den Dschihadisten gesagt. Dabei sind die Augen ihrer Tochter völlig in Ordnung. »Wir haben etwas gesucht, was in Rakka nicht behandelt werden kann«, sagt al Mustafa.

Als sie die Stadt verlässt, gibt es in Rakka keine Augenoptiker mehr und auch keine Schulen. Nur den Koranunterricht in der Moschee. »Gehirnwäsche«, sagt al Mustafa. So unterrichtete sie ihre Kinder zu Hause. Eine Schule haben sie in Syrien nie besucht. Zu essen gab es in Rakka auch immer weniger. Die Stadt wurde belagert. Bevor der IS kam, kostete ein Laib Brot 30 syrische Lira, am Ende waren es mehr als 100 Lira. Was es gab, waren Hinrichtungen. »Die Mädchen konnte ich im Haus behalten, der Junge musste sie mit ansehen«, sagt al Mustafa.

Am 20. Juni 2016 lässt der IS sie mit den beiden Töchtern und ihrem Sohn nach Damaskus reisen. Dort gibt es Optiker. Und die Behörde, die Pässe ausstellt. Al Mustafa muss dem IS versprechen, zurückzukommen. Als sie ihren Mann zum letzten Mal sieht, verabreden sie sich: Der Treffpunkt ist eine alte Moschee in einem Dorf, außerhalb der Stadt. In einer Woche. Wenn sie die Pässe haben würde. Heimlich soll er die Stadt verlassen.

»23 Jahre habe ich gearbeitet«, sagt al Mustafa. Als sie Rakka 2016 verlässt, hat die Türkei die Grenze weitgehend geschlossen. 1800 Euro wollen die Schlepper dafür, sie und ihre drei Kinder trotzdem aus Syrien zu bringen. »Alles, was ich gespart habe, und mein verkaufter Schmuck reichten gerade, um das zu bezahlen.« Elf Menschen waren in ihrer Reisegruppe, zwei Mal wird diese beschossen. Nur zehn von ihnen erreichen am 3. Juli 2016, nach vier Tagen und drei Nächten, die Türkei. »Wir hatten nicht einmal mehr Gepäck«, sagt al Mustafa. Als sie ankommen, im sechsten Jahr des Krieges, da sind die Flüchtlingslager in der Türkei längst voll. Wer nicht im Camp leben darf, muss sehen, wo er bleibt.

Immer wenn Flüchtlinge aus Rakka in Urfa ankommen, fragt al Mustafa sie nach ihrem Mann. Sie hofft, dass der IS ihn nicht getötet hat. Doch es kommt fast niemand mehr, den sie fragen kann. Der IS hat Schlepper hingerichtet. Al Mustafa ahnt, dass sie ihren Mann nie wiedersehen wird. Im Dezember, sagt al Mustafa, habe sie aufgeben wollen. Die Kraft habe sie verlassen. »Ich wollte zurück nach Rakka«, sagt sie. »Dort habe ich wenigstens ein Haus.«

Ein diplomatischer Affront

Ihre Geschichte zeigt, wie Flüchtlinge in der Türkei leben. Drei Millionen Syrer waren im Juli 2017 in der Türkei registriert.[16] Dazu kommen noch einige Hunderttausend Menschen aus Iran, Irak, Afghanistan, Pakistan, Afrika. Kein Staat der Welt hat annähernd so viele Menschen aufgenommen. Doch ihre Lage ist verheerend.

Zwar hat die Türkei auf Druck der EU den Arbeitsmarkt offiziell für die Syrer geöffnet. Aber bis März 2017 hat das Arbeitsministerium gerade mal 10 000 Arbeitserlaubnisse für die Syrer ausgestellt, die formelle Beschäftigung fanden. Nicht mal jeder Zehnte der Syrer ist in einem der 26 offiziellen Camps untergekommen. Wer darin lebt, wird versorgt. Wer draußen bleibt, meist nicht. Ein Drittel der Flüchtlinge hat deshalb nur unregelmäßig genug zu essen,[17] nur etwas mehr als jedes zweite schulpflichtige Kind besucht eine Schule.[18] Die anderen gehen meist betteln oder arbeiten.

Die Mittel der Hilfsorganisationen reichten hinten und vorne nicht, auch Europa fühlte sich nicht verantwortlich. Das ist der wichtigste Grund, warum 2015 so viele Syrerinnen und Syrer nach Europa kamen[19] – und nicht etwa, weil sie sich von

Merkel »eingeladen« gefühlt hätten. Das haben Redakteure der *Zeit* im Oktober 2016 unter anderem durch die Auswertung von Google-Suchanfragen nachgewiesen.[20]

Erst die Krise auf der Balkan-Route brachte ein Umdenken. Europa schloss den Deal mit Erdoğan und erkaufte sich die Abschottung mit der Versorgung der Flüchtlinge. Seit Ende 2016 fließen die Gelder aus Brüssel. Erdoğan sähe diese Gelder am liebsten auf Konten des Staates. Die Lira hat nach dem Putschversuch im Juli 2016 ein Fünftel ihres Wertes verloren,[21] die Kreditwürdigkeit der Türkei fiel von »stabil« auf »negativ«,[22] das Außenhandelsdefizit lag 2016 bei desaströsen 6,5 Prozent der Wirtschaftsleistung.[23] Der türkische Staat braucht also Devisen. Doch die Europäer geben das Geld weitgehend am Staat vorbei aus. Und sie entscheiden allein, wofür. Die Türkei hat im Vergaberat der FRT nur Beobachterstatus. Es ist ein diplomatischer Affront – Erdoğan sollte nicht alles bekommen, was er wollte. Der klagte deshalb mehrfach, die EU habe nichts bezahlt.[24] Das ist nicht wahr. Durch den Deal mit Erdoğan gibt die EU 2017 und 2018 in der Türkei mehr Geld für Nothilfe aus als im ganzen Rest der Welt zusammen.

Ein großer Teil fließt in das ESSN. Es ist das größte Programm dieser Art weltweit. Der Schlüssel ist eine gewöhnliche Bankkarte, ausgestellt von der staatlichen türkischen Halkbank. Sie trägt das Logo des Roten Halbmonds, der das Projekt umsetzt. Im März 2017 hat die Halkbank ihren Geldautomaten ein arabisches Menü verpasst, damit Menschen wie al Mustafa sie benutzen können.

Statt wie bisher für nur wenige Flüchtlinge Guthabenkarten für Lebensmittel oder Kohle – »conditional cash« – sollen die Flüchtlinge Bargeld bekommen, zwei Jahre lang. Auf eine Million Menschen soll die Zahl der Empfänger bis Juni 2017 wachsen. Ausgesucht werden sie auf Grundlage der Fragebögen vom Computer, ein Algorithmus berechnet den Grad ihrer Bedürftigkeit, *»Vulnerabilität« genannt*. Nach welchen Kriterien genau, ist geheim. 100 Lira pro Person und Monat gibt es, etwa

30 Euro – in einem Land, in dem die Preise nur ein Drittel niedriger liegen als in Deutschland.[25]

Das EU-Budget würde mehr hergeben, aber die türkische Regierung hatte Einwände: »Mehr Geld für die Syrer könnte Proteste bei armen Türken provozieren, die sich zurückgesetzt fühlen«, sagt Jane Lewis, die Büroleiterin der EU-Nothilfeagentur DG ECHO (Directorate-General for European Civil Protection and Humanitarian Aid Operations) in der Türkei, im Februar 2017. Trotzdem könnte der Betrag aufgestockt werden. »Wir planen Zusatzzahlungen für Familien, die ihre Kinder zur Schule schicken.« Rund 40 Lira, vielleicht etwas mehr für Mädchen, könnten es werden. Zum Leben reicht auch das nicht.

Die Vorteile des Kartensystems, immerhin, sind klar: Die Flüchtlinge sind autonom. Sie sind, anders als in anderen Ländern, nicht an Ausgabestellen in Camps gebunden, können sich frei innerhalb der Türkei bewegen: Die Karte funktioniert an jedem Geldautomaten. Sie bekommen keine Säcke mit Reis und Mehl, sondern können selbst entscheiden, was sie kaufen wollen, Preise vergleichen. Die Verwaltungskosten des ESSN sollen bei 15 Prozent des Budgets liegen – für solche Hilfsprogramme ein historisch niedriger Wert. Das Geld wird zentral verwaltet und ausgezahlt. Steigen weitere Geber ein, könnten die Zahlungen ohne weiteren Aufwand aufgestockt werden.

Doch die computergestützte Steuerung funktioniert auch in umgekehrter Richtung: um Flüchtlinge vom Bezug wieder auszuschließen. Die ESSN-Daten werden automatisch mit jenen der türkischen Behörden abgeglichen. Bekommt ein Flüchtling eine Sozialversicherungsnummer, weil er eine Arbeit findet, kommt keine Lira mehr auf das Konto. Auch die Daten des Bildungsministeriums werden herangezogen: Melden Schulen, dass Kinder einer Flüchtlingsfamilie weniger als 80 Prozent des Unterrichts besuchen, werden auch die Zusatzzahlungen automatisch abgestellt. Der Autonomiegewinn durch die Bankkarte ist mit einem technologischen Steuerungsregime erkauft, auf das die Betroffenen keinen Einfluss haben. Informiert werden die Flüchtlinge per SMS. Wer findet, dass der Vulnerabilitäts-Algorithmus oder die Datenbanken ihm unrecht tun, kann gebührenfrei die Nummer 168 anrufen: Der Türkische Halbmond hat ein arabischsprachiges Callcenter eingerichtet.

Fast zwei Millionen syrische Flüchtlinge aber kriegen gar nichts. Das ist die soziale Realität des EU-Türkei-Deals.

Anfang Februar 2017, nachdem sie die SMS auf ihr Smartphone bekommt, hat al Mustafa die rote Geldkarte in einer Bankfiliale an der Atatürk-Straße in der Innenstadt Urfas abgeholt. Ab Ende Februar sei das erste Guthaben verfügbar, stand in einer weiteren SMS: 400 Lira, gut 100 Euro. Was sie davon kaufen werde? »Nichts«, sagt al Mustafa. Sie sei froh, dass sie die Miete bezahlen könne.

Die meisten sprechen kein Türkisch

Mit dem ESSN ist es nicht getan. Syrische Kinder haben Anspruch auf Beschulung, etwa 900 000 zusätzliche Plätze muss die Türkei für sie einrichten, so das UN-Kinderhilfswerk UNICEF.[26] Syrer können sich in staatlichen Krankenhäusern behandeln lassen, drei Millionen zusätzliche Patienten muss das türkische Gesundheitssystem deshalb bewältigen. Rund 600 Millionen Euro aus der FRT bekommt dafür das Gesundheits- und Bildungsministerium – ein kleinerer Teil des EU-Geldes fließt also auch direkt an den türkischen Staat.

Eines der größten Probleme ist, dass die meisten syrischen Patienten kein Türkisch sprechen. Weitere Millionen fließen deshalb in die Umschulung syrischer Ärzte. Rund 1000 hat die Weltgesundheitsorganisation WHO (World Health Organization) unter den Flüchtlingen gezählt. Die Regeln für ausländische Ärzte, die in der Türkei eine Approbation wollen, sind streng. Bei den Syrern gebe es ein »vereinfachtes Verfahren«,[27] sagt Mustafa Bahadir Sukaci von der WHO.

An einem Morgen im Februar 2017 sitzen rund 20 solcher

syrischen Ärzte im Ballsaal des Hotels Dedeman in Urfa. Wo sonst Hochzeiten gefeiert werden, steht jetzt eine WHO-Dozentin vor einer Leinwand. Die Organisation hat das Hotel für die Fortbildung gemietet. Ärzte und Schwestern sitzen zwischen goldenen Säulen an weiß gedeckten Tischen und folgen deren Ausführungen über Nierensteine, wie eine Schulklasse. Der Laserpointer der Dozentin hüpft zwischen den Wörtern für »Blase« und »Harnröhre« hin und her. Alle im Saal wissen, was Nierensteine sind, aber sie sollen die türkischen Begriffe lernen. Sechs Wochen dauert die Fortbildung. Einer der Teilnehmer ist Majid al Muhammad, ein untersetzter Kinderarzt mit Wollpullover und Bürstenschnitt. 2012 verließ der 42-jährige Syrer seine Heimatstadt Homs. Mit seiner Familie lebt er seither in der *Harran* Kökenli Container City, einem Lager für 16 000 Menschen, direkt an der syrischen Grenze. Nach Homs hält er per Facebook Kontakt. »Die Sprache ist das Schwierigste, wenn man hier als Arzt arbeiten will«, sagt al Muhammad. Im Februar endet seine Fortbildung, danach will er in den neuen Gesundheitszentren für seine Landsleute arbeiten. 750 Dollar zahlt die Regierung den syrischen Ärzten dort. »Wir werden Syrien nicht vergessen, aber wenn es geht, bleiben wir hier«,[28] sagt er.

So brachte der EU-Türkei-Deal Menschen wie Sabha al Mustafa etwas Hilfe zum Überleben und Menschen wie Majid al Muhammad eine Arbeit. Doch es gibt Millionen von Menschen, für die durch das Abkommen der Weg aus dem Krieg geschlossen wurde. Just als die Türkei den Pakt mit der EU schloss, begann sie, die 911 Kilometer lange Grenze nach Syrien, die al Mustafa überquert hat, zu versiegeln. Im März 2017 war der Bau fertig. Die Grenze ist heute verbarrikadiert.[29] Die Kosten dafür werden auf zwei Milliarden Euro geschätzt. Die Anlage besteht aus Zäunen und mobilen, sieben Tonnen schweren Betonblöcken, oben mit NATO-Draht als Abschluss, drei Meter hoch, zwei Meter breit, radar- und drohnenüberwacht. Private Sicherheitsfirmen sichern den Zaun. Im Mai 2016 meldete das türkische Verteidigungsministeriums, den türkischen Rüstungskonzern Aselsan mit der Errichtung »intelligenter Wachtürme, die automatisch warnen und schießen können«, beauftragt zu haben, »um illegale Übertritte zu verhindern«.[30] Selbstschussanlagen also. Unabhängig bestätigt wurde dies bis Mai 2017 nicht. Journalisten dürfen die Zone nicht betreten. Unstrittig aber ist: Nur Schwerverletzte und ihre Angehörigen lässt die Türkei noch einreisen – »white door« heißt das.

Sie kamen nicht, weil die Grenze offen war

Der Deal betraf aber auch die Flüchtlinge, die trotzdem nach Griechenland gingen. Die EU verweist darauf, dass nach dem Abkommen die Zahl der Toten in der Ägäis und der Ankünfte in Griechenland stark zurückging. Tatsächlich ertranken in den sieben Monaten vor Inkrafttreten des Abkommens 1082 Menschen im östlichen Mittelmeer, in den sieben Monaten danach 58 Menschen.[31] Ähnlich die Zahlen der Ankünfte: 154 000 Menschen erreichten im ersten Quartal 2016 – vor der EU-Türkei-Vereinbarung – Griechenland. Danach waren es rund 10 000 je Quartal. Aber: Das Gros dieser Entwicklung hatte sich schon lange vor dem Abkommen vollzogen. Im letzten Quartal 2015 – das Abkommen war da noch nicht in Sicht – waren noch 483 000 Flüchtlinge nach Griechenland gekommen. Der weitaus stärkste Rückgang muss also andere Ursachen haben als die Vereinbarung zwischen Merkel, Rutte und Davutoğlu.

Tatsächlich hatten die meisten Flüchtlinge, die die Türkei verlassen wollten, dies bereits 2015 getan. Sie kamen nicht nach Europa, weil die Grenzen damals offen waren – das waren sie nicht –, sondern weil die Versorgung in der Türkei zusammenbrach: Die Hilfsorganisationen hatten so wenig Geld, dass sie nur noch Lebensmittelrationen für 0,50 US-Dollar pro Tag ausgeben konnten. Wer trotzdem blieb, hatte Gründe: einen Job, hohes Alter, Krankheit, Kinder, kein Geld für die Schlepper, keine Kontakte in Europa, das Bedürfnis, nahe an Syrien zu bleiben. Das Vorgehen der türkischen Armee gegen die Schlepper als Folge des EU-Deals war ein Faktor für den Rückgang der Ankünfte in Griechenland. Aber keineswegs der einzige.

Im Jahr nach dem Deal, zwischen März 2016 und März 2017, jedenfalls kamen rund 33 000[32] Menschen in Griechenland an. Sie stecken dort unter meist erbärmlichen Bedingungen auf den Ägäischen Inseln fest. Griechenland verweigert den meisten die Weiterreise auf das Festland. So müssen sie in überfüllten Lagern ausharren. Die EU hat – für die Presse nicht zugängliche – »Hotspots« genannte Registrierungszentren eingerichtet. Amnesty International kritisiert menschenrechtswidrige Praktiken dort.[33] Im März 2017 tauchen Fotos aus dem Inneren des Hotspots auf der Insel Chios auf. Sie zeigen Käfige, die an Tierverschläge erinnern.[34] Nach Protesten der Insassen bricht im September 2016 im Internierungslager Moria auf Lesbos ein Brand aus. Im April 2017 treten dort kurdische Syrer in Hungerstreik – sie sitzen seit acht Monaten auf der Insel fest. Den Winter 2016/2017 verbringen Zehntausende bei Schnee und Eisregen in Zelten, einige erfrieren.[35] »Sie zahlen den Preis für den europäischen Zynismus und den verwerflichen Deal mit der Türkei«,[36] sagt Clement Perrin von Ärzte ohne Grenzen. Die EU wirft Griechenland vor, die schrecklichen Bilder absichtlich zu erzeugen – unter anderem, indem über 100 Millionen Euro Hilfe für die Flüchtlingsversorgung nicht abgerufen wurden. Das Land fühle sich noch immer im Stich gelassen und wolle so Druck aufbauen, heißt es hinter vorgehaltener Hand.

»In Bussen nach Europa«

Die Visafreiheit für Türken in der EU kam bekanntlich nie. Und trotzdem: Ungeachtet der diplomatischen Entfremdung nach dem Putsch, trotz aller Erpressungsrhetorik – Erdoğan etwa drohte, die Flüchtlinge »in Bussen nach Europa« zu schicken[37] –, hielt die Türkei ihren Teil der Abmachung ein. Polizei und

Militär gingen rigoros gegen Schlepper vor, Schlepperei soll künftig als »Terrorismus« bestraft werden.[38] Frontex entsandte einen Verbindungsoffizier nach Ankara; ein Gesetz wurde vorbereitet, damit Frontex in türkischem Hoheitsgebiet operieren darf.[39] Ob dieses Wirklichkeit wird, ist allerdings offen.

In Dikili und anderen Städten wurden für die aus Griechenland Zurückgenommenen »Pre-removal Centre« genannte, geschlossene Abschiebelager errichtet – bezahlt teils mit EU-Geldern aus dem sogenannten Instrument für Heranführungshilfe IPA (Instrument for Pre-accession Assistance) für Länder, die der EU beitreten wollen. Türkeiweit gibt es heute 19 Abschiebelager mit 6810 Plätzen, Ende 2017 sollen die Internierungszentren 17130 Menschen aufnehmen können.[40]

Anders als von der EU geplant, war die griechische Asylbehörde allerdings skeptisch, die Türkei als »sicheren Drittstaat« zu betrachten. Von April 2016 bis Mai 2017 schickte sie deshalb nur 1181 Menschen in die Türkei zurück.[41] Gleichzeitig wurden 5752 Flüchtlinge aus der Türkei in die EU umgesiedelt. Das waren zwar mehr, als über den vereinbarten 1:1-Mechanismus hätten übernommen werden müssen – aber weit weniger, als die EU als »freiwillige« Aufnahme der Türkei abnehmen wollte.[42]

Der Deal betrifft auch viele Menschen in der Türkei, die gar keine Flüchtlinge sind. Spätestens seit dem Putschversuch vom Juli 2016 baut der Präsident das Land in einen islamisch-autoritären Staat um. Im Südosten führt er Krieg gegen die Kurden, niemand weiß, wie viele Menschen die türkische Armee dabei tötet. Kurdische Organisationen sind schwersten Repressionen ausgesetzt. Ende Mai 2017 waren nach Angaben der kurdischen Partei HDP (Halkların Demokratik Partisi) rund 5000 Mitglieder, elf Abgeordnete, 218 Kommunalpolitiker sowie 750 kommunale Beamte in Haft, 18 von ihnen drohte lebenslang.[43] Nach dem Putsch im Juli wurden über 150 Journalisten verhaftet, 150 Medien geschlossen und mehr als 700 Presseausweise annulliert.[44] Je schlechter das Verhältnis zu Erdoğan wurde, desto eher kritisierte der Westen diese Entwicklung. Vor allem in der zweiten Hälfte 2016, als man um den Bestand des Abkommens fürchtete, aber blieb der Widerspruch sehr zurückhaltend.

So weit die Geschichte und Bilanz des EU-Türkei-Deals. Kann er, wie europäische Innenpolitiker es gerne sähen, in anderen Ländern kopiert werden? Oder ist er durch eine einzigartige Interessenkonstellation entstanden, die nicht reproduzierbar ist?

Der Merkel-Plan

Allgemein hat sich die Auffassung durchgesetzt, dass der EU-Türkei-Deal die Idee eines kleinen, privaten Think-Tanks ist – der ESI (European Stability Initiative). Dessen Direktor, der Österreicher Gerald Knaus, gilt als Vater des Abkommens. Knaus hatte am 17. September 2015, die Öffnung der Balkan-Route war da erst wenige Tage her, ein Papier mit dem Titel »Why people don't need to drown in the Agean«[45] – Warum niemand in der Ägäis ertrinken muss – auf die ESI-Webseite gestellt. Darin schlug er vor, Deutschland solle freiwillig 500 000 syrische Migranten direkt aus der Türkei einreisen lassen. Dafür solle Griechenland alle Flüchtlinge, die über die Ägäis kommen, in die Türkei zurückschicken. Dann, so glaubte Knaus, würde bald niemand mehr die gefährliche Überfahrt wagen. Es war der Grundgedanke des EU-Türkei-Deals. Zwei Wochen später veröffentliche Knaus eine überarbeitete Fassung, der Titel: »The Merkel Plan – A proposal for the Syrian refugee crisis«.[46]

Knaus wurde in den folgenden Monaten zu einem der wichtigsten politischen Berater der EU, auch wenn die Details des Abkommens letztlich vom türkischen Ministerpräsidenten Davutoğlu ersonnen wurden. Ein Jahr später, im Juni 2017, ist Knaus erneut ein viel gefragter Mann. Er pendelt zwischen den europäischen Hauptstädten, besucht Staatssekretäre, EU-Beamte, das Wahlkampfteam des französischen Präsidentschaftskandidaten Emmanuel Macron, wochenlang. Wer ihn sprechen will, braucht viele Anläufe. »Ich war die ganze letzte Woche in Italien«, sagt er dann. Oder Brüssel. Oder Malta. Oder Estland. Knaus will jede Gelegenheit nutzen, für seine Idee zu werben. Wieder hat er ein Papier veröffentlicht, in dem er der EU die Lösung für ihr Flüchtlingsproblem vorschlägt. Dass die zwar seit über einem Jahr mit den Ländern südlich des Mittelmeers verhandelt, ohne Erfolg zu haben – Knaus wundert das nicht.

Sein neuester Vorschlag heißt der »Rom-Plan«. Darin steht, was die EU nach Meinung von Knaus tun müsste, um das Türkei-Abkommen mit afrikanischen Staaten zu kopieren. »Die Politiker, die das sogenannte Türkei-Statement auf andere Länder übertragen wollen, haben oft nicht verstanden, was dessen Kern ist, sagt er. Der Kern des Türkei-Deals – für Knaus sind das zwei Dinge. Zum einen: Jeder, der kommt, müsse ein Asylverfahren bekommen. »Erst wenn eine Entscheidung gefallen ist, dass jemand keinen Schutz in der EU braucht, kann die Person zurückgeschickt werden.« Allerdings sei dies nur dann im Einklang mit der Flüchtlingskonvention, wenn überprüfbar ist, was mit dieser Person nach der Abschiebung passiert. »Dass man nach Libyen niemand zurückschicken kann, versteht sich daher von selbst.«

Die EU freilich sieht das anders. Und Griechenland wiederum war nicht davon überzeugt, die Türkei als »sicher« zu betrachten – und sollte trotzdem die Flüchtlinge dorthin zurückschicken.

80 Menschen im Monat, höchstens

Der zweite Grundsatz sei, so Knaus, dass Länder ein Eigeninteresse haben müssten, jene, die keinen Schutz in der EU benötigen, auch tatsächlich zurückzunehmen. So wie die Türkei es habe. »Türkische Politiker sahen im März 2016 ein Eigeninteresse, das Sterben an der Küste zu stoppen und dazu sechs Milliarden Euro für die Unterstützung von syrischen Flüchtlingen im Land zu erhalten.« Das Geld allein habe die Berater Davutoğlus nicht überzeugen können. Entscheidend war auch die Erwartung, dass das Nennen eines Stichtages – der 20. März 2016 – nachdem die Türkei bereit sei, Menschen sofort zurückzunehmen, die Anzahl der Boote »dramatisch« reduzieren würde. Sodass die Türkei schließlich nur wenige Menschen zurücknehmen müsse.

»Davutoğlu und seine Verhandler gingen davon aus, dass letztlich nur wenige Menschen zurückgeschickt würden – tatsächlich waren es seit März 2016 bis heute weniger als 80 Menschen im Monat. Im Gegenzug würden keine Leichen mehr an die türkischen Küsten geschwemmt, und die Türkei wäre nicht länger Durchzugsland für Hunderttausende aus Zentralasien«, sagt Knaus: »So hat Ankara ein Eigeninteresse, dass das Abkommen bestehen bleibt. Und so kam es auch.«

Für ihn ist der funktionale Kern des Abkommens die Abschreckung durch die Wahrscheinlichkeit, nach einer Überquerung der Ägäis in die Türkei zurückgeschickt zu werden. Das senke den Anreiz, ins Boot zu steigen, und garantiere auch, dass die Zahl der Rücknahmen sich für die Türkei am Ende in Grenzen gehalten habe. Der dramatische Rückgang der Zahl der Überquerungen – in der erste Jahreshälfte 2017 im Durchschnitt weniger als 50 am Tag, so wenige wie seit vielen Jahren nicht – belegt für ihn diese Annahme.

Andere Faktoren lässt er außer Acht: die Absperrung der Ägäis durch die türkische Armee und die NATO etwa. Oder, dass die Zahlen der Überfahrten schon vorher stark rückläufig waren. Und dass immerhin im Schnitt 1500 Menschen pro Monat trotzdem die Ägäis überquert haben und die Zahl der Rückschiebungen nur deswegen bei etwa 80 im Monat lag, weil die Griechen kaum jemand zurück in die sich zu einer Diktatur wandelnden Türkei schicken mochten.

Ein hochmütiges Denken

Obwohl das Abkommen ein Transitland zum Partner gemacht hat, ist Knaus dagegen, auf die gleiche Weise mit den nordafrikanischen Ländern ins Geschäft zu kommen. »Libyen ist nicht die Türkei. Es ist zu Recht in jedem Fall schwierig, Menschen in die Türkei zurückzuschicken. Mit Libyen ist es unmöglich. Kein Nigerianer, der vor Libyen gerettet wird, kann dorthin zurückgebracht werden. Und kein anderes Land Nordafrikas hat ein Interesse daran, in Europa abgelehnte Asylwerber aufzunehmen. Auch die Vorstellung, in Libyen Aufnahmezentren und Asylverfahren abzuhalten, ist absurd. Derzeit wagen es europäische Länder nicht einmal, in Tripolis Botschaften zu eröffnen.« Er plädiert deshalb gegen Abkommen mit Transitländern wie Libyen und Niger und für Abkommen mit den wichtigsten westafrikanischen Herkunftsländern.

Diese müssten sich verpflichten, alle ihre Staatsangehörigen, die nach einem Stichtag in Europa ankommen und deren Asylantrag abgelehnt wird, unverzüglich zurückzunehmen. »Dazu gehört der Realismus, zuzugeben, dass die meisten, die vor dem Stichtag kamen, nicht zurückgeschickt werden können«, sagt Knaus. Das zuzugeben fällt Regierungen in der EU schwer. »Dabei ist offensichtlich: Kein EU-Land ist in der Lage, Tausende Bürger eines Landes gegen den Willen eines Herkunftslandes zurückzubringen. Was Afrika betrifft, hat Frankreich 2016 die meisten Menschen nach Algerien zurückgebracht: genau 1105. Italien die meisten nach Tunesien: 1110. Doch allein aus Nigeria kamen im vergangenen Jahr 38 000 Menschen nach Italien, und nur 165 gingen zurück. Wer versucht, Nigeria dazu zu bringen, auf einmal 10 000 Menschen zurückzunehmen, wird am Ende gar nichts erreichen. Da macht kein Herkunftsland mit«, sagt Knaus.

Damit Rückkehr funktioniert, sollte die EU Herkunftsländern wie Nigeria etwas »wirklich Attraktives anbieten«, vor allem auch die Möglichkeiten für sichere und legale Migration.

Das Versprechen von »Mobilitätspartnerschaften« tauche in vielen EU-Erklärungen zu Afrika auf, ohne je konkret zu werden. Knaus schwebt pro Partnerland eine Größenordnung von »einigen Tausend Arbeitsvisa und einigen Tausend Stipendien im Jahr« vor. Wenn Nigeria ab einem Tag X alle als Asylbewerber abgelehnten Neuankömmlinge zurücknimmt, glaubt Knaus, würde das »Leben retten, den Schleppern die Geschäftsgrundlage entziehen und die Zahl der illegal Ankommenden senken.« Dann hätten Länder ein Eigeninteresse, zu kooperieren. Doch genau daran scheitert die Diplomatie der EU derzeit. »Man bietet den Herkunftsländern nichts Konkretes, und hofft, dass sie trotzdem kooperieren. Das wirkt hochmütig, als wolle man die Herkunftsländer über den Tisch ziehen«, sagt Knaus. Stattdessen setze die EU fast ausschließlich auf die Kooperation mit Libyen und mache sich von einem Land im Bürgerkrieg ohne funktionierende Institutionen abhängig.

Israels Geschäfte
Die Ware Mensch

Ein Schild in Ugandas Hauptstadt Kampala mit eritreischen Buchstaben: Es weist in eine Seitengasse. Ein kleines Hotel steht hier, wenige Zimmer, die meisten leer. In Zimmer Nummer acht sitzt ein alter Mann auf einem zerschlissenen Sofa: Er trägt fleckige Hosen und Hemd, an den Füßen Flipflops. Seine Arme sind voller tiefer Narben. Seine Finger zupfen nervös am Hemdsärmel. Er will nicht erkannt werden. Auch sein Anwalt möchte aus Sicherheitsgründen seinen Namen nicht veröffentlicht sehen: »Er hat viel durchgemacht«, sagt der Anwalt über seinen Klienten und spricht mit ihm auf Tigrinya, der Sprache Eritreas, ihrer beider Heimat.[1]

Der Anwalt lebt seit vielen Jahren im Exil in Uganda. Er hat sich in Kampala auf Asylverfahren seiner Landsleute spezialisiert. Uganda hat weltweit eine der liberalsten Einwanderungspolitiken: Kongolesen, Burundier, Südsudanesen fliehen hierher – auch Eritreer, seit Jahrzehnten schon. Bislang kamen sie alle freiwillig. Doch seit fast drei Jahren hört der Anwalt von seinen Klienten immer wieder diese abenteuerlich klingenden Geschichten von Abschiebungen aus Israel. Viele seiner Klienten weisen tatsächlich Dokumente auf Hebräisch und Identitätskarten des »Prison Service«, der Gefängnisverwaltung in Israel, vor. Die meisten sprechen, wie der Alte, sogar Hebräisch.

Der Anwalt übersetzt dessen Fluchtgeschichte: Er sei einmal ein hochrangiger Offizier in Eritreas Militär gewesen. Nachdem er einen Befehl von Präsident Afewerki verweigert habe, sei er 2008 gezwungen gewesen zu fliehen. Eine gefährliche Reise: Eritreische Schleuser führten ihn über den Sudan in den Sinai, wo ihn Geiselnehmer entführten und drei Monate lang gefangen hielten, bis seine Familie 25 000 Dollar Lösegeld überwies, berichtet er. Wäre dies nicht geschehen, hätten sie ihm eine Niere herausgeschnitten. Das sei vielen in der Gefangenschaft so ergangen, sagt er. Nach dem Freikauf setzten sie ihn an der Grenze zu Israel ab.

Die Route von Afrika über den Sinai in den Nahen Osten ist eine der ältesten Migrationsrouten der Welt. Über sie verließen vor rund 55 000 Jahren die Afrikaner zum ersten Mal ihren Kontinent, um sich in Europa und Asien anzusiedeln.[2] Derselbe Weg war bereits während der Kolonialzeit wegen des Sklavenhandels berüchtigt. Noch bis vor wenigen Jahren versuchte ein Großteil der Migranten auf dem Weg nach Europa ihr Glück über die ägyptische Halbinsel, mit schrecklichen Folgen. Nachgelassen hat die Migration über die Sinai-Route in den Jahren 2010 und 2011, als immer mehr Eritreer berichteten, wie sie verschleppt und gefoltert wurden. Einige fielen Organhändlern zum Opfer, mussten eine Niere lassen, wenn ihre Familien die Lösegelder nicht überwiesen.[3]

Gleichzeitig begann Israel im November 2010 mit dem Bau eines hoch gesicherten Grenzzauns zu Ägypten. Bis heute gilt dieser als Vorbild für einen effektiven Abwehrschirm gegen Terroristen und Migranten, nicht zuletzt für die USA. Ein Bericht vom Januar 2017 des US-Heimatschutzministeriums Homeland Security meldet: Die Zahl der illegalen Grenzübertritte zwischen Ägypten und Israel belief sich 2011 noch auf 16 000 Personen – fünf Jahre nach Fertigstellung des Grenzwalls waren es nur noch 20.[4] Sprich: Diese Grenze ist praktisch dicht.

Im Jahr 2008 hat der alte Eritreer Glück. Als er an Israels Grenze abgesetzt wird, gibt es die Grenzmauer noch nicht. Schwer bewaffnete Spezialkräfte patrouillieren, die ihn in Gewahrsam nehmen und später laufen lassen. Sechs Jahre verbringt er in Tel Aviv, lernt Hebräisch, hält sich mit Putz-Jobs über Wasser. Alle drei Monate steht er bei der Einwanderungsbehörde an, um seine Aufenthaltserlaubnis um wieder nur drei Monate zu verlängern: befristete Duldung. Dann kommt das Jahr 2014, als die Regierung entschied: Die Flüchtlinge sollten von der Straße geholt werden. Dies habe auch sein Leben verändert, sagt der alte Mann in Kampala.[5]

Flüchtlinge: Eindringlinge und Krebsgeschwür

3500 Kilometer nördlich von Uganda steht inmitten der flimmernden Luft der Negev-Wüste die Flüchtlingsunterkunft Holot, südlich der Wüstenstadt Be'er Sheva. Am Eingang werden von bewaffneten Uniformierten die ID-Karten des Prison Service überprüft, der das Lager verwaltet. Hier sind die Menschen eingepfercht, die später vielleicht einmal den Anwalt in Kampala aufsuchen. Die meisten sind Eritreer, daneben einige Sudanesen oder gar Migranten aus der Elfenbeinküste. Meterhohe Zaunanlagen mit Stacheldraht, Wachtürmen, Gefängniswärter mit schweren Maschinengewehren – Holot vermittelt den Eindruck eines Schwerverbrecherknasts. Dabei ist dies noch die harmlose Variante, denn in Holot dürfen sich die Insassen tagsüber frei bewegen, sogar das Gelände verlassen. Einmal am Tag ist Appell, da müssen alle Spalier stehen.

Neben Holot erhebt sich das Lager Saharonim, ein Hochsicherheitsgefängnis. Es wurde 2007 als Haftanstalt in der militärischen Zone entlang der Grenze zu Ägypten errichtet, um sogenannte Infiltranten einzusperren. Dazu gehören nach den Verschärfungen des Infiltrationsverhinderungsgesetzes in den Jahren 2012 und 2013 alle »Eindringlinge«, die sich illegal im Land aufhalten[6] – also auch Geflüchtete, die wie der alte Eritreer in Kampala illegal die Grenze passierten.

Rund 45 000 Flüchtlinge halten sich in Israel auf, so die Zahlen des Innenministeriums.[7] Die Mehrheit von ihnen sind Eritreer. Sie befinden sich in Israel in einer besonders verzwickten Rechtslage. Der Staat erkennt zwar an, dass in Eritrea ein verbrecherisches Regime an der Macht ist, Abschiebungen dorthin also nicht möglich sind. Dennoch gewährt er Eritreern keinen vollen Asylstatus, sondern nur eine befristete Duldung ohne Schutzrechte, die vierteljährlich erneuert werden muss.[8]

Israels sogenannte Antiinfiltrationsgesetze sind in den vergangenen Jahren mehrfach von der Knesset verschärft worden. Das Gesetz von 2012 sah vor, dass alle »Eindringlinge« inhaftiert werden für bis zu drei Jahre, ohne Anhörung eines Gerichts. Im Zuge dessen wurde die geschlossene Haftanstalt Saharonim errichtet, weil die regulären Gefängnisse überfüllt waren. Flüchtlinge bekämen vom Gefängnis aus die Gelegenheit, Asyl zu beantragen, besagte das Gesetz. Dagegen hatte ein Bündnis israelischer Menschenrechtsorganisationen geklagt. Initiator der Klage war die Flüchtlingsorganisation Hotline. Zunächst erfolgreich: Das Hohe Gericht schmetterte im September 2013 das Gesetz mit dem Argument ab, die Haftmaßnahmen seien »unverhältnismäßig«.[9] Doch die Regierung legte sofort einen neuen Entwurf vor. Darin war nur noch von »offenen« Haftbedingungen die Rede, unter denen die Flüchtlinge bleiben könnten, bis sich die Lage in ihrem Heimatland ändere oder sie zu einer freiwilligen Ausreise bereit seien.[10]

Im Zuge dessen wurde das offene Lager Holot errichtet. Doch auch dagegen legten die NGOs Klage ein und gewannen. Das Hohe Gericht erklärte das Gesetz im September 2014 für verfassungswidrig. Es verstoße »unverhältnismäßig« gegen die gegebenen Grundrechte für Flüchtlinge. Das Urteil sah vor, dass Holot innerhalb von 90 Tagen geschlossen werden müsse. Doch erneut legte die Regierung im Dezember 2014 einen abgeschwächten Entwurf vor. Dieser sah nur noch eine begrenzte Unterbringung in Holot für 20 Monate vor, welche nach erneuter Klage der NGOs 2016 letztlich auf zwölf Monate reduziert wurde.

Seit dem Gesetz von 2013 sind alle Asylsuchenden vom Innenministerium »eingeladen«, sich in Holot einzuquartieren, wie es in dem Gesetz heißt. Von nun an können sie nur noch von Holot aus Asylanträge stellen. Solange sie Asyl ersuchen, dürfen sie keiner Arbeit mehr nachgehen. Wird ihr Antrag abgelehnt, haben sie die Wahl: freiwillig das Land zu verlassen oder nach nebenan verlegt zu werden – nach Saharonim, unbefristet.[11] Israel tut so ziemlich alles, den Flüchtlingen das Leben so schwer wie möglich zu machen, um sie los zu werden.

Drastisch äußern sich auch Politiker in Israel gegen die

Flüchtlinge. Die heutige Kulturministerin Miri Regev bezeichnete sie als »Krebsgeschwür«, Eli Ischai, ehemals Innenminister, versprach, dafür zu sorgen, dass alle »bis zum Letzten« das Land wieder verlassen.[12]

Staatlich organisierter Menschenhandel

Als die befristete Duldung des alten Eritreers im Juli 2014 ausläuft, galt in Israel noch die Gesetzesverschärfung von 2013. »Sie nahmen mir bei der Behörde meine Papiere weg und sperrten mich in Holot ein«, erzählt der Alte in Kampala. Dort legten sie ihm ein Dokument auf Hebräisch vor: zur Bestätigung der »freiwilligen« Ausreise. Er sagt: »Faktisch hatten wir keine Wahl.« Nach 18 Tagen in Holot wurde er mit fünf weiteren Eritreern von Uniformierten einer Sicherheitsfirma sowie zwei Männern in Zivil zum Flughafen in Tel Aviv gefahren. Das Procedere kam ihm merkwürdig vor, sagt er: Er passierte keine offiziellen Eingänge, keine Sicherheitschecks, er erhielt keinen Ausreisestempel in seinen Pass. Stattdessen wurden ihm 3500 Dollar in bar ausgehändigt, die er quittieren musste. Wohin ihn das Flugzeug bringen würde, teilte ihm niemand mit.

Laut einem Bericht der Flüchtlingsorganisation IRRI (International Refugee Rights Initiative) vom September 2015 sind zwischen Anfang 2014 und September 2015 rund 1500 Afrikaner infolge »massiven Drucks« aus Israel ausgereist, die Mehrheit Eritreer.[13] Laut Schätzungen von IRRI könnte sich diese Zahl bis Mai 2017 auf rund 3000 erhöht haben.[14] Sie landen in sogenannten sicheren Drittländern. In welchen – darüber schweigt Israel. In einer Stellungnahme der israelischen Regierung erklärt der Premierminister, dass die Veröffentlichung derjenigen Staaten, welche die »Eindringlinge«, wie sie in dem Dokument genannt werden, aufnehmen, den Beziehungen Israels zu diesen Ländern schaden würde.[15] Doch mehren sich Anzeichen, wohin die Eritreer deportiert wurden: Zwei eritreische Asylsuchende zogen gemeinsam mit israelischen NGOs vor Gericht, um die Geheimabkommen anzufechten. Ihre Petition wurde zwar im November 2015 abgelehnt, doch im Urteil werden der Staat »R« und der Staat »U« erwähnt.[16] Gemeint sind wohl Ruanda und Uganda.

»Es war ein kleines Flugzeug«, erinnert sich der alte Mann: mit einer ihm unbekannten Landesflagge – eine Diplomatenmaschine, vermutet er. Der Flug dauerte lang, es ging den Nil hinunter, nach Afrika. Neben ihm hätten afrikanische und israelische Diplomaten mit Pässen um den Hals gesessen. »Erst als ich das Flughafengebäude sah, wusste ich: Wir sind in Ruanda«, sagt er und erzählt, wie ihn die Angst packte: »Ich dachte, Eritreas Spione warten schon auf mich.« Er weiß aus seiner Zeit beim Militär: Die beiden Staaten unterhalten enge Beziehungen.

Auf dem Rollfeld stiegen die Offiziellen in Staatslimousinen mit Blaulicht. »Ich und die anderen Deportierten wurden von ruandischen Agenten abgeführt«, erzählt er. Wieder passiert er keinen Sicherheitscheck, wieder gibt es keine Ausweiskontrolle, im Gegenteil: Sie nahmen ihm den eritreischen Pass sowie die hebräischen Papiere ab. Nur die ID-Karte des israelischen Prison Service darf er behalten. Er wurde mit den fünf weiteren Eritreern zu einem Haus gefahren, eine zweistöckige Villa mit ein paar Schlafzimmern, hinter hohen Mauern. Näheres weiß er nicht. »Der Typ, der uns in dem Haus unterbrachte, stellte sich als John vor.«

Dieselbe Geschichte erzählen auch andere abgeschobene Eritreer: Sie alle beschreiben dasselbe Haus in Kigali, denselben John, dasselbe Procedere: John habe erklärt, Israels Regierung hätte das Zimmer für drei Nächte bezahlt. Am zweiten Tag sei John erneut aufgetaucht. Er habe gesagt, am nächsten Morgen warte ein Auto auf sie. Es würde weitergehen nach Uganda. Der alte Mann musste John 250 Dollar für die Überfahrt zahlen.

Das Auto setzte die Flüchtlinge hoch oben in den Bergen ab, wenige Kilometer vor dem Grenzposten. Zu Fuß passierten sie schließlich illegal den Grenzstreifen. Sie hatten ohnehin keine Pässe mehr. Ein angeheuerter Hirtenjunge habe ihnen den Weg gewiesen, ein Trampelpfad, berichtet der Alte. Auf ugandischer Seite wartete auf einem Feldweg ein Minibus, der sie für weitere 250 Dollar in Richtung Kampala kutschierte. Auf halber Strecke stiegen sie in Geländewagen mit einem eritreischen Fahrer um. Die Flüchtlinge müssen erneut Geld zahlen, diesmal 400 Dollar. Dann geht es weiter nach Kampala. Der eritreische Landsmann bringt sie in das Hotel in der Seitenstraße.

Die Geschichte des alten Mannes deckt sich mit zahlreichen Erzählungen weiterer abgeschobener Eritreer, die interviewt wurden.[17] Einige wurden mit offiziellen Fluggesellschaften wie Turkish Airlines nach Ruanda überführt. Doch auch sie enden letztlich in demselben Haus in Kigali, treffen denselben John, müssen ihre Pässe aushändigen.

Es ist im Prinzip nicht illegal, Flüchtlinge zwischen Ländern hin und her zu schieben. Für solche Transfers in Drittstaaten hat das UN-Flüchtlingshilfswerk UNHCR jedoch Richtlinien festgelegt. »Es ist die Pflicht des Staates, der sie übergibt, sicherzustellen, dass sie im Ankunftsland nicht irgendeinem Risiko ausgesetzt werden«, so Andie Lambe von IRRI in Kampala. »Da man ihnen jedoch bei der Ankunft in Uganda oder Ruanda sämtliche Dokumente und Pässe abnimmt und ihnen keinen legalen Status erteilt, weil sie aus einem sicheren Drittstaat wie Israel in Uganda ankommen, sind sie rechtlich gesehen in einer prekären Lage.« Dies bestätigt auch der eritreische Anwalt: Keiner seiner Klienten erhielt Asyl in Uganda.

Uganda kann ihnen den Asylstatus verweigern, da sie aus einem sicheren Land anreisen. Sie haben sich praktisch strafbar gemacht, indem sie die Grenze ohne gültige Ausweispapiere übertreten. Uganda kann sie einsperren, sie als Kriminelle vor Gericht stellen. Die Verantwortung liegt laut Genfer Flüchtlingskonvention beim Staat Israel. Dieser muss garantieren, dass in den Zielländern Schutz und Rechte von Flüchtlingen gewahrt bleiben. Uganda hat wiederum das Recht, sie bei

Nicht-Anerkennung zurück nach Israel abzuschieben. »Das ist ein Teufelskreis«, sagt Lambe von IRRI. Vielen bleibe nichts anderes übrig, als Uganda wieder zu verlassen – illegal, mithilfe von Schleusern. »Die meisten Deportierten, die wir interviewt haben, versuchen letztlich, mit dem noch verbliebenen Geld bis nach Europa zu gelangen, um der rechtlosen Lage zu entgehen«, so Lambe. Indirekt finanziere Israel damit das Geschäft der Schlepper: »Das Geld, das sie von Israel bekommen, macht sie verletzlich in Hinsicht auf Ausbeutung, denn die Agenten wissen das mittlerweile.«

Eine Stellungnahme des israelischen Innenministeriums zu dieser Kritik war trotz wiederholter Anfrage nicht zu bekommen.[18] Innenminister Gilad Erdan bestätigte jedoch die Praxis in einem Interview mit *Israel News* im März 2015: »Wir geben ihnen ein Paket, das Flug und 3500 Dollar umfasst – das ist nicht wenig Geld in diesen Ländern. Sie werden dort ein Visum bekommen und die Erlaubnis zu arbeiten.«[19] Ugandas Staatsminister für Auswärtiges, Henry Okello Oryem, dementierte im April 2016 gegenüber der lokalen Tageszeitung *Daily Monitor*: »Es gibt keinerlei Vereinbarung zwischen Uganda, Ruanda und Israel bezüglich Flüchtlingen.«[20] Dennoch saßen 2016 in ugandischen Gefängnissen über 150 deportierte Eritreer ein, die ohne Pässe aufgegriffen wurden, bestätigte ein ugandischer Anwalt der Immigrationsbehörde. Ugandas Flüchtlingsminister Musa Ecweru stellt im Interview klar, seine Regierung würde die Fälle untersuchen: »Flüchtlinge sollten niemals Gegenstand bilateraler Regierungsabkommen sein«, warnte er: »Das würde sämtliche internationalen Konventionen ad absurdum führen.«[21]

»Israel hat sich nach Möglichkeiten umgesehen, die Flüchtlinge loszuwerden«, sagte Ruandas Außenministerin Louise Mushikiwabo im Interview mit der *tageszeitung* im Januar 2016.[22] »Es wurde in unseren bilateralen Beziehungen mit Israel debattiert.« Doch ob die Vereinbarung letztlich besiegelt wurde und unter welchen Bedingungen – darüber blieb sie vage. Sie erinnere sich an lange Diskussionen mit ihrer Einwanderungsbehörde: »Ich bin mir nicht sicher, wo wir gerade stehen.« Als Diskussionspunkte nannte sie die Reisefreiheit innerhalb der Ostafrikanischen Gemeinschaft (EAC), also auch zwischen Ruanda und Uganda. »Wie können wir sicherstellen, dass die Leute bleiben? In Ostafrika kann man leicht hin und her reisen.«

Obwohl immer mehr Fälle ans Licht kommen und die Beweise auch vor Gericht in Tel Aviv erdrückend sind, will kein Land die Verantwortung für das Schicksal der Deportierten übernehmen. Die Abgeschobenen, wie der alte Eritreer, sind in Kampala gestrandet. Einige haben Glück, erhalten mithilfe des Anwalts letztlich doch eine Aufenthaltsgenehmigung: allerdings stets auf drei Monate befristet, ähnlich wie zuvor in Israel. Das Fazit des Anwalts: »Es ist tragisch, dass wir Eritreer jetzt wie Waren gehandelt werden und nicht mehr wie Menschen.«

Abschiebungen auf Hochtouren

Von einem »Multi-Millionen-Dollar-Deal« zwischen Ruanda, Uganda und Israel spricht die renommierte Regionalzeitung *The East African,* bei welchem alle Seiten Gewinn machen.[23] Für die großzügige Aufnahme der Deportierten revanchiert sich Israel, indem es sich als Partner im Kampf gegen Terrorismus anbietet.

Über 50 israelische Geschäftsleute besuchten im Juni 2014 mit Avigdor Lieberman Ruandas Hauptstadt Kigali, nur wenige Wochen bevor die ersten Deportationen starteten. Israels damaliger Außenminister unterzeichnete eine Absichtserklärung für eine engere Partnerschaft zwischen beiden Staaten.[24] Ruanda kündigte an, eine Botschaft in Tel Aviv zu eröffnen. Im März 2015 wurde Oberst Joseph Rutabana als Botschafter entsandt, bislang Staatssekretär im ruandischen Verteidigungsministerium und für die Beschaffung von neuen Waffentechnologien zuständig. Nach Informationen von Militärangehörigen beider Armeen profitieren Ruanda und Uganda seither von Trainings ihrer Spezialeinheiten an Drohnen und hochauflösenden Kameras aus Israel. Zu jener Zeit liefen die Abschiebungen der Asylsuchenden schon auf Hochtouren. Dieselbe Maschine, die Auszubildende der Sicherheitsdienste nach Tel Aviv flog, nahm Flüchtlinge mit zurück.

Im November 2014 wurden an Ugandas internationalem Flughafen in Entebbe zwei Israelis im Zusammenhang mit Waffenlieferungen für Ugandas Spezialeinheiten festgenommen. Präsident Yoweri Museveni setzte sich persönlich für ihre Freilassung ein. Recherchen von lokalen Journalisten deckten auf: Agenten des israelischen Waffenexportverbandes IWI (Israel Weapon Industries) sind in Uganda aktiv, unterhalten meist private Sicherheitsfirmen, so auch die beiden verhafteten Israelis.[25] In einem im August 2016 veröffentlichten UN-Expertenbericht zum Krieg im Südsudan, der mithilfe von Ugandas Spezialeinheiten geführt wird, ist ebenso von Waffenlieferungen aus Israel die Rede.[26] Israels Verteidigungsministerium erklärte im Mai 2015: Der Waffenexport nach Afrika hätte 2014 um 40 Prozent zugenommen. Auf den Waffenmessen in Tel Aviv wurden immer mehr afrikanische Delegationen beobachtet. Das Stockholmer Friedensforschungsinstitut SIPRI (International Peace Research Institute) zählte bereits 2011 Ruanda und Uganda zu den »Top Ten« der Empfängerstaaten für israelische Verteidigungs- und Sicherheitstechnologie in Afrika.[27]

Um diese neue Partnerschaft zu besiegeln, reiste Benjamin Netanjahu als erster israelischer Premierminister seit 30 Jahren im Juli 2016 nach Ostafrika: In Kenia versicherte er Unterstützung beim Bau der Grenzzaunanlage gegenüber dem Nachbarland Somalia, um Terroristen und Flüchtlinge abzuwehren (→ *Kapitel: Technologie*). In Uganda wurde er von Präsident Museveni auf dem Rollfeld des internationalen Flughafens in der Kleinstadt Entebbe empfangen. Netanjahu war zutiefst gerührt: Auf dieser Landebahn am Ufer des Victoriasees war 40 Jahre zuvor sein Bruder getötet worden, als israelische Spezialkommandos eine Air-France-Maschine stürmten, in der palästinensische Terroristen israelische Passagiere als Geisel hielten. Netanjahus Besuch sollte eine neue Epoche der Freundschaft einläuten. In Ruandas Hauptstadt Kigali besuchte er im Anschluss die Genozid-Gedenkstätte. Auf dem Massengrab der 1994 ermordeten Tutsi legte er einen Kranz nieder: eine symbolische Geste zwischen zwei Ländern, deren Bevölkerungen unter Völkermord zu leiden hatten. Als letzter Akt wurde das Partnerschaftsabkommen unterzeichnet: in den Bereichen Business und Landwirtschaft sowie Sicherheit und Verteidigung.[28]

Als Netanjahu im Interview von ugandischen Journalisten nach den deportierten Flüchtlingen gefragt wurde, stritt er die Abschiebungen keinesfalls ab, sondern sagte: »Sehen Sie, die Leute, die in großen Zahlen zu uns kommen, sind arbeitssuchende Migranten. Es sind gesunde junge Männer, die meisten in ihren frühen Zwanzigerjahren, das sind keine Flüchtlinge.«[29]

Das Abschiebe-Domino
Zurück auf Los!

Das Beispiel der Abschiebungen aus Israel zeigt, wie Staaten sich Flüchtlingen entledigen können, die sie nicht in ihr Herkunftsland zurückschicken dürfen. Israel tut dies, indem es armen afrikanischen Ländern teure Trainings und Sicherheitstechnologien fast gratis anbietet. Die Flüchtlinge werden dabei zur Währung.

Den Handel »Abschiebung für Ausbildung« bietet auch die EU ihren afrikanischen Partnern an. In Länderpaketen und zahlreichen Rahmenvereinbarungen zur Grenzsicherung wird dieser Tauschhandel immer wieder propagiert *(→ Kapitel: Unsere Partner; Abschiebungen)*. Ähnlich wie Israel seinen afrikanischen Partnern Ausbildungshilfen anbietet, um seine Grenz- und Überwachungstechnologien an den Mann zu bringen, kauft sich auch die EU Drittstaaten ein, um Migranten wieder loszuwerden. Im Gegenzug bildet sie die afrikanische Grenzschutzeinheiten und Sicherheitsbehörden aus. Die dazugehörige Ausrüstung gibt es obendrauf.

Mit dem EU-Türkei-Deal ist die Türkei unter Druck geraten, ihrerseits bilaterale Rückübernahmeabkommen mit anderen Ländern voranzutreiben, um selbst Flüchtlinge weiter abschieben zu können.[1] Außerhalb Europas hat die Türkei bereits jetzt beschlossene Rückübernahmeabkommen mit Syrien (2001), Kirgistan (2003), Pakistan (2010), Russland (2011), Nigeria (2011) und dem Jemen (2011). Gemäß der Genfer Flüchtlingskonvention von 1951 ist die Türkei zwar nicht berechtigt, Syrer nach Syrien abzuschieben, weil dort Bürgerkrieg herrscht. Dennoch hat die Türkei bereits Syrer unter der Überschrift der »freiwilligen Rückkehr« in ihre Heimat zurückgeschickt.[2] Wie sich »Freiwilligkeit« erzeugen lässt, das hat das Beispiel Israel gezeigt.

Ein Sprecher des Außenministeriums in Ankara sagt im März 2016, die Türkei wolle die Rückführung von Flüchtlingen in ihre Herkunftsländer mithilfe von Verträgen mit insgesamt 14 weiteren Staaten beschleunigen. Welche Länder das sind, sagt er nicht.[3] »Dass es sich um Krisenländer und keinesfalls um sichere Herkunftsländer handeln dürfte, deren Situation die Menschen zur Flucht gezwungen hat, dürfte unstrittig sein«, kritisiert die NGO Pro Asyl in ihrem Rechtsgutachten zum Türkei-Deal im März 2016.[4]

Ähnlich wie Israel bietet auch die Türkei Regierungen auf dem afrikanischen Kontinent ihre Partnerschaft an: vor allem bei Infrastrukturprojekten, aber auch im militärischen Bereich sowie in der Flüchtlingshilfe. In den vergangenen Jahren hat die Türkei in Afrika fast 40 Botschaften eröffnet, nur Frankreich verfügt noch über mehr Vertretungen auf dem Kontinent. Die Türkei, die selbst finanzielle Hilfe von der EU erhält, ist mittlerweile in Afrika der viertgrößte Geldgeber.[5] Über ihr jüngst ausgebautes Liniennetz verbindet die halbstaatliche Fluggesellschaft Turkish Airlines kostengünstig Europa und Asien über Istanbul mit fast allen Hauptstädten Afrikas, und auch den Kriegsgebieten.

Seit Ende 2016 liegt auf den Sitzen der Turkish-Airlines-Maschinen ein Werbemagazin aus, in dem sich die Regierung und die Fluggesellschaft rühmen, somalischen Flüchtlingen beim Wiederaufbau ihres zerstörten Landes und der Rückkehr zu helfen. Bereits im kenianischen Flüchtlingslager Dadaab, wo 20 Jahre lang Somalier Schutz fanden, hatte sich die Türkei engagiert, sogar eine Moschee gebaut. Das Lagerviertel rund um das Gebetshaus wurde von den Flüchtlingen zum Dank »Istanbul« getauft. Als die Staatschefs von Kenia und Somalia auf dem UN-Flüchtlingsgipfel im Mai 2016 am Bosporus beschlossen, das damals weltweit größte Flüchtlingslager Dadaab in Kenia zu schließen und die Somalier nach Hause zu schicken, bot die Türkei erneut ihre Hilfe an. Die türkische Fluggesellschaft ist die einzige internationale Airline, die seit 2012 Somalias Hauptstadt Mogadischu anfliegt. Ein riskantes Manöver: Immer wieder werden die Flugzeuge beim Landeanflug beschossen.

Im März 2017 startete Turkish Airlines über die sozialen Netzwerke eine Werbekampagne: Die Flüge seien nicht voll besetzt, stattdessen würden jetzt Hilfsgüter für rückkehrende Flüchtlinge nach Mogadischu geflogen. Prominente rund um die Welt schickten Spenden für die Hilfstransporte. Über zwei Millionen Euro kamen zusammen.[6]

So erschließt sich Turkish Airlines in der Flüchtlingskrise ganz neue Kunden, auch aus Israel: Einige der abgeschobenen Eritreer geben an, mit der Fluggesellschaft über Istanbul nach Ruanda überführt worden zu sein. Mit der Anbindung afrikanischer Hauptstädte wie Mogadischu an die internationalen Flugrouten werden dank Turkish Airlines auch Abschiebungen aus Europa praktisch überhaupt erst durchführbar.[7]

Ähnlich wie Israel, so baut auch die Türkei ihr Engagement in Afrika derzeit rasant aus: wirtschaftlich wie militärisch. Die Türkei ist in Somalia der größte ausländische Investor. Nicht einmal ein Jahr nach dem Hilfsangebot an Somalia richtet sich das türkische Militär im April 2017 in Mogadischu ein: auf einer 400 Hektar großen, gesicherten Bastion nahe dem Flughafen. Dort bilden türkische Offiziere somalische Soldaten im Anti-Terror-Kampf aus und rüsten die Küstenwache auf. Auch der aufstrebende, türkische Rüstungskonzern Aselsan engagiert sich in Somalia *(→ Kapitel: Technologie)*. Eine weitere türkische Firma, Favori, sicherte sich den Vertrag über die Flughafen-Abwicklung für die nächsten 20 Jahre, auch in Sachen Sicherheit.[8]

Zur internationalen Messe der Verteidigungsindustrie IDEF (International Defence Industry Fair) in Istanbul waren im Mai 2017 zahlreiche afrikanische Generäle eingeladen. Zum Abschluss der Waffenschau vereinbarte der türkische Verteidigungsminister mit seinem sudanesischen Amtskollegen Abdel Rahim Mohammed Hussein eine enge Militärpartnerschaft.[9] Keine sechs Wochen später jettete Präsident Erdoğan nach Khartoum, um eine Wirtschaftspartnerschaft zu besiegeln.[10] Ähnlich wie im Fall Israels besteht hier die Chance, dass im Zuge der Rückschiebewelle die Türkei auch bald Migranten und Flüchtlinge zum Gegenstand ihrer Verhandlungen mit ihren neuen afrikanischen Partnern macht. Israel hat gezeigt, wie es geht – und damit einen Dominoeffekt in Gang gesetzt.

Dominostein Ägypten

Seitdem die Route über den Sinai nach Israel geschlossen ist und in Libyen die Verhaftungen durch Milizen stetig zunehmen, suchen Flüchtlinge vom Sudan kommend ihren Weg zum Mittelmeer vermehrt über Ägypten, so der Africa-Frontex-Geheimdienstbericht von 2017.[11] Im September 2016 kenterte vor der Küstenstadt Alexandria ein Schlepperboot mit über 600 Menschen, die meisten Afrikaner, über 100 ertranken. Knapp zehn Prozent der in Italien per Boot ankommenden afrikanischen Migranten passieren mittlerweile Ägypten, so die Auskunft des italienischen Innenministeriums an die Bundesregierung Ende 2016.[12]

Auch diese Tür bemüht sich die EU jetzt zu schließen: »Abkommen ähnlich dem, das wir jetzt mit der Türkei haben, müssen vor allen Dingen auch mit Ägypten erarbeitet werden, aber auch mit anderen afrikanischen Staaten«, hatte Kanzlerin Merkel im September 2016 in Wien gesagt.[13] Doch es herrscht die Sorge, dass afrikanische Länder nach Merkels Äußerungen nun einen ähnlichen Geldsegen wie die Türkei erwarten. »Dann muss Merkel im Deutschen Bundestag schauen, wie sie das Geld dafür zusammenbekommt«, sagt ein EU-Diplomat gegenüber dem *Spiegel*.[14]

Abschiebungen nach Ägypten seien nicht vereinbar mit dem Asylgesetz, stellt das Auswärtige Amt im November 2016 fest. Die Bundesregierung sei über die menschenrechtliche Lage in Ägypten »besorgt«. Es gebe »glaubhafte Berichte über Folter und Misshandlungen in Polizeigewahrsam«. Die Bedingungen in ägyptischen Haftanstalten seien insgesamt besorgniserregend, »was inhaftierte Migrantinnen und Migranten in gleicher Weise wie andere Inhaftierte betreffen dürfte«.[15]

Die ägyptische Regierung verstößt offenbar konsequent gegen die Verpflichtungen der Genfer Flüchtlingskonvention, die sie ratifiziert hat. Denn trotz des in der Verfassung verbrieften Asylrechts wird keinerlei Asylanerkennungsverfahren durchgeführt.[16] Im Gegenteil: Ägyptens Anti-Terror-Gesetz versteht unter »Terroristen« alles, was »in irgendeiner Weise die öffentliche Sicherheit und Ordnung stört oder die Sicherheit oder die Interessen der Bevölkerung bedroht«.[17] Damit können nicht nur Oppositionelle, Journalisten oder Fußballfans gemeint sein, sondern auch Migranten und Geflüchtete. Im März 2016 versammelten sich Hunderte Äthiopier der Volksgruppe der Oromo vor dem UNHCR-Büro in Kairo und protestierten gegen die langen Wartezeiten und die gefallene Anerkennungsquote für äthiopische Antragsteller. Die Revolte gipfelte in der Selbstentzündung zweier Frauen, die im Juli 2016 ihren Verletzungen erlagen.[18]

Auch wenn ein EU-Ägypten-Deal derzeit noch nicht unterschriftsreif auf dem Tisch liegt, wurden die meisten Vereinbarungen bereits 2004 im Rahmen der Europa-Mittelmeer-Assoziationsabkommen eingefädelt, welche die EU mit sieben Ländern im Mittelmeerraum abschloss. Schon damals einigte man sich auf eine Kooperation bei der Verhinderung und Kontrolle von illegaler Migration. Vereinbart wurde unter anderem die gegenseitige Rücknahme ausgewiesener Staatsbürger. Ägypter bekommen nur in den seltensten Fällen in der EU Asyl. Italien war 2007 Vorreiter mit einem bilateralen Abkommen und sei damit sehr zufrieden, so ein Bericht des Europäischen Migrationsnetzwerks EMN (European Migration Network).[19] Als Kanzlerin Merkel im März 2017 in Kairo mit ihrem Amtskollegen al-Sisi zusammentraf, diskutierten sie über die Abschiebung von rund 1000 Ägyptern aus der Bundesrepublik.[20]

Damit wird ein weiterer Dominostein angestoßen: Während Ägypten bereitwillig seine ausgewiesenen Staatsangehörigen zurücknimmt, schieben die Behörden in Kairo wiederum fleißig afrikanische Migranten ab – zurück in ihre Heimatländer.

Die ägyptischen Gefängnisse sind bereits voller Migranten, die auf dem Weg nach Europa von den Immigrationsbehörden aufgehalten wurden.[21] Bis zum 31. August wurden im Jahr 2016 insgesamt 1100 nicht beim UNHCR registrierte Menschen aus Ägypten deportiert, die meisten in den Sudan.[22] Auch nach Eritrea und Äthiopien wurden 2017 Flüchtlinge zurückgeführt.[23]

Wie beim Deal zwischen Israel, Ruanda und Uganda erhält Ägypten aus Europa Ausbildungs- und Ausrüstungshilfen für seine Sicherheitsdienste, um die Grenzen zu schließen. Die meisten Verträge wurden bereits bilateral abgeschlossen: Großbritannien und Frankreich kooperieren vor allem auf militärischer, Deutschland und Italien auf polizeilicher Ebene. Der italienische Lkw-Bauer Iveco belieferte die ägyptische Polizei mit Mannschaftstransportern, auch Munition und Schusswaffen werden nach Ägypten geschickt. Bereits als 2007 Italien und Ägypten ihr Abschiebeabkommen schlossen, übergab Italien der ägyptischen Küstenwache zwei Patrouillenboote.

Seit al-Sisis Besuch bei der Kanzlerin in Berlin im Juni 2015 unterstützt auch Deutschland Ägypten in Sachen Migrationsabwehr. »Mit Blick auf die aktuelle Migrationslage beabsichtigt die Bundespolizei, die Zusammenarbeit mit ägyptischen (Grenz-) Polizeibehörden durch Maßnahmen der Ausbildungs- und Ausstattungshilfe im Bereich Grenzschutz zu intensivieren«, so die Bundesregierung im Mai 2016. Man wolle Ägyptens Polizei in demokratischen und »rechtsstaatlichen Grundsätzen« und Menschenrechten fit machen.[24]

Im April 2016 sprach der damalige Bundeswirtschaftsminister Sigmar Gabriel (SPD) bei einem Besuch in Kairo nicht nur über den geplanten Verkauf zweier U-Boote, sondern bot auch Hilfe für die Abschottung der libysch-ägyptischen Grenze und für Kontrollmaßnahmen auf dem Sinai an. Zwei Monate später unterzeichneten Bundesinnenminister de Maizière und sein ägyptischer Amtskollege Magdy Abdel Ghaffar eine Absichtserklärung über ein Sicherheitsabkommen in den Bereichen organisierte Kriminalität, Terrorismus sowie Katastrophenschutz.[25] Der Gesetzesentwurf dazu wurde im März 2017 dem Bundestag zur Ratifizierung vorgelegt.[26] Man sei »bereit«, dem Land bei der Kontrolle seiner Grenze zu Libyen zu »helfen«, hatte Gabriel im April 2016 während einer Reise nach Kairo großzügig angekündigt.[27] Wenige Wochen später bestätigte die Bundesregierung: Der Lieferung von »Ausstattungshilfe« an die ägyptischen Grenzbehörden stehe nichts im Wege.[28]

Seitdem hat die Bundespolizei Schulungen in den Bereichen Grenzschutz, Dokumenten- und Urkundensicherheit sowie Luft- und Flughafensicherheit durchgeführt. Das Bundeskriminalamt (BKA) schickte einen Verbindungsbeamten nach Kairo und bildete einen Mitarbeiter des ägyptischen Inlandsnachrichtendienstes NSS (National Security Service) in Wiesbaden aus.[29] Als »Beihilfe zur Repression« bezeichnet das Andrej Hunko, Mitglied des Bundestages für die Linke. Schließlich werde dem Staatssicherheitsdienst systematische Folter vorgeworfen.[30]

Ägypten gilt als die größte Militärmacht auf dem Kontinent, die Militärakademie bei Alexandria ist eine Top-Adresse. Hierher werden seit jeher Afrikas Führungsoffiziere zum Training geschickt. Ägyptische Soldaten sind in mehreren Kriegsgebieten auf dem Kontinent präsent: Dem nordafrikanischen Wüstenstaat geht es wie der Türkei nicht nur darum, den Einfluss Saudi-Arabiens oder der Vereinigten Arabischen Emirate auf dem Kontinent einzudämmen, sondern auch gegenüber den südlichen Anrainern des Nils im Streit um das Wasser seine Interessen durchzusetzen. So mischt Kairo auch in Südsudans Bürgerkrieg mit. Ägyptische Oppositionelle haben im April 2017 in alternativen Medien Hinweise veröffentlicht, dass das Militär bald einen Stützpunkt in Eritrea aufbauen will.[31] Mit Kenia ging Ägypten jüngst eine enge Militärkooperation ein: Gemeinsam wollen die beiden wichtigsten Militärmächte Afrikas eine afrikanische Rüstungsproduktion aufbauen.[32]

Dominostein Sudan

Nicht nur Ägypten schiebt Flüchtlinge weiter in den Sudan ab. Auch aus Jordanien wurden seit Anfang 2017 Hunderte sudanesische Flüchtlinge, die meisten aus der Region Darfur, nach Khartoum ausgeflogen.[33] Selbst aus Europa werden Abschiebungen nach Khartoum durchgeführt: aus dem »Dschungel« genannten Flüchtlingscamp im französischen Calais. Die Regierung in Rom hatte im August 2016 eine Vereinbarung mit Sudans Innenministerium geschlossen: Italien finanziert den Sudanesen ein Training für Grenztruppen, dafür schoben sie 48 abgelehnte Asylbewerber ab – hier ist die EU vom Beispiel Israels gar nicht mehr weit entfernt.

Und wie ein weiterer Dominostein, so hat im Mai 2016 der Sudan damit begonnen, systematisch Eritreer abzuschieben – über die Grenze in ihre Heimat. Von 331 sprach Gerry Simpson von HRW (Human Rights Watch): »Sudan hat die Eritreer verhaftet und sie unter Einsatz von Zwang einer repressiven Regierung übergeben.«[34] Die Eritreer waren zuvor von Sudans Grenzeinheiten erwischt, eingesperrt und wegen illegalem Grenzübertritt angeklagt worden. Flüchtlinge dürfen sich nur in den Lagern aufhalten, werden auch nur dort von den Behörden und dem UNHCR registriert. Wer illegal einreist und außerhalb der Lager erwischt wird, dem drohen bis zu zwei Jahre Haft.[35] Die Gefängnisse im Sudan sind voller Migranten und Flüchtlinge, die Haftbedingungen unmenschlich.

»Es besteht jetzt eine latente Gefahr einer Deportations-Kette – ein Vorstoß gegen das internationale Recht –, durch welche die Flüchtlinge letztlich in ihrem Land abgeladen werden, aus welchem sie einst geflohen sind«, hatte der heutige UNHCR-Pressesprecher Stefan Telöken bereits im Jahr 1993 gewarnt: Das Konzept des sicheren Drittstaats diene in erster Linie als Rechtfertigung, warum kein Asylstatus gegeben werden müsse.[36] Die Gefahr ist heute, im Angesicht des EU-Türkei-Deals, wieder aktuell.

TEIL III
EIN KONTINENT IN BEWEGUNG

Die Schlepper
Ein staatlich-mafiöser Komplex

Der vermeintlich entscheidende Schlag im Kampf gegen Menschenhandel und Schleusertum gelang Europas Geheimdiensten am 24. Mai 2016 um 15:30 Uhr. Das dachten sie zumindest. An jenem Dienstagnachmittag stürmten sudanesische Polizisten in Aldiem, einem Viertel von Sudans Hauptstadt Khartoum, in dem viele eritreische und äthiopische Geflüchtete leben, das »Corner Café« und nahmen einen Eritreer fest, der dort Espresso trank und mit seinem Handy telefonierte.[1]

Es war eine groß angelegte Operation, an der im Hintergrund britische, italienische und kanadische Geheimdienste beteiligt waren. Als der festgenommene Eritreer zwei Wochen später von Sudans Behörden in ein gechartertes Flugzeug gesetzt und nach Rom geflogen wurde, wurde dies als entscheidender Schlag gegen den Menschenhandel gefeiert.

Der »General« nannte sich der 34-jährige Mered Medhanie, auf den es die Geheimdienste seit Jahren abgesehen hatten, so wie einst sein Vorbild: Libyens Diktator Gaddafi. Der Eritreer gilt als Pate eines weitverzweigten Rings von Schleppern, Schleusern und Menschenhändlern, der von Eritrea über den Sudan, Libyen bis nach Italien, Großbritannien und über den Atlantik bis nach Kanada aktiv ist. Einst wohnhaft auf Sizilien, war Medhanie dort im Zuge der Ermittlungen gegen die heimische Mafia ins Visier der italienischen Staatsanwaltschaft in Palermo geraten. Diese stellte 2015 einen internationalen Haftbefehl gegen ihn aus. Daraufhin tauchte er ab: über das Mittelmeer ins krisengeplagte Libyen, wo er sich mit seiner Frau und Kindern in Tripolis niederließ. Als es dort zu unsicher wurde, schickte er seine Familie ins Exil nach Schweden und zog selbst weiter nach Khartoum. Sudans Hauptstadt gilt als Drehkreuz für zahlreiche Schlepperbanden.[2]

Italienische und kanadische Ermittler verfügen über abgehörte Telefonprotokolle von seiner Zeit in Tripolis 2015, also zur Hochzeit der Flüchtlingskrise in Europa. In Telefongesprächen mit einem Vertrauten monierte der General, er sei so »gestresst«, weil er so viel zu tun habe. Er überlege, die Geschäfte »bis nach Amerika oder Kanada hin auszuweiten«.[3] Die Staatsanwälte fanden zudem heraus: Seine Millionen, die er mit dem Menschenschmuggel verdiente, investiert er in den Terror des IS in Libyen und der Sahelzone.[4]

Siziliens Staatsanwälte fahndeten auch nach einem engen Vertrauten Medhanies: einem Äthiopier namens Ermias Ghermay. Gemeinsam mit Medhanie soll er für das Unglück verantwortlich sein, bei dem im April 2015 ein Boot mit über 950 Menschen an Bord vor der libyschen Küste gesunken war.[5] Mindestens 800 Menschen ertranken. Es gilt als eines der schlimmsten Schiffsunglücke auf dem Mittelmeer in der jüngeren Geschichte (→ Kapitel: Diplomatie). Seitdem suchen europäische Ermittler nach den Drahtziehern.

Doch als italienische Polizisten Mitte Juni 2016 auf dem Rollfeld des internationalen Flughafens in Rom einen Mann in Handschellen und sudanesischer Häftlingskleidung aus der Maschine zerrten, stellte sich heraus: Es war wohl der Falsche. Der festgenommene Eritreer gab später gegenüber seinem italienischen Anwalt an, er heiße Medhanie Tesfamariam Berhe und sei ein 29-jähriger Milchbauer auf der Flucht. Der britische Guardian veröffentlichte Einträge vom Facebook-Account des Generals, in denen er sich zur falschen Festnahme äußerte: »Sie haben einen Fehler gemacht mit seinem Namen – aber jeder weiß, er ist kein Schmuggler.«[6]

Es war eine Blamage sondergleichen. Britische Geheimdienstler beharrten gegenüber Journalisten darauf, dass sie Telefongespräche des Generals abgehört hatten, die er vom besagten Café geführt hatte. Eine Stimmenerkennungssoftware habe seine Identität eindeutig bestätigt.[7] Europas Fahnder haben sich wohl gefragt, von wem sie da an der Nase herumgeführt worden waren. Immerhin: Im Zuge der falschen Festnahmen wurden die Ermittlungen gegen die transnationalen Schleuserringe ebenso publik wie die diesbezüglich enge Zusammenarbeit der Geheimdienste – über Kontinente hinweg.

Im Kampf gegen die Schleusernetzwerke sind europäische Behörden auf die Zusammenarbeit mit ihren afrikanischen Kollegen angewiesen.[8] Seit 2014 ist im Sudan ein Komitee zur Bekämpfung des Menschenhandels, das NCCHF (National Committee to Combat Human Trafficking), für solche Ermittlungen zuständig, in dessen Leitungsgremium neben Polizei- und Armeevertretern auch Geheimdienstoffiziere des NISS sitzen.[9] Dieses Komitee wird in Zukunft von der GIZ im Rahmen des Regionalprojekts Better Migration Management ausgebildet. In fast allen Ländern Nordafrikas und der Sahelzone wurden in den vergangenen Jahren auf Drängen der EU Institutionen geschaffen, die es mit den Menschenschmuggelnetzwerken aufnehmen sollen. Die GIZ trainiert sie jetzt, um auch grenzübergreifende Ermittlungen anzugehen. Sie sollen mit europäischen Ermittlern zusammenarbeiten.

Nach Erkenntnissen der sizilianischen Staatsanwälte leben zahlreiche Schleuser-Paten sicher in Sudans Hauptstadt. Forscher der von somalischen Intellektuellen gegründeten Sahan-Stiftung sowie der Regionalorganisation IGAD (Intergovernmental Authority on Development) am Horn von Afrika mit Sitz in Dschibuti trugen in ihrem 2016 veröffentlichten Bericht sämtliche Akten über die Schlepper-Paten zusammen: aus Äthiopien, Italien, dem Sudan und aus Deutschland. Sie erhielten Einblick in die Telefonkontakte, die Abhörprotokolle der Gespräche zwischen den Schleppern sowie Auszüge von Geldüberweisungen: von Schweden über Dubai bis hin zum Horn von Afrika. Auf Handy-Fotos posieren die eritreischen und somalischen Schlepper-Paten mit Goldketten, in Hip-Hop-Klamotten vor der Kamera: Gangster-Stil.

Bei zwei großen Ermittlungsoperationen zwischen 2013 und 2015 konnte Palermos Staatsanwaltschaft mehr als zwei Dutzend mutmaßliche Schleuser verhaften lassen, die meisten in Italien, einer in Deutschland.[10] Zahlreiche Festgenommene stammen aus Eritrea, einst italienische Kolonie, die zu mafiaähnlichen Strukturen gehören, die weltweit agieren und nicht nur in den Menschen-, sondern auch in den Waffen- und Drogenhandel involviert sind.

Die Beweise deuten auch hier immer wieder nach Khartoum, wo Paten wie der »General« über das islamische Geldtransfersystem Hawala ungeniert riesige Summen hin und her schieben. »Die Paten sind auch die finanziellen Oberbefehlshaber des Handels, die den Transport und die Unterbringung von Menschen koordinieren, sie garantieren für die Zahlung von Transportfahrzeugen, sie schmieren Strafverfolgungsbehörden in Äthiopien und dem Sudan, sie mieten in Libyen bewaffnete Milizkonvois und riesige Lager für die Unterbringung von Menschen in den Transit Hubs an – vor allem in Ajdabiya in Libyen – und beschaffen Passagier- und Support-Boote für die finale Überfahrt von Küstenstandorten in der Nähe von Tripolis«, heißt es in dem Bericht.[11]

Die Rechercheure nennen Beispiele: Im Hawala-Geldtransferbüro eines somalischen Geschäftsmannes in Khartoum werden enorme Summen hin und her überweisen: zwischen der libyschen Mittelmeerküste, wo die meisten Schlepperboote ablegen, und Somalias Hauptstadt Mogadischu, von wo viele Geflüchtete stammen. »Erste-Klasse«-Schleuser-Deals werden von einem Eritreer abgewickelt. Wer es sich leisten kann, wird gegen 30 000 Dollar nach Singapur oder gar auf die Philippinen geflogen, von wo aus es dann mit einem Schengen-Visum nach Europa geht. Drehkreuz ist dafür der Flughafen von Khartoum.[12]

In einem Land, das so engmaschig vom Geheimdienst überwacht wird wie der Sudan, ist es schier unvorstellbar, dass die Behörden nichts von diesen kriminellen Aktivitäten wissen. Die Ermittler wiesen nach, dass entlang der Schmuggelrouten vom Horn von Afrika bis zum Mittelmeer in allen Ländern einflussreiche Staatsbeamte von den großen Paten geschmiert werden: in Eritrea, Äthiopien und dem Sudan. Im Chaos des libyschen Bürgerkrieges arbeiten die Schleuser wiederum eng mit einigen Milizen zusammen, die sich durch den Menschenschmuggel finanzieren. Über das Maß der Kollaboration mit Staatsbeamten im Sudan rätseln auch die Deutschen: »Äußerst problematisch sind die vielen Schmugglernetzwerke«, heißt es in einem internen Papier des Auswärtigen Amtes zum Sudan vom Juni 2016, kurz nachdem Medhanie festgenommen wurde. »Es ist nicht auszuschließen, dass auch sudanesische Grenzbeamte gegen Geld die Menschenhändler unterstützen.«[13]

Menschenhandel: ein Milliardengeschäft

Schleusertum und Menschenhandel ist in den vergangenen Jahren zu einem Megageschäft geworden. Siziliens Staatsanwälte sprachen im Zuge der Ermittlungen rund um den »General« von Milliarden von Euro, die mit dem Schmuggel von Migranten umgesetzt werden. Pro Überfahrt von Tripolis nach Lampedusa habe Medhanie zuletzt 5000 Euro pro Person verlangt. »Es gibt nicht den geringsten Zweifel, dass Migranten und Flüchtlinge zu einer Ware geworden sind, welche die Kriegswirtschaft in der Region anheizt«, schließen die Ermittler.[14]

Meron Estefanos, eritreische Journalistin und Direktorin der Flüchtlingsorganisation EIRR, betreibt im Exil im schwedischen Oslo eine Hotline, die in Not geratene Migranten anrufen können. Standardmäßig fragt sie die Anrufer, wie viel sie für welche Strecke den Schleppern zahlen mussten. Bislang war es demnach der einfachste, aber teuerste Weg, sich von Eritreas Hauptstadt Asmara von einem korrupten Armeeoffizier ins Nachbarland bis nach Khartoum fahren zu lassen, denn die staatlichen Autokennzeichen werden an der Grenze nicht kontrolliert, erfuhr Estefanos. Bis zu 6000 Euro kann dies pro Kopf kosten. In Sudans Hauptstadt werden die Flüchtlinge an die nächsten Schlepper übergeben, auch diese sind Eritreer. Rund 1800 Euro koste die Überfahrt über die Grenze nach Libyen. Dort sind mittlerweile zahlreiche Milizen in das Geschäft involviert. Ähnlich wie bis vor Kurzem auf der ägyptischen Sinai-Halbinsel nehmen sie die Geflüchteten gefangen, verlangen von ihren Angehörigen zu Hause Lösegeld. Bezahlt wird per mobilem Geldtransfer: bis zu 15 000 Euro, manchmal sogar mehr.[15] »Glück hat, wer das Lösegeld zahlen darf«, sagt Estefanos. Mitunter verschwinden die Entführten einfach spurlos. Ihre Familien zu Hause in Eritrea erhalten dann keine Lösegeldforderungen. Für die Direktorin der eritreischen Flüchtlingsorganisation ist diese Tendenz alarmierend. »Das bedeutet nämlich, dass sie wohl vom Islamischen Staat als Kämpfer oder Sklavenarbeiter entführt oder getötet werden.«

Im April 2015 tauchten im Internet Propagandavideos des IS auf: Mehrere Dutzend äthiopische und eritreische, also christliche Flüchtlinge knien im Sand irgendwo an der Mittelmeerküste. Sie tragen orangene Overalls, wie Gefangene in Guantánamo. Hinter ihnen stehen vermummte Schergen mit Kalaschnikow und Schwertern. Die Flagge des IS flattert im Wind. Der IS-Kämpfer, der sich in einem Gebet auf Arabisch an Allah wendet, hat einen englischen Akzent. Er gibt Befehle. Dann schlagen sie den Flüchtlingen die Köpfe ab.[16] Wie sich später herausstellte, waren drei der enthaupteten Eritreer zuvor aus Israels Lager Holot abgeschoben worden (→ *Kapitel: Israels Geschäfte*).[17]

Mafiöse Geschäfte: Prostitution und Drogenhandel

Die brutalen Enthauptungen in der libyschen Wüste, die weltweit online zu sehen waren, führten dazu, dass immer weniger Flüchtlinge vom Horn von Afrika die riskante Reise durch die Bürgerkriegsregion Libyen wagen, sondern zunehmend Wege über Ägypten suchen, um ans Mittelmeer zu gelangen. Von Alexandria aus sind die Schlepperboote zwar rund 13 Tage bis nach Italien unterwegs – auch das ist gefährlich. Doch immer noch besser, als dem IS in die Hände zu fallen. Die Migranten, die derzeit in Libyen noch immer ankommen, stammen meist aus West- oder Zentralafrika, 90 Prozent erreichen Libyen über Niger.

Auf dieser Route mehren sich Hinweise, dass im Menschenschmuggel von Westafrika in Richtung Europa die nigerianische Mafia gewaltig mitmischt. Deren weitverzweigte Netzwerke sind auch in Italien im Drogenhandel sowie im Geschäft mit der Prostitution beteiligt.[18] Meist geht das alles Hand in Hand: Nigerianische Migrantinnen werden teils nach ihrer Ankunft in Italien zur Prostitution gezwungen, um ihre Schulden bei den Schleusern abzuarbeiten. Drogen, meist Kokain, schmuggeln sie am oder im Körper mit nach Europa ein, auf Geheiß der Schlepper.[19] Nigerias Mafiagangs sind von Kolumbien über Afrika und Europa bis hin nach Malaysia für diese Geschäfte bekannt. Sie sind höchst lukrativ: Die UN-Migrationsagentur IOM schätzt, dass 80 Prozent der rund 11 000 nigerianischen Frauen, die 2016 in Sizilien angekommen sind, Opfer von Menschenhandel seien und in die Prostitution gezwungen werden. Die Zahl der bei IOM registrierten Frauen aus Nigeria habe sich im Vergleich zum Vorjahr fast verdoppelt.[20]

Migration
»Karibu Sana« – Willkommenskultur
auf Kisuaheli

Sie kommen nicht in Booten übers Mittelmeer, sondern zu Fuß oder auf den Laderampen zerbeulter Lastwagen über die Grenzen gefahren, mitsamt ihren Habseligkeiten: ein Bündel mit Kochgeschirr und Kleidern, ein halber Sack Hirsemehl, eine Matratze, eine Decke, ein Wasserkanister. Die meisten können nicht mehr schleppen oder hatten zu wenig Zeit zum Packen, als sie vor den Kämpfen fliehen mussten.

Mit nichts als den Kleidern am Leib war auch Familienvater Pierre Karimumujango mit seiner Frau und den drei Kleinkindern Ende 2015 aus seinem Dorf in Burundi geflüchtet. Zu Fuß und mit dem Bus hat sich der Bauer über tausend Kilometer bis nach Uganda durchgeschlagen, um dort Schutz zu suchen. Wenige Monate später steht er stolz vor seiner neuen, kleinen Hütte, harkt mit Liebe seinen Maniok-Acker. Bald wird er zum ersten Mal ernten: »Wir haben Asyl bekommen und ein Stück Land, und ich bin glücklich, dass wir in Uganda Frieden gefunden haben«, sagt der 39-Jährige.[1]

So wie der Burundier Karimumujango überqueren täglich Hunderte, manchmal gar Tausende verzweifelte Menschen die Grenzen nach Uganda. Das kleine Land in Ostafrika hat eine der weltweit liberalsten Flüchtlingspolitiken. Rund 1,3 Millionen Menschen suchen derzeit in Uganda Schutz. Das sind mehr, als im Rekordjahr 2015 über die Balkan-Route in die Bundesrepublik kamen.[2] Mittlerweile steht in dem kleinen Land, das selbst nur 39 Millionen Einwohner zählt, das größte Flüchtlingslager der Welt.

Uganda präsentiert sich gern als stabile Insel im krisengeschüttelten Herzen des Kontinents: Im Nachbarland Kongo herrscht seit über 20 Jahren Bürgerkrieg. Im nördlich gelegenen Südsudan brach vor zwei Jahren der Konflikt aus, seit

2015 wird dort brutal gekämpft. 1,8 Millionen Südsudanesen haben seitdem ihre Heimat verlassen, die meisten flohen nach Uganda.[3] In Burundi terrorisiert die Staatsmacht seit 2015 die Bevölkerung, nachdem Präsident Pierre Nkurunziza trotz der in der Verfassung begrenzten zwei Amtszeiten sich ein drittes Mal hat wählen lassen. Proteste wurden brutal niedergeschlagen, Oppositionelle ermordet. Über 400 000 Menschen sind geflohen, die meisten zunächst nach Ruanda und Tansania. Doch die Lager dort waren rasch überfüllt – dann zogen auch die Burundier weiter nach Uganda, weil sie wissen, dass sie sich hier auch langfristig niederlassen können.[4] Kein anderes afrikanisches Land versorgt seit Jahrzehnten so viele Flüchtlinge.

Ugandas ältestes Flüchtlingslager Nakivale ist über 20 Jahre alt und wirkt mit seinen über 100 000 Einwohnern wie eine Kleinstadt: eine weitläufige Siedlung, gelegen im unbesiedelten Südwesten des Landes zwischen grünen Hügeln, wo auch der burundische Bauer Karimumujango sein Haus gebaut hat. Flüchtlinge der verschiedenen Nationalitäten haben sich wie in Stadtteilen zusammengefunden und benennen diese nach ihren Heimatstädten in Ruanda, Somalia, Eritrea: »Klein-Kigali«, »Klein-Mogadischu« oder »Klein-Asmara« steht auf Hinweisschildern, die durch das Lager führen. Jeder Krieg in der Region hat hier seine Spuren hinterlassen. So stampfen burundische Flüchtlinge wie Karimumujango auf einem weiteren Hügel »Klein-Bujumbura« aus dem Boden: Aus Holz und Lehm, spendiert von Ugandas Regierung, bauen sie Häuser mit Strohdächern. Das UN-Flüchtlingshilfswerk UNHCR hat auf einem zentralen Platz einen Brunnen gebohrt, gewaltige Wassertanks aufgestellt, an welchen Dutzende Kinder mit Kanistern Schlange stehen. Darum herum wächst die Siedlung kreisförmig in die hügelige Landschaft.

Jede Familie wie die von Bauer Karimumujango bekommt von der Regierung einen Acker zugewiesen, den sie bepflanzen darf. Das unbevölkerte Weideland im Südwesten des Landes nahe der Grenze zu Tansania gehört dem Staat. Hier grasen sonst nur Rinderherden, die in Trockenzeiten auf der Suche nach Wasserstellen durchziehen. Bis auf Bauer Karimumujangos frisch angelegtem Acker in wenigen Monaten etwas wächst, verteilt das UN-Welternährungsprogramm WFP (World Food Programme) Lebensmittel: Reis, Bohnen, Öl, Salz und Milchpulver für die Kinder.

»Obwohl wir eine sehr offenherzige Politik verfolgen, ist die Versorgung der Flüchtlinge, wenn sie in Massen kommen, eine enorme Herausforderung«, sagt Ugandas Flüchtlingsminister Musa Ecweru.[5] Ein solcher Moment war im Juli 2016 wieder eingetreten, als im Südsudan heftig gekämpft wurde und sich binnen weniger Tage Abertausende Menschen über die Grenze retteten. In den Auffanglagern entlang der Grenze müssen sie nicht nur registriert werden, erklärt der Minister. Da gibt es jede Menge zu tun: Polizisten müssen das Gepäck auf Waffen durchsuchen; Kinder, die in den Kriegsgebieten noch nie in ihrem Leben einen Arzt gesehen haben, müssen gegen Polio und Masern geimpft werden. Im krisengeschüttelten Nachbarland Kongo ist im April 2017 Ebola ausgebrochen. Jetzt müssen Pfleger des Gesundheitsamtes bei allen Kongolesen Fieber messen, damit sie die tödliche Seuche nicht einschleppen. All diese Leistungen sind für einen Staat, der selbst nicht genug für seine eigene Bevölkerung hat, schier unerschwinglich.

Ugandas Regierung sei bei der Erstversorgung in den Auffangzentren entlang der Grenzen auf internationale Hilfe angewiesen, betont der Minister. Diese wird jedoch immer weniger, da auch Europa mit dem Flüchtlingsansturm klarkommen muss und die Hilfsgelder woanders hinfließen. Das UN-Flüchtlingshilfswerk UNHCR benötigt für Uganda für das Jahr 2017 schätzungsweise rund 550 Millionen Dollar, bereitgestellt wurden gerade einmal rund 150 Millionen.[6] Das UNHCR spricht derzeit weltweit von »der größten Flüchtlingskrise seit dem Ende des Zweiten Weltkriegs« und lobt Uganda für sein Engagement. Die traditionellen Geber, darunter auch Deutschland und die EU, würden allerdings immer weniger in die

Töpfe einzahlen.[7] Demnach steht das kleine Land derzeit mit all den Flüchtlingen fast allein da.

Ugandas liberale Flüchtlingspolitik hat eine lange Geschichte: Schon während des Zweiten Weltkrieges nahm Uganda polnische Juden auf. Während der 1970er- und 1980er-Jahre, als zuerst der Diktator Idi Amin und dann sein Nachfolger Milton Obote mit Terror regierten, waren viele Ugander selbst Flüchtlinge, erinnert der Minister: »Wir wurden damals gut behandelt, deswegen wollen wir heute unsere Nachbarn gut behandeln, wenn sie Probleme zu Hause haben.« Ugandas heutiger Präsident Museveni hat im Exil in Tansania seine Guerillabewegung gegründet, seine jungen Kämpfer in den Flüchtlingslagern rekrutiert, die 1986 letztlich das Land eroberten und bis heute die Regierung stellen. Flüchtlingsminister Ecweru schätzt, dass drei Viertel seiner Kollegen einst Flüchtlinge waren, so auch er selbst. Aus dieser Perspektive heraus würden die Ugander Flüchtlinge nicht als Ballast, sondern als Potenzial wahrnehmen, als die Präsidenten von morgen. Als Beispiel hierfür steht stets Paul Kagame, der heutige Präsident des Nachbarlandes Ruanda, der in Ugandas Flüchtlingslagern groß wurde und zur Schule gegangen war.

Uganda: Verlierer der neuen EU-Verhinderungspolitik

Im Zentrum der Flüchtlingssiedlung Nakivale, wo die Lagerleitung ihre Büros hat und die Hilfsgüter und Lebensmittel verteilt werden, herrscht geschäftiges Treiben: In den engen Gassen reihen sich Tischlereien, Schneidereien, Werkstätten, Apotheken und Läden aneinander, alle von Flüchtlingen betrieben. Viele bringen ihre Nähmaschinen, Werkbänke, Werkzeuge oder gar die Getreidemühle mit nach Nakivale. Der Betreiber eines Internetcafés war mitsamt seinen Computern geflohen und hatte sie im Lager wiederaufgebaut: Hier sitzen Jugendliche vor den Bildschirmen und chatten online mit ihren ehemaligen Schulfreunden aus der Heimat in anderen Lagern der Region.

Jenseits der Holzhütten spielen junge Männer Fußball auf einem Bolzplatz mit einem wackeligen Tor: Kongolesen gegen Somalis. Sport ist eine gute Beschäftigung, Traumata zu bewältigen und auch Konflikte friedlich auszutragen. Fußballchampions in Nakivale sind die Eritreer: Ende 2012 hatte Eritreas Nationalmannschaft Minister Ecwerus Büro gestürmt, nachdem sie in Uganda bei einem Pokalspiel verloren hatten. Er hatte ihnen Asylscheine ausgestellt. Heute trainieren einige von ihnen in Nakivale die Jugend.

Das Beispiel Uganda zeigt: Die Vorstellung, ganz Afrika sei auf der Flucht übers Mittelmeer nach Europa, ist ein Trugschluss. Diejenigen, die in Italien, Spanien oder Griechenland ankommen, sind nur ein Bruchteil der Millionen von Menschen, die in Afrika auf der Flucht oder auf Arbeitssuche sind. Das eigentliche Flüchtlingsdrama findet auf dem afrikanischen Kontinent statt: in den unzähligen Vertriebenenlagern in den Bürgerkriegsregionen sowie in den Zeltstädten in Uganda und anderen Herbergsländern. Während Subsahara-Afrika knapp 30 Prozent der weltweit Vertriebenen beherbergt und weitere knapp 40 Prozent in Nordafrika und dem Nahen Osten Schutz suchen, versorgt Europa laut UNHCR-Angaben gerade einmal sechs Prozent der weltweiten Flüchtlinge.

»U are most welcome«, steht auf einem Poster am Schalter für Asylanträge in der Immigrationsbehörde in Ugandas Hauptstadt Kampala, rund 500 Kilometer von Nakivale entfernt. Darunter steht derselbe Gruß in der Regionalsprache Kisuaheli: »Karibu Sana«, übersetzt: »Herzlich willkommen«. Daneben hängt ein Plakat, das vor Menschenhändlern warnt, die mit Jobs auf Baustellen in Dubai oder Katar locken. Im Büro des Premierministers gleich um die Ecke hat das Staatsministerium für Flüchtlingsangelegenheiten seine Büros im siebten Stock. Der zuständige Minister Ecweru unterzeichnet am Fließband Aufenthaltsberechtigungen. Damit dürfen Flüchtlinge auch arbeiten oder selbst Unternehmen gründen, denn Uganda kann sie nicht durchfüttern, im Gegenteil: Uganda profitiert von ihrer Arbeitskraft.

Aus den Krisenländern retten sich auch die Unternehmer und der berufstätige Mittelstand, Kleingewerbetreibende. In Kampala sieht man mittelständische Autos mit burundischen oder südsudanesischen Kennzeichen, die sogenannten urbanen Flüchtlinge, die über ausreichend Eigenkapital verfügen, um sich damit für einige Zeit über Wasser zu halten. Die meisten schlagen mit ihrem ganzen Ersparten im Kofferraum auf, um sich ein neues Leben aufbauen: Sie mieten ein Haus, eröffnen ein Geschäft oder Restaurant, betreiben Handel mit ihren Verwandten in der Heimat. Sie zahlen im Bestfall sogar Steuern und stellen ein paar Ugander ein. Im kunterbunten Stadtviertel Kabalagala gibt es eritreische Restaurants und Hotels neben somalischen Tankstellen und ruandischen Milchläden, in welchen es Joghurt und Käse zu kaufen gibt. Manchmal grasen daneben Kühe mit langen Hörnern. Viele Ruander flohen einst samt ihren Rinderherden ins Nachbarland.

»Uganda hat eine sehr offenherzige Flüchtlingspolitik und profitiert langfristig auch wirtschaftlich davon«, bestätigt Charly Yaxley vom UNHCR in Uganda. Das UN-Welternährungsprogramm WFP kauft die Lebensmittel, die es an die frisch ankommenden Flüchtlinge in den Auffanglagern verteilt, von lokalen Bauern ein, zu einem fairen Preis.[8] Das hilft Ugandas Landwirtschaft. Eine im Oktober 2016 veröffentlichte WFP-Studie besagt: Jeder Acker, der einer Flüchtlingsfamilie zur Verfügung gestellt wird, generiert umgerechnet rund 200 Euro Profit jährlich. Das ist viel in Uganda.[9]

Aus dieser Erfahrung heraus dürfen nicht nur Flüchtlinge kommen, sondern auch Arbeitsmigranten aus ganz Afrika, Indien oder China sind willkommen. Diese benötigen eine Arbeitserlaubnis. Seit Anfang 2017 lässt sich diese online beantragen. Ein Großteil der mittelständischen Unternehmer in Uganda sind Migranten. Aus Eritrea wandern mittlerweile

Unternehmer nach Uganda aus, um hier Geschäfte zu machen, weil ihre eigene Wirtschaft am Boden liegt. Sie schicken ihre Einkünfte nach Hause, zahlen an das Regime in Asmara Steuern. Im Zuge der Integration der Ostafrikanischen Gemeinschaft (EAC) haben Kenia, Uganda und Ruanda einen gemeinsamen Arbeitsmarkt geschaffen – ganz nach dem Vorbild der EU. Während Ugander vermehrt nach Nairobi ziehen, um dort Jobs zu suchen, kommen Ruander zum Arbeiten nach Kampala, Burundier ebenfalls. Der Übergang vom Flüchtling zum Arbeitsmigranten ist oftmals fließend.

Ugandas Präsident Museveni ist ein wichtiger Fürsprecher der Idee der AU, innerhalb des Kontinents die Visapflicht abzuschaffen oder gar einen einzigen AU-Reisepass einzuführen. Im Mai 2017 trafen sich dazu mehr als 100 Delegierte, um ein Abkommen über die Visafreiheit auf dem Kontinent zu formulieren, es soll 2018 in Kraft treten.[10] Im Anschluss daran fand das dritte Panafrikanische Migrationsforum unter Präsident Musevenis Schirmherrschaft in Kampala statt. Ugandas 72-jähriger Präsident spielt sich nach 30 Jahren Herrschaft gern als Großvater der Region oder gar des ganzen Kontinents auf. So fühlt er sich auch in der globalen Migrationsdebatte dazu berufen, die afrikanische Position in der Weltgemeinschaft zu vertreten. In Anbetracht der Flüchtlingskrise wurde im November 2016 auf der UN-Generalversammlung in New York beschlossen, bis 2018 einen Compact, einen Sozialvertrag, zur weltweiten Migration auszuarbeiten. Ziel des Forums in Kampala war es, im Vorfeld eine gemeinsame afrikanische Position zu vereinbaren, so Museveni in seiner Eröffnungsrede. Der EU-Delegationsleiter in Uganda, der Däne Kristian Schmidt, pflichtete ihm bei: »Die EU und Afrika arbeiten zusammen und führen Gespräche über Migration auf kontinentaler, regionaler und nationaler Ebene.«[11]

Einig sind sie sich jedoch nicht. Museveni ist gegen die von der EU bevorzugte Migrationsabwehr und Schließung der Grenzen: »Unsere Leute sollten nicht auf gefährlichen Reisen über das Mittelmeer sterben, in der Hoffnung auf ein besseres Leben«, so Museveni in der Eröffnungsrede.[12] »Migration ist vielmehr dafür bekannt, die älteste Abhilfe für Armut und Anlass positiver Entwicklung zu sein, wenn sie gut gemanagt wird«, betonte er: Die meisten Migranten und Flüchtlinge seien jung, im arbeitsfähigen Alter. Diese Arbeitskraft ließe sich doch gut nutzen, auch in der EU. Wie das funktioniere, zeige das Beispiel Uganda.

Auch Flüchtlingsminister Ecweru ist stolz, dass Uganda sich der EU-Migrationspolitik entgegenstellt:»Dass Europa jetzt seine Grenzen dichtmacht, halten wir für falsch, sehr falsch! – Unsere Türen bleiben offen, das ist klar«, sagt er entrüstet. Flüchtlinge seien Opfer eines gescheiterten internationalen Systems der Friedenssicherung, in welchem die europäischen Großmächte im UN-Sicherheitsrat eine große Verantwortung tragen. »Diese Menschen rennen um ihr Leben, und wenn wir ihnen die Tür nicht aufmachen, sterben sie«, sagt Ecweru:»Wir können nicht sagen:›Sorry, geh und sterbe!‹, wie es derzeit im Mittelmeer mit den ertrinkenden Migranten passiert. Das ist nicht akzeptabel.« Europa sei die Wiege der Menschenrechte, so der Minister weiter: Diese Menschenrechtskonventionen seien von den Europäern nicht nur formuliert, sondern auch in die Welt hinaus exportiert worden. »Daran müssen sie sich selbst ebenso halten, sonst sind sie Heuchler.«

Für Juni 2017 hatte Uganda einen Flüchtlings-Solidaritäts-Gipfel in Kampala anberaumt und dazu UN-Generalsekretär António Guterres eingeladen. Uganda benötige mehr Hilfe, so die Botschaft des Gipfels. Er sollte ein Weckruf an die EU sein.

Die europäische Migrationsverhinderungspolitik wirkt sich nachteilig auf das kleine Land aus, denn in all den EU-Verhandlungen mit afrikanischen Ländern um die Migrationsfrage spielt Uganda nur eine kleine Nebenrolle, auch finanziell: Während die Europäer Ländern wie dem Sudan, Niger oder Eritrea Hilfspakete von Hunderten Millionen Euro in Aussicht stellen, sagte die EU im ersten Halbjahr 2016

Uganda gerade einmal rund sieben Millionen Euro zu, ein Bruchteil.[13] Erst als die Flüchtlingsströme aus dem Südsudan im zweiten Halbjahr 2016 stetig zunahmen und Ugandas Regierung mit der Versorgung restlos überfordert war, flossen weitere 13 Millionen. Für das Jahr 2017 hat die EU letztlich knapp 65 Millionen Euro in Aussicht gestellt.[14] Doch das Geld reicht trotzdem nicht. Die UN-Hilfswerke WFP, UNHCR sowie die internationalen NGOs sind in Uganda alle restlos unterfinanziert. Zwei Milliarden Dollar pro Jahr für die nächsten vier Jahre würden insgesamt benötigt, um die Flüchtlinge zu versorgen, veranschlagt Ugandas Flüchtlingsminister als Gesamtsumme: also acht Milliarden für vier Jahre. Darin eingerechnet seien nicht nur die Impfungen für die Flüchtlingskinder, sondern auch die Reparatur der Straßen, die durch die überladenen UN-Lastwagen zerstört würden.

Als Grund für die relativ geringe EU-Hilfe nennen europäische Akteure in Hintergrundgesprächen die Lage Ugandas auf dem Kontinent: weit weg am Äquator. Die spendable EU-Migrationspolitik fokussiere sich hingegen auf diejenigen Länder, die nördlich des Äquators liegen, also in der direkten Nachbarschaft zur EU, von wo aus Migranten und Flüchtlinge gen Mittelmeer vordringen.

Die EU betreibe einen »klaren Betrug und eine sehr verkehrte Politik«, so Ugandas Flüchtlingsminister Ecweru. »Das ist der Grund, warum wir die Welt nach Uganda einladen, um ihnen Alternativen zu zeigen«, so der Minister.

Von den veranschlagten zwei Milliarden kamen auf dem zweitägigen Gipfel gerade einmal 352,6 Millionen Dollar zusammen. Internationale Solidarität mit Uganda sei »keine Sache der Großzügigkeit, sondern ein Beweis für Gerechtigkeit«, sagt UN-Generalsekretär Guterres in seiner Rede in Kampala. Als ehemaliger Hoher Kommissar des UN-Flüchtlingshilfswerks UNHCR besuchte er vor dem Gipfel die vollen Lager: »Nicht Flüchtlinge sollen gestoppt werden, sondern die Kriege, die Flüchtlinge erzeugen«, twitterte er.

Immerhin, Mitte August 2017 reist Bundesaußenminister Sigmar Gabriel nach Uganda, besichtigt die Flüchtlingssiedlungen im Norden, entlang der Grenze zu Südsudan. In khakifarbenem Funktionsoutfit und Wanderschuhen steigt er aus dem Hubschrauber. Gabriel besichtigt zuerst einen solarbetriebenen Brunnen, den das Hilfswerk der Malteser gebohrt hat. Dann ein paar Kilometer weiter eine Schule, in welcher Flüchtlingskinder in überfüllten Klassenzimmern hocken. Eine Südsudanesin erzählt dem Minister, wie sie dank der deutschen Welthungerhilfe mit einer Nähmaschine Kleider fertigt und davon ihre Kinder ernähren kann. Gabriel hört interessiert zu, stellt Fragen auf Englisch. Den Schülern schenkt er Fußbälle mit Bundesliga-Logo, die er aus Berlin mitgebracht hat. Sie singen Dankeslieder – alles fleißig einstudiert.

Ein Tross Journalisten ist aus Berlin mit angereist, um den Außenminister auf seiner Flüchtlingssafari zu filmen. Die Flüchtlinge sind hochrangige Kurzbesuche, für die ein enormer Aufwand betrieben wird, mittlerweile gewohnt. Die NGOs wollen Aufmerksamkeit für die Lage in Uganda erzeugen. UNHCR hatte erst in der Woche zuvor Journalisten angekarrt, um den einemillionsten Flüchtling aus dem Südsudan zu empfangen. Stetig werden Anlässe gefunden, um Medienaufmerksamkeit zu erzeugen. Doch aufgrund anhaltender Kämpfe jenseits der Grenzen ließ der permanente Flüchtlingsstrom plötzlich nach. Der einemillionste Flüchtling kam dann doch nicht. 994 642 sind es, als Gabriel einfliegt.

Außenminister Gabriel war trotzdem beeindruckt. »Mit großer Bewunderung« habe er Ugandas Flüchtlingspolitik wahrgenommen, erklärte er nach seiner Reise »ins Feld« gegenüber Ugandas Präsident Museveni in dessen Palast neben dem Flughafen. Die Bundesregierung hatte zuvor Uganda 55 Millionen Euro in der Flüchtlingshilfe zugesagt, weitere 21 Millionen schießt Deutschland über EU-Mittel zu. »Ich würde mir eine solche Offenheit gegenüber Flüchtlingen auch von anderen Staaten Europas wünschen«, sagte Gabriel in der anschließenden Pressekonferenz. In Hinsicht der Arbeitserlaubnis für Flüchtlinge könne sich Deutschland ein Beispiel nehmen: »Wir wundern uns immer über Parallelgesellschaften und mangelnde Integration«, so Gabriel.

Das globale Dorf: »Wir sind auch ein Teil davon«

»Die Darstellung Afrikas als ›migrierender Kontinent‹ entstammt den stereotypen Vorstellungen von Afrika als ein Kontinent der Armut und der Konflikte«, heißt es in einer vergleichenden Studie zu Migration in Afrika von 2016.[15] Sie besagt: Nur 14 Prozent der Migrationsbewegungen auf dem Kontinent sind tatsächlich Fluchtbewegungen. Die überwältigende Zahl von Afrikanern »on the move« sind Arbeitsmigranten: also 86 Prozent. Die meisten Arbeitssuchenden migrieren zudem nicht gen Norden nach Europa, sondern innerhalb des Kontinents. Ein weitaus größeres Ziel als die EU ist zum Beispiel Südafrika.

Es sind eben nicht die ärmsten Afrikaner, die losziehen, um woanders ihr Glück zu versuchen, sondern vor allem die gut gebildete, städtische Mittelklasse, die sich Migration auch leisten kann. Laut Richard Danziger, IOM-Regionaldirektor für Westafrika, haben 40 Prozent der nach Arbeit suchenden Migranten eine Sekundarausbildung. Sie finden jedoch in ihren Ländern keinen Job, weil diese durch Vetternwirtschaft und nicht nach Qualifizierung vergeben werden. Gut Ausgebildete hoffen daher, dass ihre Qualifikation woanders höher geschätzt wird.[16] Eine GIZ-Studie vom Juni 2017 bestätigt: Korruption ist ein entscheidender Push-Faktor, warum Menschen ihr Land verlassen, freiwillig sowie unfreiwillig.[17]

Ein gutes Beispiel dafür ist Nigeria. Das mit 182 Millionen Einwohnern bevölkerungsreichste Land des Kontinents zählt zu den am weitesten entwickelten Volkswirtschaften. Rund 20 Millionen Nigerianer arbeiten außerhalb ihres Landes. Sie stellen einen enormen Wirtschaftsfaktor dar: Rund 21 Milliarden Dollar wurden allein im Jahr 2015 von der Diaspora an Familienmitglieder nach Hause überwiesen, so die Angaben der nigerianischen Zentralbank.[18] Dies ist weitaus mehr als alle Hilfsgelder von EU-Mitgliedstaaten zusammengerechnet: Während die weltweiten Rücküberweisungen umgelegt auf die Einwohnerzahl rund 117 Dollar pro Kopf ausmachen, bringt die Entwicklungshilfe aus Europa dem Land nicht einmal drei Dollar pro Kopf.[19]

Die überwiegende Mehrheit der nigerianischen Arbeitsmigranten lebt in anderen Ländern Afrikas.[20] In Anbetracht dessen ist die Zahl der Nigerianer, die in den vergangenen Jahrzehnten in der EU Asylanträge gestellt haben, eine Minderheit: Von 2000 bis 2015 waren es in allen EU-Mitgliedstaaten zusammengerechnet gerade einmal 165 000 Asylanträge, man betone: in 15 Jahren. Immerhin: Sie liegen nach den Eritreern auf Platz zwei der afrikanischen Asylantragsteller innerhalb Europas. Die Anerkennungsquote lag 2015 bei gerade einmal 25 Prozent – der Rest soll wieder abgeschoben werden. Doch genau hier liegt in den Augen der EU-Kommission und der Mitgliedstaaten das Problem.

Das BAMF unterhält in seiner Clearingstelle eine »Problemstaatenliste«. Damit sind Staaten gemeint, die nur eine geringe Zahl der nicht anerkannten Asylsuchenden wieder zurücknehmen. Die Länder-Statistiken lesen sich wie mathematische Kosten-Kalkulationen. Da steht Nigeria ganz oben mit drauf: Im Jahr 2014 hatte die Bundesrepublik von 2003 bis 2013 exakt 9415 »Zugänge« aus Nigeria verzeichnet, allerdings nur 3335 »Abgänge« durch Abschiebung oder freiwillige Ausreise. Der »Saldo«, so das Dokument, beträgt 6080 mutmaßliche Nigerianer, die notgedrungen in Deutschland verbleiben, weil ihre Identität wegen fehlender Reisedokumente nicht eindeutig festgestellt werden konnte und der Staat Nigeria diese deswegen nicht zurücknimmt. Nigeria gilt als ein Hub für Passfälscher. Die gestrandeten Nigerianer sind aber teuer. Als »durchschnittliche Kosten« werden über zehn Millionen Euro aufgeführt.[21]

Die EU und allen voran die Bundesrepublik wollen Nigeria zu einem »Partner« machen: Bereits 2015 wurde eine gemeinsame Migrations- und Mobilitätspartnerschaft unterzeichnet, Arbeitsmigration nach Europa wird darin ausgeschlossen.[22]

Grenzmarkierung: ganze Dörfer umsiedeln

Warum die EU ihren Arbeitsmarkt verschließt, ist für viele Afrikaner nicht nachvollziehbar oder wird mit purem Rassismus gedeutet. »In vielen Branchen gibt es in Europa doch Bedarf an Arbeitsmigranten«, merkt Mohamed Ibn Chambas im Interview an.[23] Er ist derzeit Chef des UN-Büros für Westafrika und die Sahelregion UNOWAS (United Nations Office for West Africa) sowie Vorsitzender der gemeinsamen Grenzkommission für Kamerun und Nigeria, die 2002 eingerichtet wurde, um den Demarkierungsprozess zwischen den beiden Ländern zu überwachen. Zuvor war er Generalsekretär der Westafrikanischen Wirtschaftsunion ECOWAS. Bei seinem jüngsten Besuch in Berlin, Paris und Brüssel im Oktober 2016 sprach sich der Diplomat aus Ghana ausdrücklich gegen die EU-Migrationsverhinderungspolitik aus, sondern forderte legale Wege der Arbeitsmigration: »Wir müssen solche Möglichkeiten legalisieren und es Afrikanern ermöglichen, in Europa ein Einkommen zu generieren und ihr Erspartes nach einiger Zeit zurück nach Hause zu nehmen. Ich kann versichern, eine gute Prozentzahl der Migranten suchen einfach nach der Chance, ein Startkapital anzuhäufen, womit sie zu Hause ein Geschäft aufmachen können. Sie wollen nicht für immer blieben.«

In Chambas' Augen ist Migration ein »elementarer Bestandteil der menschlichen Natur« – vor allem in Hinsicht der Globalisierung. »Die Welt wird zum globalen Dorf, und wir Afrikaner sind auch ein Teil davon«, sagt er. Aus seiner Erfahrung als ECOWAS-Generalsekretär weiß er: »Der Großteil der Afrikaner migriert von einem afrikanischen Land ins andere, vor allem in Westafrika.« Aus diesem Grund wurde ausdrücklich darauf verzichtet, Grenzzaunanlagen in die Wüsten zu betonieren. Migration und grenzübergreifender Handel seien nicht nur auf regionaler Ebene, sondern vor allem auf lokalem Level – also in den Gemeinden entlang der Grenzen – ein wesentlicher Bestandteil der Wirtschaft und des alltäglichen Lebens.

Die 2100 Kilometer lange Linie zwischen Kamerun und Nigeria war einst auf der Berliner Konferenz 1884 bis 1885 von den Kolonialmächten am Reißbrett gezogen worden. Wie so viele Grenzen auf dem Kontinent war auch hier der genaue Grenzverlauf vor Ort über ein Jahrhundert lang umstritten, immer wieder kam es zu Konflikten. 2002 fällte der Internationale Gerichtshof ICJ (International Court of Justice) mit Sitz in Den Haag nach jahrelangen Verhandlungen ein Urteil, wo genau die Grenzlinie verlaufen soll. Seitdem ist Chambas' UN-Büro dafür zuständig, die Demarkation auch im Gelände mithilfe von Satellitendaten und Karten anzubringen. Dazu wurden 198 Betonstelen in gewisser Entfernung voneinander als Grenzsteine in den kargen Wüstenboden gerammt, weitere 1800 fehlen noch. Um dafür Geld zusammenzukriegen, ist er nach Berlin gekommen.

Man habe sich ausdrücklich dagegen entschieden, unüberwindbare Zäune oder Mauern zu bauen, so Chambas. Der Grund: »Wie in fast allen Grenzregionen Afrikas sind die lokalen Gemeinden auf beiden Seiten der Grenze eng miteinander vernetzt«, erklärt er. Die Menschen in diesen Dörfern waren zum Teil noch nie in der Hauptstadt, um sich einen Pass oder Personalausweis ausstellen zu lassen. Die Grenzstreifen hingegen überqueren sie jeden Tag, fast ohne sie zu bemerken. Viehhirten, die mit ihren Rinder- und Ziegenherden durch die karge Wüste ziehen, auf der Suche nach Wasserstellen; Händler, die im Nachbarland Waren kaufen oder verkaufen; Familien, die über künstliche Grenzen hinweg miteinander verwandt sind, dieselbe Sprache sprechen, sich besuchen, untereinander heiraten. Chambas sagt: »In der Regel gibt es vor Ort eine allgemeine Annahme, welcher Fluss, welcher Berg oder Baum sich auf nigerianischem oder kamerunischem Territorium befindet. Doch während unserer Markierungsmaßnahmen passierte es, dass die ein oder andere Gemeinde, die davon ausging, in Nigeria zu leben, tatsächlich in Kamerun beheimatet war, und umgekehrt. Wir haben ganze Dorfgemeinden über die Grenze umgesiedelt. Die, die bleiben wollten, durften bleiben, mussten jedoch die andere Staatsbürgerschaft annehmen. Die meisten afrikanischen Grenzen sind so beschaffen und die Ethnien sind auf beiden Seiten der Grenzen verwandt, sprechen gar dieselbe Sprache. Deswegen haben wir die beiden Staaten dazu angehalten, diese Gemeinden nicht durch eine Mauer oder eine Zaunanlage voneinander zu trennen. Wir wollten den freien Verkehr von Menschen und Waren vielmehr respektieren, der Prinzipien der Integration und der Bewegungsfreiheit willen«, so Chambas. »So wichtig es ist, zu wissen, wo die Grenzen genau verlaufen, so müssen wir die Markierungen auf eine Weise setzen, um die Freizügigkeit und den Handel nicht zu gefährden.«

TEIL IV
EUROPAS NEUE GRENZEN IN AFRIKA

Freizügigkeit
Schengen für uns, Zäune im Sahel[*]

Es war Donnerstag, der 1. Juni 2017, als Lawal Taher, der Leiter des Roten Kreuzes der Region Bilma im Norden Nigers, eine traurige Mitteilung machte. Am Tag zuvor war ein Lastwagen auf der Route von Agadez nach Dirkou, mitten in der Sahara, liegengeblieben. Nur sechs Menschen konnten sich zu Fuß bis zur nächsten Wasserquelle durchschlagen. Zwei der Überlebenden führten Retter danach zum Unglücksort, an dem 44 Leichen der Insassen gefunden wurden, darunter 17 Frauen und sechs Kinder. Die Opfer waren Migranten aus den westafrikanischen Staaten Ghana und Nigeria. Am selben Tag rettete die nigrische Armee etwas weiter östlich 40 Menschen, die von den Schleppern in der Sahara zurückgelassen wurden. Erst wenige Woche zuvor waren in der nigrischen Wüste acht Migranten auf dem Weg nach Algerien verdurstet, davon fünf Kinder.

Marina Schramm hat solche Ereignisse kommen sehen. Die Deutsche ist Programmkoordinatorin für Immigrations- und Grenzmanagement bei der UN-Migrationsagentur IOM in Agadez, dem Verkehrsknotenpunkt der Transsahara-Route. Durch diese historische Handelsstadt im Herzen des Niger geht seit Jahrtausenden alles hindurch, was von Westafrika durch die Sahara will: Waren, Händler, Kamele und Migranten. Agadez ist die letzte große Oase vor der Sahara, wo schon immer die

---

[*] Unter Mitarbeit von Hans-Georg Eberl, Wien

Karawanen durchzogen. Jetzt wird Agadez zum Schauplatz, in Europas Kampf gegen die Migration.

Im März 2017 war Schramm zu einer Tagung nach Berlin eingeladen. »Wir betreiben Aufnahmeeinrichtungen für rückkehrende Transitmigranten«,berichtet sie.[1] »Aus den Befragungen dieser Menschen ergibt sich, dass sich die Routen verändert haben. Der bislang hauptsächlich frequentierte Weg nach Libyen führte mitten durch die Wüste, aber entlang der wenigen Brunnen und Städte. Dort war auch vorher schon die nigrische Armee präsent. Schon seit August 2016 interveniert sie und nimmt gezielt die Fahrer der Migranten fest. Einige der Fahrer zahlen vielleicht Schmiergeld, die meisten weichen aber offenbar auf andere Routen aus.« Die Schlepper meiden also auf dem Weg durch die Sahara die Wasserstellen. »Es gibt nicht viele Brunnen, ohne Trinkwasser ist der Weg schon schwieriger. Die Passage ist zudem deutlich teurer geworden. Rückkehrer berichten uns, dass die Preise sich verdreifacht haben«, sagte Schramm. Früher kostete der Weg von Agadez nach Libyen umgerechnet rund 230 Euro, heute sind es fast 700 Euro. Sie gehe davon aus, dass die neue Route weiter östlich, nahe der Grenze zum Tschad verläuft. Es gibt darauf hindeutende Hilferufe, die von Migranten in der Wüste aufgegeben werden. »Wir versuchen, das gerade zu verstehen, wohin sich die Wege verlagern.«

Dass die Armee heute an den Wasserstellen postiert ist, um die Schlepper zu fangen, ist direkte Folge des Besuchs der Bundeskanzlerin im Oktober 2016 in Niger. Merkel hatte dem Land damals »umfassende Hilfe« gegen die illegale Migration angekündigt. Deutschland werde die nigrische Armee mit Lastwagen und Kommunikationsausrüstung unterstützen, sagte Merkel nach einem Treffen mit Staatschef Mahamadou Issoufou. Sie versprach, Deutschland werde Nigers Sicherheitskräfte zehn Millionen Euro Ausrüstungshilfe gewähren, die unter anderem für neue Funktechnik für die Polizei und Grenzsicherung ausgegeben werden sollten. Die nigrische Armee solle deutsche Lastwagen erhalten. Verbindungsbeamte von Bundespolizei und Bundeswehr sollen nach Niamey entsandt werden, um den Bedarf der örtlichen Sicherheitskräfte zu ermitteln und sie zu beraten.[2] Zudem sollen mit deutscher Hilfe Jobs geschaffen werden für Menschen, die derzeit vom Menschenschmuggel leben. Issoufou forderte mehr Geld – das er später auch bekam (→ *Kapitel: Entwicklungshilfe*).

Mithilfe von französischen Soldaten stationierte Nigers Armee gezielt Einheiten an den Wasserstellen entlang der Wüstenroute von Agadez nach Libyen. Die Franzosen bringen ihren nigrischen Kameraden Verhaftungstechniken bei.[3] Schon 2015 hatte die Regierung ein Gesetz beschlossen, durch das der »Handel mit Menschen« mit einer Gefängnisstrafe von bis zu 30 Jahren sowie einer Geldbuße von bis zu 45 000 Euro bestraft werden kann.

Das Gesetz sei unter Druck der EU zustande gekommen, sagt Hassane Boukar vom Journalistenverband Alternatives Bürgernetzwerk im Niger AECN (Alternative Espaces Citoyens du Niger). Die nigrische Regierung habe außerdem »diese merkwürdigen Entscheidungen ohne einen Dialog mit der Zivilgesellschaft getroffen«.[4]

Gratuliert hat die Europäische Kommission Niger am 15. Dezember 2016 dafür, dass weniger Migranten nach Europa kommen. Einem EU-Bericht zufolge war die Zahl der Transitmigranten von 70 000 im Mai auf 1500 im November 2016 gesunken. Mehr als 100 Schmuggler waren verhaftet und vor Gericht gestellt, 95 Fahrzeuge zum Migrantentransport beschlagnahmt und neun Polizisten inhaftiert worden, weil sie unter Korruptionsverdacht standen.[5] Niger leistet der EU als Türsteher einen gewaltigen Dienst. Albert Chaibou, Journalist aus Niger und Gründer einer Migranten-Notruf-Hotline, klagt: »Unser Land ist im Dienst Europas zum Friedhof verkommen.«[6]

»Ihre Geschichte klingt für uns vertraut«

Schlepperei? Handel mit Menschen? Eigentlich ist das, was die Fahrer der Lastwagen von Agadez durch die Sahara tun, nichts weiter als ein Taxibetrieb. Weil Flüge teuer sind, reisen Afrikaner lieber mit dem Bus oder mit den für Afrika typischen Großraumtaxen.

Bis vor Kurzem war die jahrtausendealte Stadt eine Touristenattraktion. Ein Großteil der lokalen Bevölkerung erwirtschaftete mit den Besuchern aus aller Welt ein Einkommen: vor allem im Transportsektor. Seitdem die islamistische Miliz Boko Haram im Grenzgebiet zu Nigeria und dem Tschad aktiv ist, kommen weniger Touristen. Um Geld zu machen, transportieren örtliche Taxi- und Busfahrer vermehrt Migranten. Für die EU sind diese jedoch Schmuggler. Im Frontex-Bericht heißt es: »Menschenhändler in Agadez betrachten sich selbst als Dienstleister. Versuche, diese wachsende Industrie zu bekämpfen, könnten lokale Proteste hervorrufen.«[7]

So kam es, dass ausgerechnet der Wüstenstaat, um den sich die EU bislang kaum bemüht hatte, zu Europas Hauptpartner im Kampf gegen die irreguläre Migration in Afrika wurde. Mithilfe von hochauflösenden Satellitenaufnahmen verfolgt die EU-Grenzagentur Frontex auf den Bildschirmen in ihrem Hauptquartier in Warschau Reifenspuren im Wüstensand, über 4000 Kilometer südlich inmitten der Sahara (→ *Kapitel: Europas Wärter*). Von Agadez aus müssen Lastwagen, Busse oder wüstentaugliche Pick-ups voll beladen mit Waren und Migranten Tausende Kilometer durch die Wüste fahren, um die libysche Grenze zu erreichen. Auf den Bildschirmen in Warschau sehen die Frontex-Beamten, wie die Fahrer auf dieser Route an den wenigen Wasserstellen haltmachen, um Kanister und Trinkflaschen aufzufüllen. Im Frontex-Bericht von 2016 heißt es: »Es wurde beobachtet, dass Schleuser meist montags von Agadez aus in Richtung libysche Grenze fahren, weil an diesem Tag der wöchentliche Militärkonvoi nach Nordniger fährt, um Militärstützpunkte im Norden mit Nachschub zu beliefern. Die Militärpräsenz schützt die Schmuggler.«[8]

Transportunternehmen sind überall in Afrika ein Boomgeschäft, vor allem in Agadez. Niger ist Mitglied der Wirtschaftsgemeinschaft ECOWAS, einem Bund von derzeit 15 Staaten in Westafrika. Freizügigkeit sollte die kolonialen Grenzziehungen überwinden, so wollten es die Gründerväter der ECOWAS. Seit 2005 ist visafreies Reisen für einen Aufenthalt von 90 Tagen möglich.

Der Staatenbund ähnelt der EU: »Zu Ihren größten Errungenschaften zählen für mich der gemeinsame Außenzoll, die Freizügigkeit und die Niederlassungsfreiheit«, lobte der damalige Bundespräsident Joachim Gauck bei einem Besuch im Februar 2016 in Nigeria.[9] »Für uns in Europa klingt die Geschichte Ihrer Staatenfamilie ein wenig vertraut«, sagte Gauck. »Europäer und Westafrikaner teilen nicht zuletzt die Erfahrung, dass die Integration nur Schritt für Schritt vorangeht.« Oder auch nicht: Denn die Freizügigkeit, das Kernelement des Schengen-Raums, wird in Westafrika durch die europäische Politik unterminiert.

»Noch vor einigen Jahren waren alle Grenzen hier offen«, sagt Alassane Dicko von der NGO Afrique-Europe-Interact (AEI). Heute gibt es an den Grenzen von Mali zum Senegal, zu Mauretanien, von Ghana zu Burkina Faso, von Togo nach Burkina Faso, von Burkina Faso nach Niger überall spezielle Grenzposten, die anders als früher nicht nur die Hand aufhalten.« An ihnen prangt das Logo der IOM, die mit der EU kooperiert. »Die Grenzpolizisten darin fragen die Menschen: »»Wo willst du hin? Was willst du da?‹ Und wenn du keine gute Antwort hast, geht es nicht weiter«, sagt Dicko. Wer im Verdacht steht, nach Europa zu wollen, für den sei die Reise zu Ende.

Die IOM verweist darauf, gemeinsam mit dem Innen- und dem Verteidigungsministerium an einer »effektiven Verwaltung der grenzüberschreitenden Migrationsflüsse« zu arbeiten. Dazu »stärke« sie die institutionellen Kapazitäten«, etwa durch den Bau von Grenzposten, die Ausbildung von Grenzpolizisten und der »Bereitstellung von Grenzkontrollgeräten«.[10]

»Wir haben hier die Tradition der Freizügigkeit in der Region«, sagt Sanoh N'Fally, ECOWAS-Direktor für Freizügigkeit. »Grenzen verstärken, um junge Menschen von der Migration abzuhalten, ist keine vernünftige Lösung. Man versucht, Migration zu kriminalisieren. Wenn an einer Stelle die Grenzen überwacht werden, finden sie an anderer Stelle eine andere Möglichkeit. Es wird nur gefährlicher, und sie sterben. Das ist das Drama.«[11]

Rund 360 Millionen[12] Menschen leben heute im ECOWAS-Raum, rund acht Millionen[13] gelten als Arbeitsmigranten. Die meisten wandern innerhalb der Region – der Migrationskorridor zwischen der Elfenbeinküste und Burkina Faso ist der meistfrequentierte des Kontinents. Migration ist hier kein Polizei- und Sicherheitsproblem, sondern eine traditionelle soziale und ökonomische Praxis. Gleichwohl hat die ECOWAS das Problem, dass seit dem Fall des libyschen Diktators Gaddafi immer mehr Kämpfer und Waffen aus Libyen einsickern, was wiederum islamistischen Gruppen den Vormarsch in Mali und Nigeria ermöglichte. Sicherheit wurde deshalb wichtiger.

»Grenzmanagement ist nicht nur restriktiv«, sagt Ralph Genetzke vom Brüsseler Büro des Think-Tanks ICMPD. »Es ist auch wichtig für die Korruptionsbekämpfung, für Zoll und die Sicherheit im Sahel. Das spielt sehr stark in den Bereich Regierungsführung rein. Es ist richtig, dass so was von Entwicklungszusammenarbeit finanziert wird.«[14]

Tatsächlich halten viele afrikanische Regierungen wegen des Terrors mehr Grenzkontrollen selbst für nötig. Bessere Grenzkontrollen in Afrika – das war beim Valletta-Gipfel 2015 eines der wichtigsten Ziele der Europäer.

Nicht jeder kommt nach Niger

Die Intensivierung und technische Aufrüstung der Grenzkontrollen in Westafrika sind in vollem Gange – nicht zuletzt durch die EU-finanzierte Zentraldatenbank WAPIS, in die westafrikanische Behörden alle gesammelten Fingerabdrücke einspeisen und mit Interpol abgleichen *(→ Kapitel: Technologie)*. Besonders sicht- und spürbar sind die Folgen dieser Entwicklung unter anderem in der Region Gao, die im Nordosten Malis an den Niger grenzt – das Land, durch das die bislang meistfrequentierten Transsahara-Routen verlaufen.

Der in Wien lebende Publizist, Filmemacher und Aktivist Hans-Georg Eberl[15] hat die Region zwischen Oktober 2016 und März 2017 mehrfach besucht. Die folgenden Ausführungen stützen sich auf seine Recherchen.

Immer wieder berichteten ihm Reisende, dass sie am Grenzübergang Yassan durch den »Service de Migration«, die Immigrationsabteilung der nigrischen Polizei, abgewiesen und auf die malische Seite zurückgeschickt werden. Dies betrifft, so Eberls Recherche, zum einen malische Staatsbürger und in größerem Ausmaß Personen aus anderen Ländern Westafrikas. Malische Reisende, deren Ausweise noch mindestens drei Monate gültig sind, müssen, um in den Niger einzureisen, eine Kontaktperson, vorzugsweise in der Hauptstadt Niamey, angeben. Diese muss umgehend angerufen werden und anschließend von einer Polizeistation aus den Grenzposten kontaktieren, um zu bestätigen, dass die Person, die an der Grenze wartet, tatsächlich zu ihr unterwegs ist.[16]

»Neben Agadez im Niger ist Gao eines der zentralen Drehkreuze für Menschen, die sich aus den verschiedenen Ländern Westafrikas auf den Weg Richtung Norden machen«,sagt Éric Alain Kamden, der seit 2009 für die Caritas vor Ort ist. Das war es bereits vor dem Beginn des Krieges 2012, heute durchqueren laut Statistik der IOM um die 150 durchreisende Migranten pro Tag Gao. Viele setzen von dort aus ihre Reise in den Niger fort.[17]

Reisende aus dem Süden Malis, die nur einen Ausweis haben, dürfen unabhängig von dessen Gültigkeitsdauer nur durchreisen, wenn sie über eine Kontaktperson auf nigrischer Seite verfügen. Für Personen aus anderen Staaten Westafrikas, beispielsweise aus Ghana, Sierra Leone, Elfenbeinküste, Gambia, Senegal und Guinea, von denen angenommen wird, sie seien auf dem Weg ans Mittelmeer, besteht laut Aussage eines Kommissars des Grenzpostens in Yassan die Dienstanweisung, sie gar nicht mehr durchzulassen, so berichtet es Eberl.[18]

Aus dem Jahr 2016 sind mehrere Fälle von senegalesischen Reisenden dokumentiert, die zurückgewiesen wurden, obwohl sie einen ECOWAS-Pass, einen Personalausweis und einen Impfpass mitführten, also mit allen nötigen Dokumenten ausgestattet waren. Im Juli 2016 etwa wurden vier junge Leute aus Mali, Togo, Senegal und Burkina Faso, die die Grenze überqueren wollten, um für einen nigrischen Arbeitgeber Orange-Mobilfunkmasten aufzustellen, gestoppt. Obwohl sie ihre Arbeitsgeräte mitführten und es offensichtlich war, dass sie beruflich im Einsatz waren, wurden sie an der Grenze zunächst abgewiesen und konnten erst weiterreisen, als der Caritas-Mitarbeiter Kamden sich für sie verbürgte.[19] Diesem sei gar noch gedroht worden, er selbst werde seine nigrische Aufenthaltserlaubnis verlieren, falls die vier in Agadez auf der Weiterreise nach Norden aufgegriffen würden, so Eberl.

Dschihad? Oder »nächtliche Herumtreiberei«?

Kamden kennt solche Fälle aus seiner täglichen Arbeit mit Reisenden, die in Gao stranden, nachdem sie an der Grenze abgewiesen wurden oder aus der Wüste zurückgekehrt sind. Er ist sich sicher, dass die repressiven Abweisungspraktiken an der malisch-nigrischen Grenze eine direkte Folge des Valletta-Prozesses sind, zumal das Vorgehen der nigrischen Grenzschützer erst ab etwa 2015 verschärft wurde.

Bis dahin war es laut Kamden durchaus normal, auch ohne

gültige Papiere die Grenze zwischen Mali und Niger zu überschreiten. Personen, die bei einer Kontrolle keinen Ausweis
vorweisen konnten und angaben, dass sie in den Niger einreisen wollten, mussten lediglich eine Strafe von 1500 FCFA, etwa
20 Euro, bezahlen und bekamen dann einen Passierschein ausgehändigt, mit dem sie innerhalb der nächsten 24 Stunden in
den Niger einreisen konnte. Heute ist das unmöglich.[20]

Aktuell wird zwei Kilometer vom aktuellen Grenzposten in
Yassan ein neuer Grenzübergang installiert, der mit Beteiligung der IOM eingerichtet und betrieben werden soll. Auch an
der Einfahrt in die Stadt Gao, sowie in Kidal im Norden Malis,
betreibt die IOM Posten, die alle ankommenden Reisenden, die
für Migranten gehalten werden, erfassen.[21]

Auch in Gao selbst ist die neue Politik spürbar. Hier stranden viele mittellose Menschen, nachdem sie ihre Reise Richtung Norden abbrechen mussten, weil sie in Schwierigkeiten
geraten sind, etwa ausgeraubt wurden. Sie kommen aus dem
Norden mit den Lastwagen libyscher Lebensmittelhändler in
die Stadt. Libysche Produkte wie Nudeln, Seife oder Zigaret-
ten sind in ganz Afrika ein Kassenschlager. Die Händler transportieren Waren von Libyen gen Süden und nehmen auf dem
Rückweg Migranten mit gen Norden. Wenn sich die Händler
in Gao irgendwohin zum Schlafen legen, werden sie oft von
Soldaten aufgegriffen und zur Polizeistation gebracht. Besonders Englisch sprechende Personen werden schnell verdäch-
tigt, Kundschafter der Terrororganisation Boko Haram zu sein.
Lässt sich dieser Verdacht nicht erhärten, wird ihnen »nächt-
liche Herumtreiberei« zum Vorwurf gemacht. Laut Kamden
gab es früher in Gao keine vergleichbaren Anklagen und Inhaf-
tierungen. Diese Praktiken seien »direkte Folge des verschärf-
ten Drucks von europäischer Seite«, so Eberl.[22]

Auch malische Polizisten haben im Vergleich zu früheren
Jahren den Umgang mit Reisenden verschärft, mit fließendem
Übergang zwischen Kontrollauftrag und »kleiner Polizeikor-
ruption«, so Eberl. Häufig werden nun Reisebusse in Richtung

Norden gestoppt und die Papiere der Passagiere geprüft. Schon immer wurden von Reisenden sogenannte Gebühren verlangt. In der Region Gao aber haben es laut Kamden die Sicherheitskräfte besonders auf diejenigen abgesehen, die für Kandidaten der Migration gehalten werden.[23]

Ein ähnliches Vorgehen kann an der Reiseroute zwischen der malischen Hauptstadt Bamako und Ouagadougou in Burkina Faso bezeugt werden. Ortsansässige aus Heremakono, in der Region Ségou im Süden Malis, berichteten Eberl, dass dort regelmäßig auch größere Gruppen von Reisenden von der Weiterreise ausgeschlossen würden und an der Grenze hängen blieben, wenn ihre Papiere nicht als gültig anerkannt werden oder sie nicht die gewünschte Geldsumme zahlen.[24]

Es sei »nicht nachweisbar, inwieweit Polizeischikanen auf Kosten von Reisenden in direktem Zusammenhang mit migrationspolitischen Vorgaben stehen«, schreibt Eberl. Doch anders als noch vor wenigen Jahren ist es deutlich schwieriger geworden, ohne Ausweisdokumente zu reisen, und das in einem Teil der Welt, wo der Besitz eines Passes längst nicht für alle Menschen eine Selbstverständlichkeit ist. Restriktive Kontrollpraktiken sind seit dem Valletta-Gipfel gewachsen. Es gibt eine faktische Interessenallianz zwischen Polizisten, die sich durch Gebühren ein Zusatzeinkommen verschaffen, und dem Migrationsregime, das den Weg nach Norden erschweren will.[25]

Der gute, malische Pass

Im April 2016 wurden in Mali neue biometrische und als fälschungssicher geltende Pässe eingeführt, nachdem bereits die Vorläuferversion des malischen Passes mit biometrischen Informationen ausgestattet war. Zusätzlich hat Mali vor Kurzem eine neue, ebenfalls biometrische, ECOWAS-Personalausweiskarte eingeführt (→ *Kapitel: Technologie*).

Das Land gehört damit unter den westafrikanischen Staaten zu den Vorreitern bei der Biometrisierung des Passwesens. Von

Behörden und Regierung wird dies im In- und Ausland als eine Maßnahme sowohl zur Bekämpfung irregulärer Migration als auch zur Verbesserung der Sicherheitslage angepriesen. Lange Zeit waren viele malische Pässe und Personalausweise entlang der Reiserouten zwischen Sahel- und Maghreb-Staaten unter der Hand im Umlauf. Grund dafür war, dass malische Staatsbürger offiziell in Algerien visumfrei einreisen und sich dort frei bewegen dürfen – für diejenigen, die im Zuge ihrer Migration in Algerien ihr Auskommen suchen oder dieses Land auf dem Weg in andere Maghreb-Staaten oder nach Europa durchqueren wollten, ein nicht zu unterschätzender Vorteil an Reisesicherheit, so Eberl.[26]

Dieser Praxis möchte die malische Regierung einen Riegel vorschieben. Auch innerhalb der malischen Öffentlichkeit wird von verschiedenen Seiten ein nationalistischer Diskurs bedient, nach dem mit malischen Pässen reisende Personen anderer Nationalität vermeintlich eine Bedrohung der nationalen Sicherheit darstellen würden. Die Passfrage wird dabei stark vermischt mit der in Mali unabhängig von Migration durchaus realen Bedrohung der Bevölkerung durch bewaffnete und kriminelle Gruppierungen. Darüber hinaus werden die neuen Pässe und Ausweise als Erleichterung des Reiseverkehrs und als Aushängeschild eines modernen Staatswesens beworben, so Eberl.[27]

Tatsächlich beklagen jedoch viele Malier große Komplikationen und Erschwernisse im Zusammenhang mit den neuen Dokumenten. So muss die Gebühr für den neuen, angeblich top gesicherten Pass bei der privaten Ecobanc einbezahlt werden, dies wiederum ist nur unter Vorlage einer sogenannten »Carte NINA« (Numéro d'Identification Nationale) möglich, eine ID-Karte, die ursprünglich als Wählerregistrierungskarte konzipiert war.[28]

Dieses komplizierte Verfahren hat es in der Praxis für viele Malier, unter anderem für Personen, die im Ausland leben, bislang unmöglich gemacht, in den Besitz eines neuen Passes zu kommen. Die Zunahme von strengen Pass- und Ausweis-kontrollen an den Grenzen wie auf Inlandsreisewegen im Ver-hältnis zu früheren Zeiten, wo nicht so genau geschaut wurde, bedeutet für alle, die aus unterschiedlichen Gründen nicht über die aktuellen Reisedokumente verfügen, einen realen Ver-lust an Bewegungsfreiheit. Diese Hürde trifft nicht nur Men-schen auf dem Weg in die Migration, sondern kann generell für Angehörige von Bevölkerungsgruppen, deren Lebens- und Arbeitsalltag stark vom Reisen zwischen unterschiedlichen Or-ten und über Grenzen hinweg geprägt ist, existenzbedrohende Folgen haben.[29]

Das betrifft vor allem reisende Kleinhändler und Wander-arbeiter, aber auch nomadisch oder halbnomadisch lebende Viehzüchter, wie die Tuareg-Bevölkerung in den Grenzgebieten Nordmalis, für die es lange Zeit selbstverständlich war, ohne Vorlage von Reisepässen zwischen verschiedenen Staatsterri-torien hin und her zu wechseln, die für sich selbst gar keine staatlich zugehörige Identität haben. Und nicht zuletzt erhält die Biometrisierung des malischen Passwesens eine besondere Brisanz durch den seitens der EU angestrebten Zugriff auf bio-metrische Datenbanken der malischen Behörden, um diese Daten zur Identifizierung und Abschiebung malischer Staats-angehöriger zu nutzen.[30]

Am Flughafen Bamako ist es mittlerweile Standard, dass von allen Reisenden bei Ankunft und Abflug Finger- und Hand-abdrücke gescannt werden. In Verbindung mit der Biometrisie-rung wird es somit erschwert, mit geliehenen Pässen zu reisen. Das war bislang für Ausreisewillige, die keine Chance auf eines der nur äußerst restriktiv vergebenen Visa hatten, eines der möglichen Schlupflöcher nach Europa, ohne das eigene Leben in der Wüste und auf dem Meer zu riskieren.[31]

In Burkina Faso sieht es ähnlich aus. Am 16. Januar 2016 wurde in der Hauptstadt Ouagadougou ein Terroranschlag mit Geiselnahme verübt, bei dem 27 Menschen getötet wurden und zu dem sich al-Qaida im Maghreb (AQM) bekannte. Vergleichbare Angriffe hatte es in Burkina Faso seit Jahrzehnten nicht gegeben, umso mehr hat die schockierende Wirkung des Anschlags die Frage terroristischer Bedrohung auf die politische Agenda katapultiert. All das zusammen schafft ein Klima, in dem ein großer Teil der Bevölkerung eine verstärkte Präsenz staatlicher Sicherheitskräfte und verschärfte Überwachung der Grenzen explizit begrüßt.[32]

Offenbar werden im Windschatten davon auch Maßnahmen, die primär auf tatsächliche oder vermeintliche Migranten abzielen, mit durchgesetzt: beispielsweise technische Aufrüstung von Grenzposten. Laut der burkinischen Presse wurde an den Grenzposten in Madouba (Burkina Faso – Mali), Yendéré (Burkina Faso – Côte d'Ivoire) und Dakola (Burkina Faso – Ghana) auf Initiative der IOM und mit Finanzierung aus Japan ein neues Datenverarbeitungssystem installiert. Der Zweck wird mit Bewältigung des Migrationsflusses (»gestion du flux migratoire«) als auch mit Schutz gegen Terror, Bandenkriminalität, Waffen- und Drogenhandel begründet.[33]

Die »Kandidaten der Migration«

Auch die polizeilichen Kontrollpraktiken auf den Reisewegen haben sich verschärft: Entlang der Fernstraßen wurde ein dichtes Netz an Kontrollen durch teilweise fest installierte, teilweise mobile Polizei- und Gendarmerie-Posten aufgezogen. Nicht nur im grenznahen Bereich werden Reisebusse sehr häufig angehalten und die Papiere aller Reisenden kontrolliert. Im November 2016 wurden auf der Strecke Ouagadougou – Bobo-Dioulasso insgesamt sechs und zwischen Bobo-Dioulasso und dem burkinisch-malischen Grenzübergang in Kologo nochmals fünf solcher Kontrollposten gezählt. Insbesondere im Grenzgebiet ist es verbreitete Praxis, Reisende von der Weiterfahrt auszuschließen, die keine als gültig anerkannten Ausweisdokumente mit sich führen. Darüber hinaus werden auch im Landesinneren Strafgebühren verlangt, wenn Reisende nicht über bestimmte Zusatzdokumente wie Impfpass oder Reiseauftrag (»Ordre de Mission«) verfügen. Dass sich die Kontrollpraktiken im Vergleich zu früher verschärft haben, zeigt auch der Erfahrungsbericht eines Aktivisten und Künstlers aus dem panafrikanischen Künstlerkollektiv Faso Kele, der im Februar 2016 von Mali kommend durch den burkinischen Grenzposten wegen angeblich ungültiger Ausweisdokumente abgewiesen wurde, obwohl er bei früheren Reisen unter den gleichen Voraussetzungen problemlos die Grenze passieren konnte.[34]

Besonders spürbar sind zunehmende Belastungen für Reisende auf den Wegen nach Norden Richtung nigrische Grenze: Auch hier reihen sich zahlreiche Kontrollposten von Gendarmerie und Militär. Auch hier ist es an mehreren der Posten üblich, von Reisenden, die keine gültigen Dokumente mitführen, Strafgebühren zu verlangen. An einigen Posten finden zusätzlich Durchsuchungen statt. Mit zunehmender Grenznähe stehen Personen, die als »Kandidaten der Migration« betrachtet werden, zunehmend im Fokus der Kontrollen und werden strenger behandelt als andere Reisende. Dies macht sich besonders am letzten Posten auf burkinischem Territorium in Kantchari bemerkbar: Bei Reisebussen werden zunächst alle Passagiere durchsucht, anschließend der Bus. Reisenden, die nicht aus Burkina Faso stammen, werden stets Gebühren abverlangt, auch wenn sie gültige Dokumente mit sich führen. Leisten sie dem nicht Folge, werden ihre Dokumente konfisziert, um sie zum Zahlen zu zwingen. Reisende ohne gültige Ausweisdokumente werden abgewiesen. Besonders schikaniert werden vermeintliche »Kandidaten der Migration«, selbst wenn sie gültige Dokumente mitführen und sich eigentlich von Burkina Faso in den Niger frei bewegen dürften. Diejenigen, die kein Geld bei sich haben, werden von der Polizei einen Tag lang eingesperrt und ihrer Habe beraubt, bevor man sie gehen lässt. Hier grenzt die allgemeine Korruption gar an Erpressung und Freiheitsberaubung, schreibt Eberl.[35]

Die staatlichen Behörden sind darum bemüht, die Bevölkerung an die vermeintliche Verpflichtung zu gewöhnen, insbesondere auf Reisen stets gültige Dokumente mit sich zu führen. Die Logik des »Wir müssen wissen, wer wer ist und wer unsere Grenzen überquert« kommt auch in Burkina Faso bei vielen gut an in einer Zeit, in der Terrorangriffe und Überfälle präsente Themen sind, so Eberl.[36]

Für Olawale Maiyegun, Sekretär für Migration und soziale Fragen bei der AU, gibt es einen fundamentalen Interessengegensatz zwischen den Wünschen der EU, die die Bewegungen der Menschen in Afrika kanalisiert, erfasst, reglementiert sehen will, und den Vorstellungen der AU: »2014 haben wir beschlossen, auf dem gesamten Kontinent ab 2018 Freizügigkeit zu schaffen«, sagt Maiyegun. »Ein Deutscher hat es mit seinem Pass heute leichter, innerhalb Afrikas umherzureisen, als ein Afrikaner.« Wenn Europa Afrika helfen wolle, dann solle es dabei helfen, »Institutionen aufzubauen, die Mobilität innerhalb Afrikas ermöglichen«. Das wäre viel sinnvoller als klassische Entwicklungsprojekte. »Gibt es ein Land, dass mit Entwicklungshilfe entwickelt wurde? Ich wüsste keines«, sagt Maiyegun. »Afrika hat enormes Potenzial, vor allem durch seine Jugend. Deren Fähigkeiten müssen besser entwickelt werden. Dazu gehört, dass sie sich frei innerhalb Afrikas bewegen und fortbilden kann. Wenn uns das gelingt, dann werden in zehn oder 15 Jahren die Europäer kommen, um bei uns Arbeitskräfte zu rekrutieren.«[37]

Ähnlich sieht es Tony Luka Elumelu, der Migrationschef der Westafrikanischen Wirtschaftsunion: »Im Jahre 2050 werden in der ECOWAS-Region etwa 600 Millionen Menschen leben, überwiegend junge Menschen. Wenn man die Leute zu lange in einen Käfig steckt, dann werden die das irgendwann nicht mehr akzeptieren.«[38]

Abschiebungen
Dann ist er eben Nigerianer

Sie klopften um drei Uhr früh an seiner Tür, es war ein Dienstag im Oktober 2013. Mit zwei Mannschaftswagen waren die Polizisten zur Wohnung von Joseph Koroma in der Heilbronner Straße 2 im baden-württembergischen Walheim gekommen. Er werde nun nach Nigeria abgeschoben, sagte einer der Beamten. Er möge seinen Koffer packen. Seit 2006 lebt der abgelehnte Asylsuchende in Deutschland. In Nigeria war er noch nie.

Er gerät in Panik, »Ich war außer mir«, berichtete er dem US-Journalisten Cooper Inveen bei einem Treffen im Dezember 2016 über den Tag. Er solle sich beruhigen, sagen die Polizisten, so erinnert sich Koroma. Die Sachen packen, die er am dringendsten brauche. »Ich kann nicht nach Nigeria. Ich komme aus Sierra Leone«, sagt Koroma. Sie hätten ihre Anweisungen, sagen die Beamten. Koroma muss alles zurücklassen, was nicht in seinen Rucksack passt. Die Polizisten bringen ihn zur Ausländerbehörde. Drei Stunden wird er dort festgehalten, seine deutschen Papiere beschlagnahmt. Sein Anwalt geht nicht ans Telefon.

Koroma war einer von rund 33 000 Menschen, die das Bundesinnenministerium 2012 bundesweit als »unmittelbar ausreisepflichtig«[1] registriert hatte. Doch nur rund jeder Sechste von ihnen konnte in jenen Jahren tatsächlich abgeschoben werden. Das beklagte die AG Rück, eine mit Abschiebungen befasste Arbeitsgruppe von Bund und Ländern. Sie listete Gründe auf, warum Abschiebungen so schwierig waren. Auf Platz eins der Liste: »Pass(ersatzpapier)beschaffung«. Auf Platz zwei: »Kooperationsverhalten der Herkunftsstaaten«.[2] So wie bei Joseph Koroma.

Koroma hatte Deutschland im Mai 2006 erreicht. 42 Jahre war er da alt. Von 1991 bis 2002 herrschte in Sierra Leone

Bürgerkrieg, bis zu 300 000 Menschen sollen getötet worden sein, 2,6 Millionen vertrieben. Doch als Koroma in Deutschland ankommt, ist der Krieg vorbei. Nach nur fünf Monaten wird sein Asylantrag abgelehnt. 2008 wird die Entscheidung rechtskräftig. Das Regierungspräsidium Karlsruhe, Abteilung acht – Ausländer –, weist ihn aus. Aber Joseph Koroma hat keinen Pass. Das Regierungspräsidium Karlsruhe lässt Koroma 2011 bei der Botschaft seines Landes vorführen. Einen Pass bekommt er dort auch nicht.

Schon 2006 wurde bekannt, dass der damalige Außenminister Steinmeier sich wütend bei mehreren Diplomaten beklagt hatte, weil 29 Botschaften, die Steinmeiers Ministerium auf einer geheimen »Problemstaatenliste« führte, bei Abschiebungen Schwierigkeiten machten. Auf dieser Liste steht auch Sierra Leone. Die AG Rück hat aufgelistet, warum Abschiebungen so oft an den Botschaften scheitern. Manche geben Pässe nur aus, wenn der Betreffende einwilligt. Koroma wollte nicht. Sie würden ihre Bürger vor den deutschen Behörden schützen, schreibt die AG Rück, dazu komme Korruption, Willkür, ein fehlendes »politisches Interesse an Rückführungen«,[3] manche Länder wollten Deutschland gar Zugeständnisse oder Geld abpressen.

Um die bockigen Botschaften zu umgehen, war die Bundespolizei in den Jahren zuvor mehrfach auf die Idee gekommen, Beamte aus westafrikanischen Staaten extra einfliegen zu lassen. 2008 etwa kamen solche Beamte aus Sierra Leones Hauptstadt Freetown nach Hamburg. Die *Süddeutsche Zeitung* fand später heraus, dass diese 250 Euro pro Abschiebepapier, eine »Tagespauschale« von 200 Euro plus Spesen bekamen;[4] die Bundespolizei lud sie zum Spiel des Hamburger Fußballclubs HSV ein und ließ sogar für 63,50 Euro bei einem Schlüsseldienst den sierra-leonischen Dienststempel der Beamten anfertigen, die ohne das Hoheitszeichen angereist waren. Anders als die Botschaft stellte diese Delegation zwei Dritteln aller abgelehnten Asylbewerber, die die Bundespolizei ihnen vorführte, ein Abschiebepapier aus. Für Ausländerbehörde und Bundespolizei ein Bombenerfolg. Auf einen Schlag konnten sie Dutzende Altfälle abschieben. In den Medien und vor Gericht machte sich die Sache hingegen gar nicht gut. Es roch zu sehr nach Korruption. Nach einer Weile stellte die Bundespolizei die Praxis ein.

Das Regierungspräsidium in Karlsruhe kann den »unmittelbar ausreisepflichtigen« Joseph Koroma nicht abschieben, weil es keinen Pass für ihn hat. Aber die Beamten lassen sich nicht entmutigen. Koroma kommt aus Afrika. Und das ist schließlich groß. Es besteht nicht nur aus Sierra Leone. Am Morgen des 10. April 2012 holen sie Joseph Koroma in seiner Wohnung ab und bringen ihn nach Karlsruhe. Dort wartet eine Delegation der nigerianischen Botschaft in Berlin. Sie soll prüfen, ob es nicht möglich ist, dass Joseph Koroma aus Nigeria stamme und nicht aus Sierra Leone. Koroma sagt, er werde klagen, wenn er zum Nigerianer gemacht würde. Die Botschaftsleute schicken ihn und die Beamten weg. Die Ausländerbehörde aber lässt sich nicht beirren. Am 25. Juni 2013 holt sie Koroma erneut in seiner Wohnung ab, bringt ihn wieder nach Karlsruhe. Dieselbe nigerianische Delegation aus Berlin ist da. Dieses Mal befindet sie: Koroma ist Nigerianer.

So sitzt er fünf Monate später bei der Bundespolizei am Flughafen in Frankfurt am Main und wartet auf den Einstieg ins Abschiebeflugzeug. Sein Telefon darf er behalten. »Mein Anwalt sagte, er würde jetzt Briefe an das Gericht und die Ausländerbehörde schreiben«, sagt Koroma. »Das war das letzte Mal, dass wir sprachen.« Um 11:10 Uhr startete der Lufthansa-Flug LH 568 nach Lagos in Nigeria.

In Lagos bringen Polizisten ihn zu Beamten der Einwanderungsbehörde NIS. Koroma sagt ihnen, dass er kein Nigerianer sei, niemanden im Land kenne und nicht wisse, wohin. Bald darauf meldet sich bei den Beamten ein Mann aus Togo, der in einem Vorort von Lagos lebt. Er wolle Koroma abholen. Es ist der Bruder eines Freundes von Koroma aus Kornwestheim bei Ludwigsburg, wo Koroma den Tischtennisverein besuchte. Dort hatte sich im Laufe des Tages herumgesprochen, was geschehen war. Der Freund hatte seinen Bruder gebeten, Koroma bei sich aufzunehmen.

Einen Monat bleibt Koroma bei dem Mann, die Wohnung verlässt er kaum. Die meiste Zeit sitzt er vor dem Computer, schreibt E-Mails, telefoniert, mit seiner Familie in Sierra Leone, mit seinen Tischtennis-Kumpeln in Kornwestheim. Nach Freetown sind es von Lagos 2500 Kilometer, der Bus fährt durch Rebellengebiet. Der Flug aber kostet mehrere Hundert Euro, und Koroma hat nichts. Einen Monat später kommt für ihn Geld über das Geldtransfersystem Western Union an. Seine Freunde in Kornwestheim hatten es gesammelt.

Als Koroma im November 2013 in Freetown aus dem Flugzeug steigt, ist er seinen Freunden in Deutschland dankbar, dass sie ihm die Reise zu seiner Familie ermöglichten. Aber Sierra Leone war nicht mehr das Land, das er sieben Jahre zuvor verlassen hatte. Damals arbeitete er in einem kleinen Bergwerk im Osten des mineralienreichen Landes, das für seine Diamanten berühmt ist. Was er sparen konnte, investierte die Familie in seine Reise nach Europa. Nun sucht er nach fester Arbeit, findet aber keine. Bald darauf bricht die Ebola-Seuche aus. Von der Epidemie bleibt seine Familie verschont, von der anschließenden Wirtschaftskrise nicht. Das Geld, das seine Freunde gesammelt hatten, reicht nicht lang für die kleine Wohnung.

Das Verhältnis zur Verwandtschaft habe sich »völlig verändert«, nachdem er zurückgekehrt war, sagt Mariama, Koromas Frau. »Wenn du draußen in der Welt warst und abgeschoben wirst, dann ist das eine Schande. Sie verachten dich, statt dir eine helfende Hand zu reichen.« Die Leute würden sagen: »›Dieser Mann hat sich keine Mühe gegeben, als er in Europa war.‹ Aber sie verstehen nicht, wie die Dinge dort funktionieren.«[5]

Koroma ist arbeitslos, der Familie droht die Räumung. Ihr Sohn Emmanuel ist 17 Jahre alt. »Es ist ein Geschenk Gottes, dass er klug genug ist, um im nächsten Jahr an die Universität zu gehen«, hofft Mariama. Aber daraus wird wohl nichts. Die Aufnahmeprüfung kostet fast 200 US-Dollar, in Sierra Leone liegt der Durchschnittslohn bei unter zwei Dollar pro Tag. Es gibt niemanden, der den Koromas helfen würde.

So verbringt der Sohn die Zeit genauso wie sein Vater: mit Tischtennis. Joseph verdient sich etwas Geld damit, Jugend- und Nationalmannschaft zu trainieren. Bald will er mit seinem Sohn ein Trainingslager für Jugendliche veranstalten. Sie sollen Möglichkeiten haben, die er selbst nicht hatte. »Wenn meine Freunde in Deutschland mich etwas lehrten, dann, dass man den Menschen immer helfen soll, wenn man kann«, sagte er. »So funktioniert die Welt besser.«

Es roch nach Korruption

Ein Mann, den Deutschland in ein Land abschiebt, aus dem er nicht kommt. Joseph Koroma ist nicht der einzige Fall dieser Art. Aber es ist einer der wenigen, die dokumentiert sind. Dafür sorgte der aus Nigeria stammende Aktivist Rex Osa aus Stuttgart. Er reiste Koroma kurz nach dessen Abschiebung bis nach Sierra Leone hinterher, sammelte dessen Aussage und die ähnlicher Fälle, in denen Abgeschobene plötzlich zu Nigerianern wurden.

Die Botschaft von Nigeria in Berlin hatte nach Recherchen von Osa Gebühren festgelegt: 250 Euro sollten Ausländerbehörden pro Anhörung seit 2005 bezahlen.[6] Doch es stand der Verdacht im Raum, dass mit den Abschiebepapieren ein Geschäft gemacht wird. Die Kritik wuchs, auch hier roch es nach Korruption. 2011 schafft die Botschaft die Gebühren deshalb offiziell wieder ab. Aktivist Osa ist sich sicher: Die Botschaftsmitarbeiter haben die Hand aufgehalten, und zwar im Fall von Koroma doppelt. Deswegen hätten sie sich auch zweimal nach Karlsruhe einladen lassen. »Das ist ein absolut korruptes System. Die machen ein Geschäft mit den Abschiebungen«, so Osa.[7]

2015 fragte der Berliner Journalist Daniel Mützel bei der für die Abschiebung von Koroma zuständigen Bundespolizei nach, ob das wahr sein kann. Ob die Bundespolizei »Anreize« geboten habe, damit Koroma und andere zum Nigerianer gemacht wurden, um sie abschieben zu können. Die Antwort der Bundespolizeidirektion in Potsdam: »Seitens der Bundespolizei werden keine Anreize geboten. Hinsichtlich der Motivation der Botschaft kann von hier keine Aussage getroffen werden.«

Sagt Koroma nun die Wahrheit? Stammt er tatsächlich aus Sierra Leone? Es sieht so aus. Die Behörden in Freetown jedenfalls stellen ihm am 6. November 2013, kurz nach seiner Ankunft, einen Pass mit der Nummer E0143344 aus, er liegt den Autoren vor. Darin steht, dass er am 7. Dezember 1964 in Freetown geboren wurde, wie er es bei den Behörden in Deutschland angab. Als Aktivist Osa ihn 2014 in Freetown besuchte, trifft er ihn bei seiner Familie an, ebenso wie der Journalist Inveen im Auftrag der *tageszeitung* im November 2016[8].

Dass Koroma und eine Reihe weiterer Abgeschobener in Nigeria landeten, dazu ist es gekommen, weil viele Konsulate nicht mit den deutschen Ausländerbehörden zusammenarbeiten, das nigerianische aber schon. Es ist eine zweifelhafte Vorgehensweise: teuer, mühsam, langwierig, für den Betroffenen eine Tortur.

Doch wie es aussieht, sind die Ausländerbehörden auf solche Zusammenarbeit bald nicht mehr angewiesen. Die Zukunft der Abschiebung könnte eine andere sein. Sie könnten es bald alle so machen wie Arne Sahlstedt, Inspektor bei der Polizei in Gävle, Mittelschweden: 70 000 Einwohner, zwei Autostunden nördlich von Stockholm. Auch Sahlstedt musste im Oktober 2016 einen Mann abschieben, der keinen Pass hatte. Sein Name ist Fulani Camara, 29 Jahre alt, aus Mali, Waise.

Die Ausländerbehörde von Gävle hatte Camara ausgewiesen, nachdem dessen Asylantrag abgelehnt worden war; so wie es in Baden-Württemberg mit Joseph Koroma geschah. Auch Camara reiste nicht aus, auch die Botschaft von Mali in Stockholm stellte keinen Pass für ihn aus. Warum nicht, das will die Polizei in Gävle auf eine Anfrage der *tageszeitung* nicht sagen. »Datenschutz«[9], heißt es. Wahrscheinlich steht auch Mali auf der Problemstaatenliste.

Was Menschen wie Sahlstedt in solchen Fällen tun sollen, dafür gibt es seit zwei Jahren in Schweden einen Erlass. Er trägt die Bezeichnung RPSFS 2014:8 FAP 638-1, und darin steht, dass Sahlstedt auch selbst ein Reisepapier ausstellen kann, wenn die Botschaft das nicht tut. Es ist ein einfaches DIN-A4-Blatt, am oberen Ende ist die Flagge der EU aufgedruckt, Sahlstedt muss nur den Namen, die Körpergröße, die schwedische Registernummer, das Geburtsdatum und die »vermutete Nationalität« eintragen. Im Fall von Camara trug Sahlstedt »Mali« ein. Am 24. Oktober 2016 stempelte und unterschrieb Sahlstedt das Papier.[10] Drei Tage später saß Fulani Camara im Flugzeug.

Am Tag des Fluges von Camara klingelte in Malis Hauptstadt Bamako das Handy von Ousmane Diarra,[11] Aktivist der Malischen Vereinigung der Abgeschobenen AME (L'Association Malienne des Expulsés). Seit Jahren fährt er zum Flughafen, wenn um 19:55 Uhr der einzige Direktflug aus Paris ankommt und darin Menschen sitzen, die am Morgen des Tages irgendwo in Europa von der Polizei aus ihren Wohnungen geholt wurden, weil sie ihr Bleiberecht verloren hatten. Die meisten wissen nicht, wohin, die wenigsten haben Geld, und so sind die Leute am Flughafen froh, wenn die AME sich kümmert. Deshalb rufen sie ihn an, wenn wieder Abgeschobene aus dem Flugzeug steigen.

Diarra wartet dann vor dem Büro der Flughafenpolizei, dann nimmt er die Abgeschobenen mit in das Büro der AME. Ein Platz zum Schlafen für die erste Nacht, ein Essen – viel mehr kann Diarra den Leuten nicht bieten. Jedes Mal aber befragt er sie über die Umstände der Abschiebung. Tausende solcher Geschichten dürfte Diarra mittlerweile gehört haben.

Aber Camaras Fall war besonders, denn das Blatt Papier mit der EU-Fahne, das der schwedische Polizeiinspektor Sahlstedt unterschrieben hatte – offiziell erkennen malische Behörden es gar nicht an. Schon 1994 hatte die EU eine »Empfehlung« für die Verwendung eines solchen Abschiebepapiers ausgesprochen. Das Problem der unkooperativen Botschaften ist alt. Doch bislang weigerten sich – mit Ausnahme des Inselstaates Kap Verde – sämtliche Staaten Afrikas, offiziell diese Papiere zu akzeptieren. Die Botschaften verlieren so die Möglichkeit, zu prüfen, ob jemand tatsächlich Bürger des jeweiligen Landes ist – oder auch die Hand aufzuhalten, um mit den Abschiebungen etwas nebenher zu verdienen. Inoffiziell aber gab es in der Vergangenheit Einzelfälle, in denen diese sogenannten EU-Laissez-Passers zur Anwendung kamen.

Diarra bat Camara einige Tage zu bleiben. Am 5. November 2016 feierte die AME ihren 20. Geburtstag. Sie hatte für diesen Tag einen Raum im Nationalmuseum von Bamako, zwischen dem Fußballstadion und dem Rathaus, gemietet. Es war für sie ein wichtiger Tag. Mali ist ein Land, dessen Bewohner traditionell zum Arbeiten anderswo hingehen. Die meisten in andere Staaten Westafrikas, manche nach Europa. Seit Langem hat das Land deshalb ein eigenes, sogenanntes Ministerium für Malier im Ausland. Seit es das gibt, steht es unter Druck: Vor allem Frankreich will viele Malier abschieben. Die Regierung hält davon nicht viel.

In einem internen Strategiepapier zur Vorbereitung eines Rückführungsabkommens mit Mali hat die EU-Kommission im Januar 2016 die Lage so beschrieben: Die Ansichten zur Migration zwischen der EU und Mali »fallen nicht zusammen«. Migration gelte dort »kulturell als Erfolgsmodell«, die »wirtschaftliche Bedeutung von Überweisungen ist zu berücksichtigen«. Malis Regierung betrachte sogar die irreguläre Migration als »Ressource«. Und sei deshalb gegen ein Rückübernahmeabkommen mit der EU.[12]

Zum ihrem Geburtstag hatte die AME den hohen Beamten Broulaye Keïta eingeladen, er trägt den Titel »Berater des Ministers für Malier im Ausland«. Sie wollte mit ihm darüber sprechen, wie die Regierung mit dem wachsenden Druck aus Europa umgehe. Sie wollte wissen, wie diese zu den Abschiebeabkommen stehe, für die die EU Staaten wie Mali gerade Hunderte Millionen Euro anbietet. Und in denen stehen soll, dass Europa künftig selbst Abschiebepapiere ausstellen kann.

Bei der Feier anwesend war der Filmemacher Hans-Georg Eberl aus Wien (→ *Kapitel: Freizügigkeit*). Er berichtet, dass Keïta sagte, dass die Regierung an ihrer Linie festhalte. Ohne malischen Pass keine Abschiebung nach Mali. Anderes werde es nicht geben. Diarra hatte Camaras Zettel extra gescannt, nun warf er das Bild des EU-Laissez-Passers von den schwedischen Behörden vor den versammelten Gästen mit einem Projektor an die Leinwand. Er wisse davon nichts, sagte Keïta. Der »Haut Conseil«, der Hohe Rat seines Ministeriums, werde eine Untersuchung in der Sache einleiten.

Keïta dürfte die Unwahrheit gesagt haben. Nur drei Tage nach der Feier landet eine EU-Delegation in Bamako: darunter Italiens Außenminister und künftiger Regierungschef Gentiloni, der Staatssekretär Domenico Manzione und der EU-Kommissionsvertreter Franco Lucani. Sie trafen den Präsidenten Ibrahim Boubacar Keïta. »Der Austausch konzentrierte sich in erster Linie auf Fragen der Migration«, heißt es bei der EU.[13]

2004 wurden 5495 Malier aufgefordert, die EU zu verlassen. 610 wurden abgeschoben – eine Rate von 11,1 Prozent. Seit dem gemeinsamen Gipfel von AU und EU im November 2015 in Maltas Hauptstadt Valletta hat die Steigerung dieser Quote für die EU höchste Priorität. Allein Mali boten die Europäer sofort 145 Millionen Euro und für die nächsten Jahre wohl noch mehr – wenn es »konkrete und messbare Ergebnisse bei der zügigen operativen Rückführung irregulärer Migranten«[14] gebe, wie es in einem Ratspapier heißt.

Doch die Zusammenarbeit ist in Mali selbst, ebenso wie in vielen anderen afrikanischen Staaten, höchst umstritten. Migration ist in diesen Ländern ein Versprechen für viele, die nach etwas Besserem suchen, und sie ist Lebensgrundlage für viele Menschen, die Angehörige in der Diaspora haben. Und so machte Mali kurz nach dem Eintreffen von Camara einen Rückzieher.

Einmal Bamako und zurück

Es war der 29. Dezember 2016, als sich zwei Flugzeuge der malischen Hauptstadt Bamako näherten: die Flüge Air France AF 914 und Aigle Azur ZI 521, beide gestartet in Paris-Orly. Beide hatten je einen Mann an Bord, den Frankreich nach Mali abschieben wollte. Beide hatten keinen Pass. Es war ein Testlauf. Die EU wollte wissen, ob Mali nun offiziell nachgibt. Ob es das tut, was Brüssel den Staaten Afrikas in einem bis dahin einjährigen Verhandlungsmarathon abzutrotzen versuchte: die schrankenlose, bedingungslose Rücknahme von afrikanischen Flüchtlingen und Migranten. Doch am Abend des 29. Dezember ließen die malischen Grenzpolizisten am internationalen Flughafen von Bamako die beiden Malier nicht einreisen. Stundenlang protestierten die französischen Begleitpolizisten und die Vertreter der beiden Fluggesellschaften. Doch die malischen Beamten blieben hart. Am nächsten Morgen waren die beiden Malier wieder in Paris.

Binnen Stunden verbreiteten internationale Medien die Nachricht in der ganzen Welt. Der bitterarme Wüstenstaat Mali, eine vom Dschihad geplagte Ex-Kolonie Frankreichs, bietet der EU in der für sie heute wichtigsten politischen Frage die Stirn. Von »Spannungen« und »Streit« zwischen Bamako und Brüssel schrieben Zeitungen. Die bislang wohl größte afrikapolitische Offensive der EU – sie endete an diesem Tag im Eklat.

Auf dem Valletta-II-Gipfel *(→ Kapitel: Diplomatie)* im Februar 2017 sagte Olawale Maiyegun, der AU-Sekretär für Migration und soziale Fragen, dies den Europäern ins Gesicht: »Zu Beginn des Valletta-Prozesses, Ende 2015, hieß es, dass es eine Partnerschaft ohne Bedingungen sein sollte. Dann kamen aber nach und nach alle Bedingungen wieder ins Spiel.« So wie die Laissez-Passers. Die hält er schlichtweg für illegal. »Das ist für uns inakzeptabel, und es verstößt gegen internationales Recht. Bislang ist die EU damit nicht durchgekommen, aber sie macht dies zur Bedingung für Diskussionen über Wege zu legaler Migration für Menschen aus Afrika nach Europa.« Die Blockadehaltung der oft korrupten Botschaften kritisiert er nicht.

Doch die Verhandlungen gehen weiter: mit Mali ebenso wie mit Senegal, Nigeria, Niger und Äthiopien. Hätten sie Erfolg, es wäre das Ende der Sorgen der AG Rück. Was mit Fulani Camara oder Joseph Koroma geschah, könnte dann vielen Afrikanern blühen. Staaten wie Deutschland oder Schweden sind nicht mehr auf die unkalkulierbaren, teils korrupten Botschaften angewiesen. Sie können im Prinzip jeden abgewiesenen Asylantragsteller dahin abschieben, wo die Papiere anerkannt werden – egal, woher die Person tatsächlich stammt. Welche Kriterien erfüllt sein müssen, damit ein solches Papier ausgestellt werden kann, das verrät der zuständige Auswärtige Dienst der EU-Kommission nicht. Die Behörden dürften recht freie Hand haben.

Nicht nur Migranten ohne Papiere sind ein Problem bei Abschiebungen. Es gibt viele unbegleitete Minderjährige ohne Aufenthaltsrecht. Sie werden aus der EU bislang nur extrem selten abgeschoben. Und das aus guten Gründen: Sie haben Anspruch auf besonderen Schutz und Achtung ihrer Rechte. Entwurzelung, Elternlosigkeit, Sprachprobleme, Gewalt, Armut – junge Flüchtlinge befinden sich in Lebenslagen, die durchzustehen schon die meisten Erwachsenen überfordert. Daraus erwächst ihnen gegenüber die Pflicht zur Fürsorge.

Doch im Mai 2017 wurde bekannt, dass das künftig nicht mehr unbedingt vor Abschiebung schützt. Das BAMF plant, unbegleitete Minderjährige nach Marokko abzuschieben, wenn diese straffällig werden oder freiwillig zurückkehren wollen. Ein Planungsdokument des BAMF zeigt: Die Behörde will dafür zwei Heime errichten. Sie sollen jeweils 100 Plätze umfassen und 960 000 Euro im Jahr kosten. Der Projektbeginn ist noch für 2017 geplant, die Pilotphase bis 2020 angesetzt. Neben Unterkunft und medizinisch-pädagogischer Betreuung sollen dort auch schulische und berufliche Ausbildung angeboten werden, heißt es in dem Papier.[15]

Das BAMF will »geeignete NGOs« mit der Errichtung und dem Betrieb der Heime in Marokko beauftragen. Diese sollen gemeinsam mit dem BAMF individuelle »Hilfspläne« für die Jugendlichen entwickeln. Welche NGOs das sein sollen, ist unklar; ebenso, ob die Abschiebung statt oder nach einer Strafe in Deutschland vorgesehen ist. Das BAMF ließ alle Anfragen zu dem Projekt unbeantwortet. »Geeignete« EU-Staaten sollen sich an der Errichtung der Heime beteiligen können. Konkret gefragt wurde Schweden. »Projektpartner« des BAMF sind das Innen- und das Sozialministerium von Nordrhein-Westfalen.

Das Bundesland hatte im August 2016 mit dem Bund eine »Taskforce« eingerichtet, die die »Rückkehrsituation« für ausreisepflichtige Marokkaner verbessern soll. Dabei würden »Aspekte der illegalen Migration unbegleiteter minderjähriger Marokkaner mitbetrachtet«, heißt es in einer Stellungnahme der beiden Ministerien.[16] Sie weisen darauf hin, dass die Heime auch Plätze für minderjährige Obdachlose in Marokko bieten sollen. »Dadurch soll eine Bleibeperspektive für diese Personen geschaffen und möglicher illegaler Migration nach Europa vorgebeugt werden.« Die Planungen seien noch in einem frühen Stadium; in welchem Umfang sich Nordrhein-Westfalen letztlich beteiligen werde, sei offen.

Die Abschiebung unbegleiteter Minderjähriger ist rechtlich ein heikles Thema. Ein mit den BAMF-Plänen vergleichbares Projekt existiert bislang nirgendwo. Dass die Wahl auf Marokko fiel, dürfte vor allem mit der Diskussion über kriminelle Migranten aus Nordafrika nach den Vorfällen in Köln zusammenhängen.

»Wir sind Deutschland dankbar«,[17] sagte der schwedische Innenminister Anders Ygeman. Bei den zwei Aufnahme-

einrichtungen mit zusammen 200 Plätzen, von denen vermutlich 50 auf Schweden entfielen, »für die wir volle Unterstützung
seitens Marokkos haben«, handle es sich um ein »Pilotprojekt«.
Der Gedanke sei, »in Zukunft weitere solcher Einrichtungen zu
schaffen«.[18]

Entwicklungshilfe
»Wir schlagen eine Mischung aus positiven und negativen Anreizen vor«

Die Entwicklungshilfe der Vergangenheit hatte viel vor: Sie wollte die Armut bekämpfen und den Hunger in der Welt, den Analphabetismus und Krankheiten, sie wollte Land gerecht verteilen, Zugang zu sauberem Wasser und Bildung sicherstellen, sie wollte Infrastruktur schaffen und Frauen und Mädchen helfen. Und noch vieles mehr.

In Deutschland war dafür, neben kirchlichen und privaten NGOs, vor allem die staatliche Gesellschaft für Internationale Zusammenarbeit, GIZ, zuständig. Die GIZ ist eine große Organisation, zuletzt konnte sie 2,1 Milliarden Euro im Jahr ausgeben und damit über 17000 Mitarbeiter anstellen, die in 130 Ländern der Erde arbeiten.[1] Doch wer kürzlich dabei war, als die GIZ ihre Arbeit der Öffentlichkeit vorstellte, dem konnten Zweifel kommen, ob die Entwicklungshilfe der Zukunft ähnlich große Pläne hat wie einst.

Am 5. Juli 2016 hatten GIZ-Vorstandssprecherin Tanja Gönner und BMZ-Staatssekretär Friedrich Kitschelt in den holzgetäfelten Raum 1 der Bundespressekonferenz am Schiffbauerdamm in Berlin eingeladen. Sie wollten den Jahresbericht vorstellen und hatten einen Imagefilm herstellen lassen, den sie den etwa 20 anwesenden Journalisten vorführten. Gönner und Kitschelt sprachen fast eine Stunde, es gab dabei nur ein einziges Thema: was die GIZ in Sachen Flüchtlinge tut. Gönner sprach ausschließlich davon. Von Klimaschäden, Nachhaltigkeit, sauberem Wasser, Ernährung, Land, Bildung, Gesundheit und so fort – von all diesen anderen, einst wichtigen GIZ-Themen war bei der Veranstaltung nichts zu hören. Und das kam nicht von ungefähr: Der Kampf gegen Armut als Bekämpfung irregulärer Migration – das ist das neue Paradigma der Entwicklungszusammenarbeit.

Dass da, wo Entwicklungshilfe draufsteht, immer öfter Migrationskontrolle drinsteckt, ist ein Prozess, der schon vor längerer Zeit begann. Rund zwei Milliarden Euro haben europäische Staaten und die EU vom Beginn des Jahrtausends bis zur Valletta-Konferenz 2015 *(→ Kapitel: Diplomatie)* an Regierungen in Afrika gezahlt oder ihnen bewilligt, um irreguläre Migration zu bekämpfen.[2] Seitdem ist der mit 2,9 Milliarden Euro (Stand: Juli 2017) ausgestattete »Nothilfefonds für Afrika« hinzugekommen, die bis zu sechs Milliarden Euro, die seit 2016 an die Türkei fließen, sowie weitere 4,1 Milliarden[3], die die EU Afrika in ihrem Außeninvestitionsplan EEIP (External Investment Plan) bis 2020 für Wirtschaftsförderung in Aussicht gestellt hat. Auch hier steht »Fluchtursachenbekämpfung« in der Etat-Beschreibung.[4]

Insgesamt hat die EU in den vergangenen 15 Jahren also mindestens 14 Milliarden Euro bewilligt, damit Flüchtlinge und irreguläre Migranten da bleiben, wo sie sind. Den in dieser Rechnung enthaltenen Etats ist gemein, dass »Grenzertüchtigung«, »Besseres Migrations- oder Grenzmanagement« oder »Fluchtursachenbekämpfung« in den jeweiligen Projektbeschreibungen explizit genannt sind.

Aufs Ganze gesehen, sind 14 Milliarden eine geringe Summe: Zwischen 2007 und 2013 flossen im Schnitt jährlich rund 20 Milliarden Euro Entwicklungshilfe aus Europa nach Afrika.[5] Doch die Kanalisierung von Hilfe auf »Fluchtursachenbekämpfung« nimmt zu. Das Ziel ist dabei immer das Gleiche: Die Partnerstaaten sollen Flüchtlinge und Migranten im Land halten oder zurücknehmen.

Geld nur für Gegenleistungen – »dieser Gedanke ist bei den Europäern von Beginn der Verhandlungen im Valletta-Prozess an da«, sagt der Verhandlungsführer der EU, Pierre Vimont *(→ Kapitel: Diplomatie).* Viele der Innenminister machen Vimont klar: Nur, wenn mehr Migranten nach Afrika zurückkehren, von ihren Ländern wieder zurückgenommen werden, soll für diese die Entwicklungshilfe steigen. Im Valletta-Protokoll ist von diesem Mechanismus noch keine Rede. Doch in ihrem neuen Partnerschaftsrahmen von 2016 wird dies von der EU explizit zur Bedingung für Hilfe gemacht: »In die Entwicklungs- und Handelspolitik der EU wird ein Mix aus positiven und negativen Anreizen eingebunden, um die Anstrengungen der Länder zu honorieren, die bereit sind, bei der Migrationssteuerung wirksam mit der EU zusammenzuarbeiten, und um Konsequenzen für jene sicherzustellen, die dies verweigern.«[6] Der damalige EU-Parlamentspräsident Schulz bekräftigte das: Man wolle »Drittländer (...) belohnen, die willens sind, ergebnisorientiert mit uns zusammen(zu)arbeiten. Denjenigen, die hierzu nicht bereit sind, soll gezeigt werden, dass dieser Unwille Konsequenzen hat.«[7]

Europäische Hilfe wird also zum Druckmittel gegenüber einer Reihe der ärmsten Staaten der Welt. Unverblümter und umfassender als früher wird sie an Bedingungen geknüpft, umgewidmet, konzentriert: dahin, wo Europas politische Prioritäten liegen. Wer nicht hilft, unerwünschte Migranten fernzuhalten, soll nicht nur Hilfszahlungen, sondern auch Marktzugänge verlieren. »Erzeugung und Nutzung der erforderlichen Hebelwirkung unter Einsatz aller einschlägigen – auch entwicklungs- und handelspolitischen – Maßnahmen, Instrumente und Hilfsmittel der EU«, heißt das im Beschluss des EU-Rats von Juni[8] und Oktober[9] 2016.

Ausgegangen sind solche Bemühungen ab Beginn 2016 aus naheliegenden Gründen vor allem von den Staaten mit EU-Außengrenzen: Italien und Spanien. Sie verstanden es, zur Migrationskontrolle Projekte zu nutzen, die in den Bereich klassischer Entwicklungshilfe fallen. Das können Projekte für die Modernisierung der Verwaltung sein, für den Ausbau eines Hafens, Bildung oder Gesundheits-Infrastruktur – nichts, was mit Grenzschutz zu tun hätte. Doch sie können an die Bedingung geknüpft sein, dass Flüchtlinge gestoppt oder zurückgenommen werden.

Das wichtigste Beispiel dafür waren die Programme des

spanischen »Plan África (I + II)« ab 2004. In den folgenden vier Jahren vervierfachte Spanien seine Hilfsgelder für Westafrika fast. Die spanische ODA, also die Entwicklungshilfe, stieg im für die Transitmigration wichtigen westafrikanischen Raum um 529 Prozent.[10] »Wir glauben, dass es sinnvoll ist, die Aufstockung der Entwicklungshilfe an die Ausarbeitung von Rücknahmeabkommen zu koppeln«,[11] sagte der damalige Justizminister und spätere sozialistische EU-Abgeordnete Juan Fernando López Aguilar 2006. »Diese Länder, die europäische Gelder erhalten, müssen begreifen, welche Herausforderung wir erleben, und müssen Mitverantwortung bei der Bewältigung der Migrationsströme zeigen«,[12] sagte der spanische Außenminister Miguel Ángel Moratinos kurz zuvor.

So erhielt beispielsweise Marokko von 2005 bis 2010 insgesamt 430,2 Millionen Euro an Entwicklungshilfe aus Madrid. Die jährlichen Zuwendungen an den Senegal stiegen in dieser Zeit von 14 auf 48 Millionen Euro, an Guinea-Bissau von 1,4 auf rund 15 Millionen und an Mauretanien von neun auf 30 Millionen.[13] Alle Länder mussten sich zuvor verpflichten, ihren Grenzschutz zu intensivieren. Zwischen 2006 und 2008 schloss Spanien im Gegenzug zwölf Abkommen mit westafrikanischen Ländern zur Migrationsbekämpfung.

Im Januar 2007 bat der damalige König von Spanien, Juan Carlos, den Präsidenten von Mali, Amadou Toumani Touré, zum Mittagessen in seinen Palast. Spanien hatte den Staat im Herzen Westafrikas bis dahin weitgehend ignoriert, es gab nicht mal eine Botschaft. Doch als immer mehr Afrikaner über Mali an die Strände der Kanarischen Inseln kamen, ging Touré nach dem Mittagessen zum spanischen Regierungschef José Luis Rodríguez Zapatero und unterschrieb zwei Abkommen.[14]

Das erste bescherte dem armen Mali einen märchenhaften Zuwachs an spanischer Entwicklungshilfe: 2006 hatte das Land 7,3 Millionen Euro bekommen, 2007 dann knapp 13 und 2008 schon 40 Millionen. Mit dem zweiten Abkommen gelobte

Touré »effektive Zusammenarbeit« bei der Grenzkontrolle – und keine Schwierigkeiten zu machen, wenn Spanien Malier abschieben wollte.

»Ertüchtigung« als Entwicklungshilfe

So kaufte Spaniens Regierung seinerzeit halb Westafrika ein. Mit Erfolg: In den Jahren danach kamen kaum noch afrikanische Flüchtlinge auf den Kanaren an. Ähnliches versuchte Italien bei den Mittelmeeranrainern Tunesien und Libyen.

Klassische Entwicklungshilfe also in großzügigem Umfang, geknüpft an die Bedingung, dass Flüchtlinge gestoppt oder zurückgenommen werden. Das ist eine Strategie. Doch es gibt noch zwei weitere Wege, auf denen sich Migrationskontrolle in die Armutsbekämpfung eingeschlichen hat.

Einer davon sind Zahlungen, um Grenz-Infrastruktur aufzubauen. Ein »Graubereich der EZ«,[15] sagt Benjamin Schraven vom Deutschen Institut für Entwicklungspolitik (DIE). Ein Beispiel dafür: Das Bundesverteidigungsministerium und das Auswärtige Amt stellten 2016 rund 100 Millionen Euro für die »Ertüchtigung« von Staaten in Afrika bereit.[16] Tunesien bekam daraus 20 Millionen Euro, unter anderem für elektronische Überwachung an der Grenze zu Libyen und die Ausbildung der Grenzpolizei. 2017 sollen weitere Mittel fließen (→ Kapitel: Technologie). Ob das Geld für die »Ertüchtigungsinitiative« als Entwicklungshilfe angerechnet werden kann, ist offen. Das BMZ listet sie jedenfalls als eine der »Säulen« seines »Marshallplans mit Afrika« auf (→ Kapitel: Wirtschaftsförderung).[17] Die Bundesregierung kündigte im April 2017 an, eine weitere, ähnliche Initiative auf EU-Ebene namens »Capacity Building for Security and Development« aufzulegen, die dann als EZ gewertet wird.[18] In diesen Bereich fällt auch der EU-Nothilfefonds für Afrika, der im Wesentlichen aus dem Entwicklungsetat der EU, dem europäischen Entwicklungsfonds EDF (European Development Fond), bezahlt wird.

Schließlich – und das ist der dritte Bereich, in dem Entwicklungshilfe und Migrationskontrolle sich überlappen – gibt es Zahlungen dafür, dass Flüchtlingen und Migranten ein Anreiz geboten wird, dort zu bleiben, wo sie sind. Bekanntestes Beispiel dafür sind die sechs Milliarden für die Türkei (→ *Kapitel: Das Abkommen mit der Türkei*). Das Geld hierfür stammt aus dem Etat der Generaldirektion Humanitäre Hilfe und Katastrophenschutz der Europäischen Kommission, DG ECHO. Die Beiträge zu deren Etat können sich die EU-Mitgliedstaaten als Entwicklungshilfe anrechnen lassen.

Die Folgen sind spürbar: 2016 stiegen die weltweiten ODA-Zahlungen im Vergleich zum Vorjahr um 7,6 Prozent auf 143 Milliarden US-Dollar an.[19] Die ärmsten Staaten aber hatten nichts davon, im Gegenteil: Die Unterstützung für sie sank um 3,9 Prozent auf 24 Milliarden US-Dollar.[20] »Es ist inakzeptabel, dass Hilfe für die ärmsten Länder erneut rückläufig ist«, sagte OECD-Generalsekretär Ángel Gurria.[21] »Das deckt die Absurdität der Fluchtursachenratio auf«, sagt der Forscher Schraven: »Das Narrativ, dass Armut und Perspektivlosigkeit Ursache für Migration sind. Der Zusammenhang ist tatsächlich umgekehrt: Je höher das Einkommen und der sozioökonomische Status sind, desto mehr Menschen kommen.« Tatsächlich kommen die Migranten nicht aus den ärmsten Ländern, sondern aus den relativ bessergestellten, wie Senegal, Ghana oder Nigeria – die Hauptpartner der neuen EU-Initiativen.

Sagenhafte Hebelwirkung

Grenzmanagement wird für die meist staatlichen Entwicklungsagenturen ebenso wie für die NGOs immer wichtiger. »Das bedeutet nicht zwangsläufig, dass die ihre Aktivitäten komplett in diesen Bereich umschichten«, sagt Schraven. Viel öfter würden bestehende Projekte einfach umetikettiert. »Die Maßnahmen der ländlichen Entwicklung sind nun eben Fluchtursachenbekämpfung.«

Die Entwicklung wird sich fortsetzen. In dem mittlerweile auf 2,9 Milliarden Euro angewachsenen Nothilfefonds für Afrika stecken vor allem noch nicht verplante Mittel des EU-Entwicklungsbudgets EDF. Das Gleiche gilt für den EU-Außen-Investment-Plan (External Investment Plan), der die Wirtschaft in Afrika ankurbeln soll, um – man ahnt es – »Fluchtursachen zu bekämpfen«.[22] Aus dem Entwicklungsfonds EDF will die EU dafür 4,1 Milliarden Euro abzweigen. Europäische Unternehmen sollen dadurch bis 2020 sagenhafte 44 Milliarden Euro zusätzlich in Afrika investieren – natürlich in den Ländern, die beim Grenzschutz mitmachen.[23] Das, so die Hoffnung, werde Jobs schaffen, die schließlich die jungen Menschen in Afrika halten (→ Kapitel: Wirtschaftsförderung).

»Das Geld ist nicht vom Himmel gefallen, es sind Gelder der Entwicklungszusammenarbeit«,[24] kritisiert Inge Brees von der NGO CARE in Brüssel. Die Hilfe konzentriere sich auf Länder, die für die Migrationskontrolle interessant sind – und fehlt entsprechend woanders. Genauso sei es beim EU-Türkei-Deal gewesen: Die Erdoğan versprochenen Milliarden aus dem Topf der EU-Nothilfeagentur DG ECHO hätten »sonst auch für andere Krisen zur Verfügung gestanden.«

Wie stark diese Konzentrationseffekte sein können, zeigt sich etwa beim Transitland Niger. 2015 flossen pro Kopf 43 US-Dollar Entwicklungshilfe pro Kopf und Jahr in das Land.[25] Diese Größenordnung war seit Beginn des Jahrzehnts relativ stabil und lag etwas höher als die Zuwendungen an den vergleichbar armen Nachbarstaat Tschad.

Als Kanzlerin Merkel im Oktober 2016 Nigers Hauptstadt Niamey besuchte, sagte sie 17 Millionen Euro zu, weitere 60 Millionen Euro sollen in den nächsten Jahren folgen. Nigers Präsident Mahamadou Issoufou bedankte sich bei der deutschen Kanzlerin, merkte aber an, das Geld würde bei Weitem nicht reichen. Bis zu einer Milliarde Euro seien nötig, um die Schleuserroute durch sein Land zu kappen. Das fand Merkel dann doch »sehr ambitioniert«.[26]

Nachdem das Land als Transitstaat durch die Westsahara in den Blick geriet (→ *Kapitel: Freizügigkeit*), sagte EU-Entwicklungskommissar Mimica zusätzliche Hilfen von 610 Millionen Euro[27] zu, mit Zahlungen aus Deutschland gibt es insgesamt sogar 750 Millionen Euro[28] zusätzlich. Das sind pro Kopf rund 53 US-Dollar – deutlich mehr also, als das Land sonst pro Jahr von allen Geberstaaten insgesamt bekommen hatte.

»Die Gefahr, dass die EZ sich auf weniger Staaten konzentriert und andere, die in diesem Zusammenhang weniger wichtig sind, weniger bekommen, ist da«, sagt Schraven vom DIE. Der Zweck der EZ-finanzierten Projekte sei »zunehmend Migrationsmanagement, Fluchtursachenbekämpfung. Und das ist meist Migrationsbekämpfung. Das wird immer mehr die zentrale *Raison d'Être* für Entwicklungszusammenarbeit.« Schraven fürchtet, dass so die Standards der EZ – Bedürfnisorientierung, gute Regierungsführung, Transparenz –, wie sie in den vergangenen 25 Jahren in der EZ-Community erstritten wurden, unterlaufen werden.

Ab wann sich diese Konzentrationseffekte für andere Staaten, die zu weit entfernt von Europa liegen, bemerkbar machen, ist offen. »So lange besteht dieser Trend noch nicht, dass die Migrationskontrolle so zentral wird. Wenn man zwei, drei, vier Jahre weiter ist, wird man ein Umschichten zugunsten kooperationswilliger Länder vielleicht beobachten können«, sagt Schraven.

»Es war ein klarer Fokus: Es ging nicht um Afrika insgesamt, es geht um Migration«, sagt der EU-Diplomat Vimont. Deswegen wurden nur Partnerstaaten aus dem Rabat- und Khartoum-Prozess nach Valletta eingeladen. Andere Staaten Afrikas, die darum baten, stärker integriert zu werden, wurden abgewiesen. »Wir sagten: ›Erst mal nicht‹«, sagt Vimont.

»20 von 55 afrikanischen Staaten sind ausgeschlossen. Das ist kein legitimes Verfahren«, sagt auch AU-Sekretär Maiyegun. »Angola wird sagen: ›Hey, wir gehören nicht dazu. Die Europäer haben sich einfach die herausgepickt, die ihnen wichtig erschienen.‹« Hinzu kommt: Beim EU-Nothilfefonds etwa fehle eine angemessene Beteiligung der Afrikaner. »Es werden Entscheidungen ohne uns getroffen. Verträge werden an Institutionen und NGOs aus Europa vergeben, die sagen, sie kennen sich mit Afrika aus. Tatsächlich tun sie das oft nicht. Das ist ein sicherer Weg, um zu scheitern«, warnt Maiyegun. »Wir als Afrikanische Union sind bei der Verteilung der Mittel aus dem EU-Nothilfefonds für Afrika nicht dabei. Die AU-Kommission sollte Teil des Leitungsgremiums sein. Wir vertreten die Interessen des ganzen Kontinents. Deshalb sollte unsere Stimme Gewicht haben.«

»Wer nicht kooperiert, der wird sanktioniert«

Die Verengung der Hilfe unter Nützlichkeitserwägungen, das ist das eine. Das andere ist die gezielte Sanktionierung von Staaten bei mangelndem Engagement in Sachen Grenzschutz und Abschiebungen. Die EU spricht von einem »Mix aus positiven und negativen Anreizen«. Zu seiner Zeit als Parlamentspräsident wollte Martin Schulz unwilligen Ländern zeigen, »dass dieser Unwille Konsequenzen hat«. Er ist nicht der Einzige: Nach dem Terroranschlag am Berliner Breitscheidplatz im Dezember 2016 durch den Tunesier Anis Amri forderte der rechtspolitische Sprecher der SPD-Bundestagsfraktion, Burkhard Lischka, Tunis das Geld zu kürzen, wenn die Regierung bei Abschiebungen nicht besser kooperiere: »Es gibt Möglichkeiten, den Druck zu verstärken, und dabei sollte man nicht nur an die Entwicklungshilfe denken.«[29] Auch Bundesjustizminister Heiko Maas (SPD) droht: »Wer nicht kooperiert, der wird sanktioniert.«[30] Ähnlich äußerten sich Bundesinnenminister Thomas de Maizière und der SPD-Fraktionsvorsitzende Thomas Oppermann.[31] Sein Parteigenosse, der Hamburger Oberbürgermeister Olaf Scholz (SPD), wollte gleich allen Staaten, die keine Rücknahmeabkommen abschließen, ans Geld: »Bei Verhandlungen mit anderen Ländern sind alle Themen auf dem Tisch.«[32] Natürlich gelte das auch für die Entwicklungshilfe, sagte er im Januar 2017. SPD-Chef Gabriel warf dem Entwicklungsminister Gerd Müller vor, entsprechende Maßnahmen zu »blockieren«.[33]

Zu wenig Abschiebungen gleich weniger Entwicklungshilfe – diese Idee sei »nicht besonders klug«, sagt Schraven vom DIE. Bestehende Förderung einfach einzustellen, sei kaum praktikabel. Er hält die Einlassungen für eine »weitestgehend leere Drohung«, die höchstens punktuell angewandt werden könne. »Das wird sicher kein Massenphänomen.«

Wer nicht mitmacht, soll Geld verlieren, wer kooperiert, gefördert werden – und zwar zunehmend unabhängig von seiner politischen Integrität. Im Zuge der Migrationskontrolle kommen Staaten wie der Sudan oder Eritrea wieder in den Genuss westlicher Hilfe, die eigentlich als Parias geächtet sind (→ Kapitel: Unsere Partner). »Die Kooperation mit einigen Staaten etwa in Ostafrika ist, gelinde gesagt, fragwürdig, wenn man die Kriterien so anlegt, wie es in der EZ üblich ist«, kritisiert Schraven. Die EU-Kommission verweist darauf, dass etwa Geld für Eritrea nur an »Nichtregierungsorganisationen« und die »Zivilgesellschaft« fließe.[34] »Abwegig«[35] nennt das Mirjam van Reisen, niederländische Professorin für Internationale Beziehungen und Direktorin der Brüsseler Forschungseinrichtung EEPA (European External Policy Advisors).

Doch EZ ist nicht der einzige Weg, Entwicklung zu finanzieren. 2015 flossen in die subsaharischen Staaten rund 47 Milliarden US-Dollar Entwicklungshilfe.[36] Im gleichen Zeitraum überwiesen Migranten aus der Region etwa 35 Milliarden Euro in ihre Herkunftsländer.[37] Dieses Geld kommt direkt bei Familien und Kleinunternehmern an. Wenn die EU mit Rücknahmeabkommen maßgeschneiderte EZ-Zulagen erkauft, »dann werden die Europäer nicht drum herumkommen, dass sie die reguläre Migration in Richtung Europa ausbauen müssen«, sagt Schraven. Doch danach sieht es nicht aus. Im Valletta-Aktions-Plan ist noch die Rede von der »Förderung regulärer

Kanäle für Migration und Mobilität aus und zwischen europäischen und afrikanischen Ländern«.[38] Im jüngsten Fortschrittsbericht zum »Partnerschaftsrahmen« aber ist davon nichts mehr übrig.[39]

Europas Wärter
Warum Frontex keine Grenzen kennt

Es gibt fast alles auf dem Schiff von Pal Erik Teigen: einen Ge-
friercontainer für Leichen, ein Spielzimmer mit Kinoleinwand
und ein gigantisches Deck mit Sonnenschutz, auf dem über
1100 Menschen hocken können, wenn Teigens Leute sie aus
dem Wasser ziehen. Heute aber scheint die Sonne nicht, es ist
ein düsterer Nachmittag Mitte November 2016. Im Hafen von
Catania in Sizilien regnet es, und die »Siem Pilot«, das riesige,
signalrote Flaggschiff der EU-Grenzschutzagentur Frontex,
liegt am Kai und nimmt seine neuen Crewmitglieder an Bord,
die am Nachmittag mit dem Alitalia-Flug über Rom aus Oslo
angekommen sind.[1]

Um zu zeigen, was er hier tut, spielt Teigen, 50 Jahre alt und
seit 30 Jahren Beamter bei der norwegischen Kriminalpolizei
Nye Kripos, ein Video von seinem Laptop ab. Die gefällige Me-
lodie legt sich etwas unpassend über die Bilder, die norwegi-
sche Marinesoldaten erstellt haben.

Sonst ist die »Siem Pilot« als Versorger für Ölbohrinseln in
der Nordsee unterwegs. Seit Juni 2015 ist sie Norwegens wich-
tigster Beitrag zur Bewältigung der EU-Flüchtlingskrise. Die
Regierung in Oslo charterte das Schiff und bezahlt die 15-köp-
fige Crew sowie die elf norwegischen Polizisten, zehn Soldaten
und sechs Küstenwächter.

Zum vierten Mal ist Teigen als Kommandant hier: »Das war
heftiger als die ganzen Jahre bei der Polizei davor zusammen.«
Morgen geht sein letzter vierwöchiger Einsatz für Frontex zu
Ende. »Es war ein seltsamer Sommer«, resümiert er. »Manchmal kommen 2000, dann 7000, dazwischen ist es ruhig für
einige Wochen.« Genau 28 598 Lebende und 91 Tote hat die
»Siem Pilot« im Frontex-Einsatz an Bord genommen, zum Teil
übernahm sie die Menschen von anderen Schiffen und brachte
sie nach Italien. »Warum ich das mache?« Teigen stellt sich die

Frage selbst. »Deswegen!«, sagt er und zeigt ein Bild von zwei lachenden afrikanischen Mädchen in einem roten Rettungsboot.

Die »Siem Pilot« rettet Menschen. Aber das ist nicht der Hauptgrund, weshalb sie hier ist. Als etwa am Osterwochenende 2017 eine bis dahin beispiellose Serie von Seenotfällen Tausende Flüchtlinge und zivile Seenotretter in dramatische Situationen brachte, griff die »Siem Pilot« erst nach über 24 Stunden ein und nahm 150 Schiffbrüchige von einem Schlauchboot vor Libyen auf – hätten nicht Aktivisten der Alarm-Phone-Initiative Druck gemacht, wären die Menschen vermutlich gestorben (→ *Kapitel: Das Mittelmeer*).[2]

Normalerweise nämlich bewegt sich Teigens Boot nahe Italien, weit weg von Libyen. Es kommt nicht von ungefähr, dass das Schiff von einem Polizisten befehligt wird. Flüchtlingsboote seien »Tatorte«, heißt es in Teigens Filmchen. Tatorte von Menschenschmuggel. Teigens eigentlicher Auftrag ist nicht die Rettung Schiffbrüchiger, sondern der Kampf gegen die Schlepper – und das ist Polizeiarbeit. Teigens Männer und Frauen sind hier, um unter den Tausenden Flüchtlingen und Migranten jene zu finden, die die Überfahrten als kriminelles Geschäft betreiben. Auf den Fahrten Richtung Festland, zum sicheren Hafen, beobachten sie die Geretteten, fotografieren und befragen sie, werten Handys aus, untersuchen Leichen in einer abgetrennten forensischen Abteilung, nehmen DNA-Proben. 300 sogenannte »Persons of Interest«, Schmuggelverdächtige, haben sie bislang so ausgemacht und der italienischen Polizei übergeben.

Die Menschen an Bord seien der Punkt, an dem Teigens Leute ansetzen können, sagt er. Jenseits des Meeres, dort, wo die Schlepper tatsächlich sitzen, habe Frontex keinen Zugriff: »Wir wissen nicht, was in Libyen ist«, sagt er. »Je näher wir an Libyen sind, desto gefährlicher ist es. Da funktioniert nichts. Wenn wir an Libyen rankommen, müssen wir mit Ferngläsern nach Gefahren Ausschau halten.«

171

Grenzschützer als Diplomaten

Das entspricht nur zum Teil der Wahrheit. Tatsächlich hat Frontex längst seine Fühler nach Afrika ausgestreckt. Die im September 2016 als Europäische Agentur für die Grenz- und Küstenwache EBCG (European Border and Coast Guard) – der Name Frontex wurde parallel beibehalten – neu konstituierte Behörde ist keineswegs auf den Blick durch das Fernglas angewiesen, um zu erfahren, was dort vor sich geht, von woher die Flüchtlinge nach Europa kommen.

»Klar ist: Die Zusammenarbeit mit den Herkunfts- und Transitländern ist ein Schlüsselelement erfolgreichen Migrationsmanagements«, schreibt der Frontex-Direktor Fabrice Leggeri in dem im April 2017 veröffentlichten Jahresbericht. Vom Informationsaustausch bis zur Abschiebungs-Zusammenarbeit habe Frontex deshalb »seine Reichweite jenseits von Europa erweitert«.[3]

Die Behörde hatte im Mai 2017 mit 18 Staaten formale »Working Arrangements«, Arbeitsabkommen, geschlossen. Die Abkommen erlauben Frontex, mit Behörden dieser Länder zusammenzuarbeiten, Beamte und Daten auszutauschen und gemeinsame technische Standards festzulegen. Die meisten der Partnerstaaten liegen in Osteuropa, dazu kommen die USA, Kanada, Kap Verde und Nigeria. Über neue Abkommen verhandelt Frontex mit Libyen, Marokko, Senegal, Mauretanien, Ägypten und Tunesien – der Fokus liegt heute klar auf Afrika.

Die Verlagerung des europäischen Grenzschutzes an Orte weit jenseits des Schengen-Raums, den irregulären Migranten begegnen, noch bevor sie einreisen – das ist das Zukunftsprojekt von Frontex. Bei der Zusammenarbeit mit den sogenannten Drittstaaten – also solchen, die nicht zur EU gehören – will die Agentur ihr »Mandat voll ausschöpfen«[4] und sich »strukturiert und konsistent auf dem Gebiet der Außenpolitik« engagieren – so steht es in einem internen Planungsdokument vom Dezember 2015. Grenzschützer als Diplomaten. Ein Kern des neuen Mandats: die »operationelle Zusammenarbeit mit vorrangigen Drittländern«.[5] In solche Drittstaaten will Frontex Verbindungsbeamte schicken und »mögliche gemeinsame Operationen auf dem Territorium von Drittstaaten« vorbereiten.[6]

Der EU kann das nicht schnell genug gehen. Im Februar 2017 lud die maltesische EU-Präsidentschaft die Vertreter der Mitgliedstaaten zu einem Frühstück nach Valletta ein. Die Diplomaten sollten den kurz darauf anstehenden EU-Gipfel vorbereiten. Auf der Tagesordnung stand vor allem eine Frage: Wie lassen sich die Ankünfte von Flüchtlingen aus Libyen in Italien stoppen?

Über das einst von Spanien initiierte, satellitengestützte Kommunikationsnetzwerk »Seahorse Mediterranean« (→ *Kapitel: Rückblick; Technologie*) möge Frontex sich hierzu mit den Nachbarstaaten beim Patrouillieren im Mittelmeer zusammentun. Darüber hinaus, so wünschten es die EU-Diplomaten, solle Frontex den von ihm selbst gegründeten europäisch-afrikanischen Geheimdienst-Bund AFIC (Africa-Frontex-Intelligence Community) anzapfen. Dabei handelt es sich um eines von insgesamt vier von Frontex betriebenen sogenannten Risikoanalyse-Netzwerken mit Ländern außerhalb der EU. Zwei umfassen Staaten Osteuropas, eines den Balkan und die Türkei. Das größte aber ist der AFIC.

Seit dessen Gründung 2010 lud Frontex bereits 20 Mal Geheimdienstchefs aus Afrika nach Warschau ein – im Schnitt alle vier Monate. Beim AFIC sind bislang 21 Staaten, von Marokko über Dschibuti bis Angola, fest dabei. Sieben weitere Staaten, darunter die Diktaturen Eritrea und der Sudan, haben »Beobachter«-Status. »Eingeladen« hat Frontex Äthiopien, Somalia und Tunesien. Insgesamt macht mehr als der halbe afrikanische Kontinent mit beim »Rahmen für Intelligence Sharing im Bereich der Grenzsicherung«,[7] wie Frontex AFIC etwas umständlich nennt.

Dafür werden auch Regime mit an den Tisch geholt, die für einen Teil der Flüchtlinge verantwortlich sind. Schließlich gilt natürlich auch in Afrika: Je weniger ein Staat sich um Grund- und Menschenrechte schert, desto wichtiger ist der Geheimdienst als Stütze seiner Macht. Legt man die Ergebnisse des jüngsten sogenannten Democracy Index, einem von der Zeitschrift *The Economist* berechneten Index, der den Grad der Demokratie in 167 Ländern misst, zugrunde, so findet sich unter den 30 Mitglieds-, Beobachter- und eingeladenen Staaten keine einzige Demokratie, dafür 18 als »autoritär« und sieben als »hybrid« eingestufte Staaten. Von ihnen schöpft Frontex systematisch Informationen ab und unterstützt sie dabei, ihrerseits Zugang zum Geheimdienstwissen anderer Staaten Afrikas zu erlangen.[8]

Mitgliedstaaten, Beobachter und »Eingeladene«
der Africa-Frontex-Intelligence Community
Menschenrechtsstatus nach »Democracy Index«
(Weltranglistenplatz von 166 Ländern in Klammern)

»Autoritär«
Ägypten (133) (Beobachter)
Algerien (126) (Beobachter)
Angola (130)
Äthiopien (125) (eingeladen)
Dschibuti (145)
DR Kongo (159)
Elfenbeinküste (122)
Eritrea (151) (Beobachter)
Gambia (143)
Guinea (136)
Kamerun (128)
Libyen (155) (Beobachter)
Mauretanien (117)

Niger (117)

Sudan (151) (Beobachter)

Togo (132)

Tschad (165) (Beobachter)

»Hybrid«

Burkina Faso (106)

Kenia (92)

Liberia (93)

Mali (86)

Marokko (105)

Nigeria (109)

Sierra Leone (108)

»Demokratie gefährdet«

Ghana (54)

Senegal (74)

Tunesien (69) (eingeladen)

Nicht im Democracy Index gelistet

Somalia (eingeladen)

Südsudan

Jahr: 2016 | Quelle: The Economist Intelligence Unit (www.eiu.com)

Gab es zunächst nur AFIC-Treffen, werden heute auch Daten auf einer gemeinsamen Online-Plattform ausgetauscht. Dazu wurden die Geheimdienstmitarbeiter Afrikas an den EU-Datenbanken geschult, ihnen Zugangsdaten ausgehändigt, damit sie alle drei Monate ihre Daten in die Frontex-Datenbank einspeisen können. Seit Mai 2016 entstehen daraus monatliche Analysen. Das Ziel: ein möglichst vollständiges, aktuelles Bild der Migration in ganz Afrika.

2016 war das Jahr, in dem AFIC zunehmend wichtiger für Frontex wurde. Unter jenen, die in Libyen auf Boote stiegen, waren kaum noch Menschen aus dem Nahen Osten, vielmehr stammten 91 Prozent aus Afrika[9] *(→ Kapitel: Migration)*. Um den Afrikanern den Eindruck zu vermitteln, AFIC sei auch ihr Projekt, gab es 2016 zwei Treffen in Afrika – in Ghana im März und in Mauretanien im Juni.[10] Die Afrikaner durften dort selbst die Diskussionen leiten, wie Frontex stolz vermerkt.[11]

In dem jüngsten AFIC-Bericht finden sich Typologien der Schlepper (»Ghetto Boss«, »Fixer«, »Chasseur«), Angaben über die von ihnen bevorzugten Autotypen (»Toyota Hilux«) und Wochentage für den Beginn der Fahrt durch die Sahara (zuletzt »am liebsten sonntags«). Was nach Banalitäten klingt, verdichtet sich tatsächlich zu einem immer präziseren Bild der Migration innerhalb Afrikas. Die interessantesten Infos, so darf man annehmen, schreiben die Geheimdienste ohnehin nicht in öffentliche Berichte.

Es ist ja nicht ihr Geld

Eine »beispiellose Plattform für Informationsaustausch« nennt Frontex den AFIC.[12] Im siebten Jahr seines Bestehens habe der Bund einen ganz neuen »Reifegrad« erreicht, der ihm »zusätzliche Aufmerksamkeit führender Politiker in Europa und Afrika eingebracht« habe.[13]

Aufmerksamkeit – das ist etwas, das Frontex einst gar nicht schätzte. In ihren frühen Jahren war die Agentur sehr verschlossen, sie blieb lieber im Verborgenen. Heute ist das anders. Auf Anfragen reagiert die Behörde innerhalb von Stunden, ihre Direktoren zeigen sich oft und geben Interviews. Das dürfte mit ihrer zunehmenden Bedeutung zu tun haben. 44 Agenturen für bestimmte Politikbereiche hat die EU. Keine ist so schnell gewachsen und so üppig ausgestattet wie Frontex. Bei der Gründung 2006 in Warschau verfügte sie über 45 Mitarbeiter und einen Jahresetat von 12 Millionen Euro.[14] 2016 konnte Frontex 254 Millionen Euro ausgeben,[15] 2020 sollen es 320 Millionen Euro sein.[16] Nicht mal zehn Prozent zahlen die Schengen-Staaten, mehr als 90 Prozent die EU-Kommission.

Denn sie will Frontex noch weiter ausbauen – am liebsten zu einer vollwertigen Grenzpolizei. Die Neukonstituierung als EBCG im September 2016 war dazu ein wichtiger Schritt. Die Agentur bekam dabei gleich eine ganze Reihe neuer Kompetenzen für die Durchführung von Abschiebungen.

Schon seit einigen Jahren organisiert Frontex auf Bitten – und auf Kosten – der EU-Mitgliedstaaten gemeinsame Abschiebe-Charterflüge. Dabei wurden Abschiebehäftlinge aus demselben Herkunftsland aus ganz Europa zusammengebracht. Das geschah bisher allerdings eher selten: 2015 führte Frontex sieben, 2016 insgesamt 13 solcher Abschiebeflüge durch: nach Georgien, Serbien und Albanien.

Jetzt aber, als EBCG, kann Frontex auch auf eigene Initiative und eigene Kosten solche Abschiebeflüge veranstalten. Dafür bekommt sie nun 66 Millionen Euro pro Jahr aus dem EU-Haushalt.[17] So sollen Abschiebungen effizienter werden – schließlich kann in ganz Europa nach einschlägigen Abzuschiebenden gesucht werden, um eine hohe Auslastung der Flugzeuge sicherzustellen. Die ersten Monate nach Beginn der Neuregelung zeigen: Die nationalen Ausländerbehörden machen davon gern Gebrauch – es ist ja nicht ihr Geld.

Am 6. Januar 2017 etwa flogen die beiden abgelehnten Asylbewerber Amadou Ba und Mamadou Drame aus Mali per Charterflugzeug von Düsseldorf in die malische Hauptstadt Bamako, begleitet nur von einigen deutschen Polizisten. Der von der Bundespolizei im Auftrag des Saale-Kreises durchgeführte Flug kostete 82 000 Euro. Bezahlt wurden diese von Frontex. Die extrem geringe Auslastung des Flugzeugs erklärte ein Sprecher des sachsen-anhaltinischen Innenministeriums damit, dass andere Bundesländer »aktuell keinen Bedarf für Rückführungen nach Mali« gehabt hätten.[18] Frontex zahlte schließlich – »wozu also warten«, wird man sich gedacht haben.

Ba und Drame hätten in der Vergangenheit zwei Abschiebungen »durch passiven und aktiven Widerstand sabotiert«,[19] sagte der Sprecher. Dabei hätten sie Bundespolizisten durch Bisse und Tritte verletzt. Deshalb sei eine weitere Abschiebung per Linienflug nicht infrage gekommen. Die letzten drei Monate verbrachten die beiden in Abschiebehaft in Deutschland.

Im Internet ist allerdings ein Video von der vorangegangen, misslungenen Abschiebung am 27. Oktober 2016 mit einer Air-France-Linienmaschine in Paris zu sehen.[20] Es zeigt, wie der sichtlich erschöpfte Ba von zwei deutlich größeren Polizisten auf seinen Sitz gedrückt wird, während Passagiere den Polizisten »Keine Gewalt« zurufen. Daraufhin wird Ba aus der Maschine gebracht.

Aktivisten der NGO Afrique-Europe-Interact (AEI) trafen die beiden Männer nach ihrer Ankunft in Bamako. Diese hätten ihnen von Misshandlungen während der Abschiebung berichtet. »Praktisch sah das so aus, dass die beiden an Fußgelenken, Knien und Händen gefesselt wurden – die Hände gleich zweifach mit Handschellen und Kabelbindern«,[21] sagt Olaf Bernau von AEI. »Zusätzlich wurden die Oberarme durch einen breiten Brustgürtel direkt am Körper fixiert, sodass die Bewegungsfreiheit praktisch auf null reduziert war.« In dieser Haltung hätten die zwei nicht nur zwei bis drei Stunden bis zum Abflug warten müssen. Drame habe den gesamten Flug so zugebracht, Ba seien nach einigen Stunden Flugzeit die Fuß- und Kniefesseln abgenommen worden.

»Return Support« heißt diese Art der Serviceleistung von Frontex für Ausländerbehörden, auf Deutsch: Rückkehr-Unterstützung. Das gecharterte Flugzeug, Unterkunft von Begleitpersonen, Verpflegung auf dem Boden, Kosten für medizinisches Personal und Dolmetscher zahlt Frontex. Zudem kann die Agentur auch die Kosten für die Beschaffung von Pässen für Abzuschiebende und »freiwillige Ausreisen« finanzieren – alles Aufgaben, die bislang die Mitgliedstaaten grundsätzlich selbst übernehmen mussten.

Gleichzeitig baut Frontex einen Pool von sogenannten Rückkehrbegleitern (»forced return escorts«) auf. Dabei handelt es sich um Polizisten und Grenzschutzbeamte der EU-Staaten, aus denen die Abschiebungen starten. Die EU-eigene Grundrechteagentur FRA (Fundamental Rights Agency) sieht das kritisch: Die »escorts« hätten »nicht notwendigerweise ausreichend Erfahrung«, als dass die Rechte der Abzuschiebenden sichergestellt wären, so FRA.[22] Parallel baut Frontex auch noch einen Pool von Rückführungsspezialisten (»return specialists«) auf. Diese will Frontex in die Mitgliedstaaten entsenden, damit sie Abschiebungen organisieren – sofern es die nationalen Behörden dabei an Eifer vermissen lassen.

Das UN-Flüchtlingswerk UNHCR ist der Meinung, dass Menschen, die keinen internationalen Schutz brauchen, schneller und effektiver abgeschoben werden müssen, Das würde helfen, das »Vertrauen in die Integrität des Asylsystems zu stärken«, so die Welt-Flüchtlingsorganisation UNHCR im Dezember 2016. Frontex solle dazu verstärkt mit den Herkunftsländern kooperieren.[23]

Genau das geschieht. Schon länger veranstaltet Frontex Seminare für Polizisten von Nicht-EU-Staaten, etwa zur besseren Erkennung gefälschter Pässe. Fast 500 solcher Trainings außerhalb der EU hat Frontex seit 2010 durchgeführt – meist in Osteuropa, einige in Marokko. Dabei wird es nicht bleiben. Mit seiner Neukonstituierung gab die EU Frontex das Mandat, afrikanischen Staaten dabei behilflich zu sein, mit der EU bei Abschiebungen zusammenzuarbeiten. Frontex müsse von diesem Recht »noch in diesem Jahr vollen Gebrauch machen«, fordert die Kommission im März 2017.[24] Spätestens ab Oktober 2017 soll Frontex etwa Beamte aus Drittstaaten trainieren, damit diese Abschiebeflüge aus Europa begleiten können – was die EU wesentlich billiger kommen dürfte, als, wie bislang, eigene Polizisten mitzuschicken. Die EU legt auch dazu einen eigenen Fonds auf.[25]

Frontex ist in der Welt, um Grenzen zu schützen. Für sich selbst hingegen kennt die Agentur keine geografischen Grenzen. In immer mehr Staaten entfaltet sie Aktivitäten. Die Zahl der immer neuen Netzwerke, Plattformen, Dialogrunden, Überwachungssysteme ist heute nur noch mit viel Mühe zu überblicken.

Bitte auch untereinander tauschen

Ein Schwerpunkt dabei ist Libyen *(→ Kapitel: Mittelmeer)* – rund 181000 Menschen reisten 2016 von dort irregulär in die EU ein.[26]

Zwischen November 2016 und Februar 2017 war Frontex an der Ausbildung 89 libyscher Küstenwächter durch die EU-Anti-schlepper-Militärmission Sophia beteiligt. Am 9. Februar 2017 überreichte EU-Außenkommissarin Mogherini ihnen auf dem italienischen Kriegsschiff »San Giorgio« im Hafen von Valletta persönlich ihre Urkunden. Unter anderem, weil unklar ist, in-wieweit bewaffnete Gruppen in Libyens Küstenwache verstrickt sind, war die Ausbildungsmission stark umstritten. Sie ist aber einer der wichtigsten Bestandteile der Antischlepperpolitik der EU. Die 89 Männer sollen als Eintrittskarte für die EU-Militär-mission Sophia in libysche Gewässer dienen, dort gemeinsam mit ihnen patrouillieren und dafür auch neue Boote erhal-ten. Künftig sollen die in libyschen Gewässern aufgenomme-nen Flüchtlinge nach Libyen zurückgebracht werden. Dazu bekommt die libysche Küstenwache künftig Daten zunächst von Frontex, später auch vom Satellitenüberwachungssystem EUROSUR *(→ Kapitel: Technologie)* über eine Austauschplatt-form namens Smart.[27]

Mit dem Netzwerk AFIC hat die EU Pläne, die sich nicht darauf beschränken, möglichst umfassend die Informationen der afrikanischen Geheimdienste abzugreifen. Auch die afri-kanischen Staaten untereinander sollen Information austau-schen, um frühzeitig auf neue Migrationsströme reagieren zu können. Getestet werden soll dies in Libyen. In einem Doku-ment vom Januar 2017 beschreibt der Europäische Auswärtige Dienst (EEAS), wie er sich das vorstellt. Demnach hat die EU ein Grenzschutz-Netzwerk zwischen Libyen und seinen südlichen Nachbarstaaten aufgebaut.[28] Solche afrikanischen Dialoge zum afrikanischen Grenzschutz sollten im AFIC-Rahmen stattfinden, Frontex könne Satellitenbilder dazu liefern. So würde »AFIC in ihrem ganzen Potenzial ausgeschöpft«, schreibt der EEAS.[29]

Im März 2017 war absehbar, dass in diesem Jahr erneut rund 200 000 Menschen von Libyen nach Italien übersetzen würden. Weil die EU zu dieser Zeit wegen der Sicherheitslage keine Beamten nach Libyen entsandte, sollte Frontex die Abfahrtsorte der Boote per Satelliten- und Luftüberwachung im Blick behalten. Über das neue, satellitengestützte Aufklärungsprogramm EUROSUR sollte die Agentur Flüchtlingsboote identifizieren und an die EU-Polizeibehörde Europol melden, wünschten sich leitende EU-Beamte.[30] Auf die Idee, die Daten auch an Seenotretter weiterzugeben, kamen die Beamten nicht, obwohl in dieser Zeit die Opferzahlen der Schiffsunglücke höher waren als je zuvor.

Auch Libyens Nachbarland Ägypten, mit 94 Millionen Menschen der bevölkerungsreichste arabische Staat, macht der EU Sorgen (→ *Kapitel: Mittelmeer*). Im Oktober 2016 entsandte Frontex ein Verhandlungsteam nach Kairo. Die ägyptische Regierung sollte mit Frontex ein Arbeitsabkommen schließen und dem Aufklärungsnetzwerk Seahorse Mediterranean beitreten.[31] Doch die Ägypter weigerten sich.

Der italienische Politologe Paolo Cuttita hat bei ägyptischen Beamten nach Gründen für die Zurückhaltung gefragt. Ägypten sei sehr »skeptisch in Bezug auf die Europäische Union und zieht es vor, bilaterale Beziehungen zu einzelnen Ländern aufrechtzuerhalten, die ihm größere Manövrier- und Verhandlungsmöglichkeiten lassen«, antwortete laut Cuttita ein ägyptischer Beamter. Der Besuch der Frontex-Delegation in Kairo sei eine »Neuheit, das gab es noch nie«, sagte sein Kollege. »Ich schließe nicht aus, dass es zu einer Zusammenarbeit zwischen Frontex und den ägyptischen Behörden kommt. Dazu müssten aber die Beziehungen zwischen Ägypten und der EU, die nicht ideal sind, verbessert werden.«[32]

Im Februar 2017 verfünffachte die EU deshalb die Mittel für den ägyptischen Fonds ERMCE (Enhancing the Response to Migration Challenges in Egypt) für migrationsbezogene Entwicklungsprojekte auf nunmehr 60 Millionen Euro. Die ägyptische Regierung aber stoppte das Projekt vorerst – die EU konnte sich mit ihr nicht einigen, was mit dem Geld genau bezahlt werden sollte.[33]

Antennen in der Wüste

Auch jenseits des Maghreb ist Frontex heute zunehmend tätig. Zwischen September 2015 und Januar 2017 etwa gab es elf hochrangige diplomatische Begegnungen zwischen Niger und der EU, eine davon war der Besuch von Merkel in dem Sahel-Staat (→ *Kapitel: Freizügigkeit*). Das Ziel war stets das gleiche: Das wichtige Transitland soll die Migrationsroute durch die Sahara unterbrechen.

Der Diplomatie-Marathon bescherte Frontex wachsenden Einfluss in dem Land. Im März 2017 reiste Frontex-Direktor Leggeri in die Hauptstadt Niamey. Niger sei ein »unverzichtbarer Partner bei den Herausforderungen, die unsere beiden Kontinente betreffen«, sagte Leggeri und eröffnete mit Nigers Innenminister Mohamed Bazoum im Hotel Soluxe in Niamey das erste AFIC-Treffen in Niger.[34] Danach schickte er einen Verbindungsbeamten nach Niamey – der erste dauerhafte in einen subsaharischen Staat. Schon bald werde Frontex ein Arbeitsabkommen mit Niger abschließen, ein Untersuchungs- und Trainingsteam mit dem klangvollen Namen »EU Antenna« in der nigrischen Wüstenstadt Agadez einsatzfähig machen und eine sogenannte Risikoanalysezelle (»Risk Analysis Cell«) eröffnen, notierte der Europäische Auswärtige Dienst hoffnungsfroh im März 2017.[35]

Im März 2016 traf EU-Außenkommissarin Mogherini in Brüssel den nigerianischen Außenminister Geoffrey Onyeama.

Das bevölkerungsreichste Land des Kontinents war das erste in Afrika, mit dem Frontex 2012 ein Arbeitsabkommen geschlossen hatte.[36] Mogherini handelte nun aus, dass Frontex künftig auch beim Grenzmanagement in Nigeria mitmischen dürfe und nigerianische Beamte zu gemeinsamen Identizierungsmissionen nach Europa holen könne,[37] damit diese Abzuschiebenden bei Massenvorführungen Passpapiere ausstellen (→ *Kapitel: Abschiebung*). Nach einem Besuch von EU-Kommissionsvize Andrus Ansip im Februar 2017 in Nigeria vereinbarte die EU »weiter aktive Zusammenarbeit gegen Schlepperei auf Basis der AFIC und der neuen bilateralen ›Kooperationsplattform Menschenschmuggel‹«.[38]

Nach einem Besuch der EU-Außenkommissarin Mogherini im Dezember 2016 im Senegal nahm die Regierung in Dakar Verhandlungen über Arbeitsabkommen mit Frontex auf. Sie sollen bis Mitte 2017 abgeschlossen sein.[39]

Freie Hand für die Außenpolitik

Im Dezember 2016 stellte die EU fünf Millionen Euro für ein Projekt im Sudan bereit: das Aufklärungszentrum ROCK (Regional Operational Centre in support of the Khartoum Process and AU-Horn of Africa Initiative)[40] im Polizeitrainingszentrum von Khartoum. Ziel ist ein verstärkter Informationsaustausch zwischen den Ländern des Khartoum-Prozesses in den Bereichen irreguläre Migration und Schmugglernetzwerke. EU-Diplomaten vor Ort nennen dieses Vorhaben das »heikelste EU-Projekt im Sudan«.[41] ROCK soll auch dazu dienen, die Kooperation Ostafrikas mit Interpol, Europol und der AFIC zu stärken (→ *Kapitel: Diplomatie; Unsere Partner*).

Warum ist es überhaupt möglich, dass eine Behörde, die europäische Grenzen bewachen soll, deutsche Polizisten, rumänische Zöllner oder finnische Passfälschungsexperten um die halbe Welt schickt? Mit welchem Recht setzt die EU sie weit außerhalb ihres Hoheitsgebietes ein?

Wichtigstes Ziel von Frontex ist es, die Zahl der an den EU-Grenzen ankommenden irregulären Migranten zu minimieren. Dazu hat die Agentur ein mehrstufiges Modell für das sogenannte Integrierte Grenzmanagement entwickelt (→ *Kapitel: Technologie*). Das ist im Artikel 4 der Frontex-Verordnung von 2016 beschrieben.[42] Ein Punkt dabei ist die »Zusammenarbeit mit Drittländern«, vor allem solchen, die »durch Risikoanalyse als Herkunftsländer und/oder Transit für illegale Einwanderung identifiziert wurden«.

In diesen Fällen gibt das EU-Recht Frontex relativ freie Hand. Artikel 54 legt im Wesentlichen fest, dass Frontex sich bei der »Zusammenarbeit mit Drittländern« der EU-Außenpolitik unterzuordnen hat und Grundrechte von Flüchtlingen – vor allem den »Grundsatz der Nichtzurückweisung« – beachten muss.[43]

Was aber, wenn das nicht geschieht?

Denn an einem wird immer noch gespart: an wirksamen Überwachungs- und Beschwerdemechanismen. Wer von den EU-Grenzschützern widerrechtlich zurückgewiesen oder abgeschoben wird, hat kaum Möglichkeiten, dagegen vorzugehen. Diese Klage vieler Flüchtlingsorganisationen und Menschenrechtler wird mittlerweile auch im Europaparlament geteilt. Frontex müsse mehr Personal und mehr Geld für den Schutz der Grundfreiheiten und für Beschwerden von Asylbewerbern bereitstellen, mahnt der EU-Ausschuss für Bürgerliche Freiheiten an.

Vor allem seit der Einführung von RABIT-Teams (Rapid Border Intervention Teams) – an die Außengrenzen entsandte Polizeibeamte aus der ganzen EU – 2007 wurde die Agentur von Menschenrechtsorganisationen heftig kritisiert. Sie warfen Frontex vor, das Recht auf Asyl, auf Nicht-Zurückweisung, das Recht, das Herkunftsland zu verlassen, das Recht auf Privatsphäre und den Schutz personenbezogener Daten sowie das Verbot der Verhängung von Folter und erniedrigender Behandlung zu missachten. Frontex verpasste sich deshalb am

31. März 2011 die Grundrechtestrategie[44] und setzte ein Jahr später die spanische UN-Juristin Inmaculada Arnaez Fernandez als Menschenrechtsbeauftrage ein.[45]

Die Kritik von Menschenrechtsorganisationen aber hielt an. Insbesondere warfen sie Frontex vor, brutale, grundrechtswidrige und teils tödliche Praktiken nationaler Küstenwachen zu tolerieren.[46] Vor allem aus der Ägäis gab es entsprechende Berichte, etwa beim tödlichen Zwischenfall im Januar 2014 vor der Insel Farmakonisi oder bei der direkten Zurückschiebung von Flüchtlingen durch die griechische Küstenwache auf hoher See. Zum anderen sei Frontex an menschenrechtswidrigen Praktiken in den Hotspots genannten Registrierungszentren in Italien und Griechenland beteiligt.[47]

Innerhalb Europas schauen Abgeordnete, NGOs und Medien heute genau auf das, was Frontex tut. Doch je weiter entfernt Operationen geschehen, desto dünner wird diese Kontrolle. Dass dies insbesondere für EU-Grenzschutzmissionen in Afrika gilt, zeigte sich bei der auf Bitte Spaniens eingeleiteten Frontex-Operation »Hera«. Am 17. Juli 2006 begann dieser heute älteste und längste Frontex-Einsatz zur See und in der Luft. Boote, die aus Mauretanien oder dem Senegal zu den Kanarischen Inseln unterwegs waren, wurden aufgehalten und zurückeskortiert. Teils wurden die Insassen in das Internierungslager Nouadhibou in Mauretanien gebracht. Spanien hatte die Regierungen von Marokko, Mauretanien und Senegal die Genehmigung abgerungen, den europäischen Küstenwächtern Patrouillen in ihren Hoheitsgewässern zu gestatten (→ *Kapitel: Rückblick*). Nach einer Weile kamen fast keine Flüchtlinge mehr auf den Kanaren an.

Wie hat Frontex das geschafft?

Das in Berlin ansässige Europäische Zentrum für Verfassungs- und Menschenrechte ECCHR (European Center for Constitutional and Human Rights) glaubt, dass die Grenzschützer kurzerhand alle Aufgegriffenen zu Mauretaniern und Senegalesen gemacht haben könnten, Asylanträge schlicht nicht geprüft und auch nicht wie vorgeschrieben Dolmetscher hinzugezogen worden sein könnten. 2016 will das ECCHR dem Verdacht nachgehen, dass Frontex so gegen Grund- und EU-Rechte verstoßen haben könnte.[48] Im Mai 2016 verlangt das ECCHR deshalb Einsicht in zwölf wichtige Dokumente der Hera-Mission.

Erst als das ECCHR rechtliche Schritte androhte, gab Frontex die Dokumente »heftig zensiert« frei, so das ECCHR. Das »Handbuch für den Operativen Plan« etwa wurde auf 48 von 99 Seiten geschwärzt, der Evaluationsbericht für die Hera-Mission auf 21 von 26 Seiten. Die von Frontex selbst angelegte »Liste potentieller Menschenrechtsverletzungen« war gleich komplett aus den Akten entfernt worden. Frontex begründete die Schwärzungen gegenüber dem ECCHR mit einer »Gefahr für die öffentliche Sicherheit«. So ist bis heute unklar, was die EU-Beamten in den afrikanischen Gewässern jahrelang getan haben. Das ECCHR kritisiert: Die Mission Hera bleibe »undurchsichtig und ohne Rechenschaft abzulegen«.[49]

Technologie
Neue Grenzanlagen – ein Subventionsprogramm für Europas Waffenschmieden[*]

Die Propeller der weißen UN-Maschine wirbeln den feinen Wüstensand auf. Mit einem Donnern hebt das Flugzeug ab. An Bord: fast 100 somalische Flüchtlinge; Männer, Frauen, Kinder, Alte. Nach knapp einem Vierteljahrhundert im sicheren Nachbarland Kenia werden sie vom UN-Flüchtlingshilfswerk UNHCR in ihre Heimat zurückgebracht. In Somalia herrscht noch immer Bürgerkrieg, die islamistische Miliz al-Shabaab kontrolliert weite Teile des Landes, auch das Grenzgebiet.

Das größte Flüchtlingslager der Welt lag bis 2016 nicht in Syrien oder der Türkei, sondern in Kenia: Dadaab – so der Name der gigantischen Stadt aus weißen Plastikzelten inmitten des Nirgendwo. Fast eine halbe Million Menschen beherbergte die Zeltstadt zu Hochzeiten des Krieges und der Dürre in Somalia, 2011 und 2012. Durch Fotos von knochendürren, sterbenden Kindern im Wüstensand erlangte Dadaab, das auf keiner Karte verzeichnet ist, traurige Berühmtheit. Jetzt soll es dem Erdboden gleichgemacht werden. Stattdessen wird eine Grenzzaunanlage hochgezogen.

»Es muss ein Ende haben, Flüchtlinge zu beherbergen«, hatte Kenias Regierung 2016 verkündet und den somalischen Flüchtlingen eine Frist gesetzt, freiwillig nach Hause zu gehen.[1] Der offizielle Grund: Terrorgefahr. Die mehrtägige Geiselnahme im Einkaufszentrum Westgate in der 500 Kilometer entfernten Hauptstadt Nairobi hatte 2013 das Schicksal der somalischen Flüchtlinge beschieden: Die Ermittlungen führten nach Dadaab, Flüchtlinge gerieten unter Generalverdacht. Jetzt zahlt ihnen das UN-Flüchtlingshilfswerk UNHCR 150 Dollar

[*] Unter Mitarbeit von Fabian Grieger und Paul Welch Guerra

pro Person, wenn sie freiwillig ins Flugzeug steigen. Auf den Begriff »freiwillig« wird viel Wert gelegt, denn so lautet die Bedingung für Rückführungen in die Heimat nach der Genfer Flüchtlingskonvention.[2] In Wahrheit wird jedoch von allen Seiten, vor allem von Kenias Regierung, viel Druck ausgeübt, wie es die *tageszeitung* schilderte.[3]

Einst waren die Somalier zu Fuß hierher geflüchtet. Die Grenze liegt nicht einmal 100 Kilometer von Dadaab entfernt: eine unsichtbare, schnurgerade Linie im kargen Wüstensand, keine Demarkationslinie, keine Grenzposten, ja nicht einmal ein Schlagbaum. Eine typisch afrikanische Grenze eben. Nomadenvölker treiben ihre Viehherden über diese Linien, die nur auf Landkarten existieren. Besonders in Trockenzeiten müssen die Hirten ihre Rinder über Hunderte Kilometer zur nächsten Wasserstelle bewegen, über Landesgrenzen hinweg, sonst sterben sie. Dürre gibt es in dieser Region regelmäßig, seit Jahrhunderten schon, zuletzt wieder im Frühjahr 2017.

Doch damit soll jetzt Schluss sein. »Koste es, was es wolle«, hatte Kenias Vizepräsident William Ruto 2015 betont, als er verkündete, eine Grenzmauer zu Somalia bauen zu lassen. Über 700 Kilometer lang – mitten durch die Wüste.[4] Das Problem ist hier wie bei vielen Grenzlinien des Kontinents: Der exakte Verlauf zwischen den Staaten ist nach wie vor umstritten. Unter dem Wüstenboden im umstrittenen Grenzgebiet wurde zudem Öl entdeckt, jeder Quadratmeter Boden kann viel Wert sein, ein potenzieller Streitpunkt zwischen den Nachbarländern. Jetzt macht Kenia Nägel mit Köpfen und markiert sein Territorium – und beansprucht dadurch einen Großteil der Ressourcen für sich.[5] Gleichzeitig sollen Flüchtlinge und Terroristen aus dem Nachbarland ferngehalten werden. Eine Mauer – die Lösung für viele Probleme. Da liegt Kenia voll im Trend der EU.

Nur wenige Monate nach der Ankündigung des Vizepräsidenten rückten die ersten Bagger an, eskortiert von Kenias Anti-Terror-Einheiten. Ein riskantes Unterfangen: Die islamistische Al-Shabaab-Miliz kontrolliert die Region auf der anderen Seite der Grenze. Mehrfach wurden Ingenieure Ziele von Anschlägen, die Bauarbeiten mussten teilweise eingestellt werden. Meterhohe Beton- und Zaunanlagen, Überwachungskameras und Patrouillenfahrzeuge sind geplant.[6] Auf 2,6 Milliarden Dollar wurde das Verteidigungsbudget im Haushaltsjahr 2016/2017 erhöht, um sich die Mauer leisten zu können. Bereits in den Vorjahren war der Verteidigungshaushalt ausgeweitet worden. Kenia gibt mittlerweile afrikaweit am meisten für Sicherheit und Verteidigung aus.[7] Das meiste Geld wurde in Sicherheitstechnologie investiert: Überall in Nairobi hängen Überwachungskameras, selbst an Eingängen von Supermärkten oder Banken wurden Ganzkörperscanner installiert. Der internationale Flughafen wurde mit Überwachungstechnologie hochgerüstet, um wieder Direktflüge in die USA anbieten zu können – ein Milliardengeschäft.

Auch deutsche Firmen haben sich für diese Großaufträge an der neuen Grenzanlage und dem Flughafen interessiert. Die deutsche Auslandshandelskammer (AHK) in Nairobi hatte 2015 eine »Markterkundungsreise« für zivile Sicherheitstechnologien nach Kenia organisiert. Treffen mit Verteidigungsminister und Anti-Terror-Einheiten standen auf dem Programm. Deutschlands führende Rüstungs- und Sicherheitsunternehmen interessierten sich für den Auftrag: Airbus Defence and Space (einst EADS), Siemens und Rheinmetall.[8] Letztlich erhielt jedoch die israelische Firma Magal Security den Zuschlag. Diese bot auch dem frisch gewählten US-Präsidenten Donald Trump an, die Mauer zu Mexiko zu bauen.

Als Trump im Wahlkampf ankündigte, einen Abschirmwall an der südlichen US-Grenze errichten zu wollen, wurde er dafür von vielen Europäern müde belächelt. Dabei ist die EU in Sachen Grenzanlagen selbst ganz vorne mit dabei – und das nicht nur an Europas Außengrenzen. Am Hindukusch, entlang der Berggrenzen zwischen Afghanistan, Tadschikistan und Usbekistan, hat die EU in den vergangenen Jahren zehn Grenzanlagen errichtet, um den Drogenhandel zu unterbinden.[9]

Wie eine moderne Hightech-Grenze »Made in EU« aussehen kann, das zeigt das Beispiel Saudi-Arabien: Drei parallel
verlaufende Zäune, gestützt von sieben Meter hohen Sandwäl-
len, führen schnurgerade durch die Wüste. Wer sich nähert,
den erfassen unterirdische Bewegungssensoren, Kameras oder
eines der 50 Radarsysteme an Überwachungstürmen oder auf
patrouillierenden Jeeps. Alle Informationen werden direkt an
ein Kontrollzentrum weitergeleitet: 14 500 Kilometer Glasfaser-
kabel sichern die schnelle Datenverbindung, 3400 Grenzschützer sind permanent im Einsatz.[10]

Diesen Grenzschutz der Luxusklasse lieferte der europäische Rüstungskonzern EADS, jetzt Airbus, 2009 an das König-
reich. Für rund zwei Milliarden Euro rüstete sie den 900 Kilometer langen Grenzabschnitt zum Irak als Anti-Terror-Wall auf:
im Komplettpaket, von Bedarfsermittlung bis Ausbildung der
Grenzwächter durch deutsche Bundespolizisten. Die Beamten erhielten ihre Spesen und Reisekosten von der deutschen
GIZ, die saudische Gelder von EADS weitergeleitet bekam.[11]
Die Nähe zwischen der Entwicklungshilfeagentur und der
Rüstungsbranche ist kein Zufall: Nach seinem Ausscheiden
aus dem Kabinett 2013 wurde Bundesentwicklungsminister
und GIZ-Auftraggeber Dirk Niebel Cheflobbyist der Düssel-
dorfer Rüstungsschmiede Rheinmetall, mittlerweile einer von
Deutschlands führenden Herstellern von Grenzzaunanlagen.[12]

Abwehrzäune mit Selbstschussanlagen

Bereits mit den Zäunen um die spanischen Exklaven in Marokko – Ceuta und Melilla – ist die EU auf den afrikanischen
Kontinent vorgestoßen. Seit Jahren stürmen immer wieder
Migranten die Zaunanlagen, meist verletzten sie sich dabei
schwer. Die spanische Firma ESF gilt weltweit als der führende
Hersteller von NATO-Draht (→ *Kapitel: Rückblick*). Seine Za-
cken sind scharf wie Rasierklingen, durchtrennen mühelos
menschliche Sehnen. An den Zäunen von Ceuta und Melilla

testete ESF seinen tödlichen Draht. Später verkaufte sie ihn auch an Griechenland, Ungarn und die Türkei.[13] Mit dem Türkei-Deal erreichte der EU-Migrationsabwehrschirm die nächste Stufe, auch technisch: Die Mauer zu Syrien wird mit Drohnen aus der Luft überwacht und ist womöglich mit Selbstschussanlagen ausgerüstet, die bei Annäherung auf 300 Meter zuerst eine Warnung in drei Sprachen abgeben und dann automatisch feuern (→ *Kapitel: Das Abkommen mit der Türkei*).[14] Hergestellt wurde sie vom aufstrebenden türkischen Rüstungskonzern Aselsan, dessen Forschungsbudget für Grenzanlagen aus dem europäischen Forschungsetat »Horizon 2020« stammt.[15]

In ihrem jüngsten Frontex-Afrika-Geheimdienstbericht, der im April 2017 veröffentlicht wurde, listet die europäische Grenzschutzbehörde sämtliche bereits befestigten Grenzzaunanlagen auf dem afrikanischen Kontinent auf: 2700 Kilometer Zaun hat Marokko bereits in den 1980er-Jahren gegenüber Westsahara gebaut, gesichert mit Landminenfeldern und hohen Wachtürmen. 140 Kilometer Zaun stehen schon zwischen Marokko und Algerien. 170 Kilometer Zaun schützen die Grenze zwischen Tunesien und Libyen. Mit US-Hilfe wird derzeit ein Wall zwischen Niger und Nigeria errichtet, um die Miliz Boko Haram abzuwehren. All diese Hightechanlagen sollen vor Terroristen und Schmugglern schützen, aber auch vor Migranten, so Frontex: »Diese künstliche Grenze kann womöglich auch Auswirkungen auf die Migrationsströme an die nördlichen Küsten Marokkos haben, die an Spanien grenzen«, heißt es in dem Bericht.[16] Was die EU als Kampf gegen den Terror rechtfertigt, ist vielerorts Kampf gegen alle Formen der Migration.

»Von Zentralasien bis nach Zentralafrika« baut die EU ihre Festung jetzt weiter aus, indem sie bis zum Äquator hinunter in die »Robustheit der Staaten« investiere, heißt es im jüngsten EU-Strategiepapier vom Juni 2016 für ihre neue gemeinsame Außen- und Sicherheitspolitik, um »langfristige Sicherheit und Stabilität in Europa zu gewährleisten«. In der EU-Nachbarschaft gebe es »Tumulte«, dem »Überschwappen der Unsicherheit« müsse die EU begegnen.[17]

Im April 2016 trafen sich Europas Außen- und Verteidigungspolitiker zu ihrer Jahreskonferenz in Paris. Ein symbolischer Ort: Die französische Hauptstadt wird seit den Terrorattacken vom November 2015 im Ausnahmezustand regiert. »Wir können die EU nicht länger als geschützte Insel im Weltgeschehen betrachten«, warnte der französische Außenminister Jean-Marc Ayrault: »Europa hat Feinde, Europa hat Gegner«, donnerte er.[18] Das müsse man den Europäern endlich einmal klar sagen. Die Gegner lokalisiert er nicht nur in Syrien, sondern in Libyen und der Sahelzone – also in Afrika. Dort soll die EU Schleuser, Schlepper, Menschenhändler, Passfälscher sowie offene oder nicht existente Grenzen bekämpften. Von »Homeland-Security« ist in der neuen EU-Verteidigungsstrategie die Rede – Heimatschutz, ganz so wie in den USA nach den Anschlägen des 11. September 2001.[19]

Der Nachbarkontinent ist in den Augen der europäischen Akteure voller Gefahren. Das zeigen die Risiko-Analysen, die Frontex jährlich veröffentlicht, sowie die sogenannten Afrika-Geheimdienstberichte, die vor allem Migrationsströme unter die Lupe nehmen.[20] Frontex-Chef Leggeri eröffnet die Risikoanalyse für 2016 mit dem Hinweis auf »1,8 Millionen Fälle illegaler Grenzübertritte nach Europa«. Dies sei »das größte Chaos« seit dem Zweiten Weltkrieg.[21]

Ein wesentlicher Grundpfeiler der Union ist das Schengen-Abkommen. Als jedoch 2015 Hunderttausende Flüchtlinge über Griechenland und die Balkan-Route in den Schengen-Raum eindrangen, waren die EU-Mitgliedstaaten gezwungen, ihre nationalen Grenzen wieder hochzuziehen. Damit wurden die Eckpfeiler der Union erschüttert. »Ziel ist es, alle internen Grenzkontrollen so schnell wie möglich zu lockern, mit einem gesetzten Ziel im Dezember 2016«, heißt es in einem internen Papier der Kommission an das EU-Parlament vom März 2016.[22] Das heißt aber im Umkehrschluss: Die EU-Außengrenzen müssen jetzt strikter verteidigt werden. Die Festung Europa wird jetzt mit Schutzwällen nach außen hin auf dem afrikanischen Kontinent ausgebaut.

Dabei liegen die wahren Gefahren in der mangelnden Verteidigungsfähigkeit in Europa selbst, so der EU-Verteidigungs-Aktionsplan, der im November 2015 im Angesicht der Terroranschläge in Paris von der EU-Kommission verfasst wurde. Dieses interne Papier bescheinigt der EU eine nur bedingte Wehrfähigkeit. Europaweit unterhielten nationale Armeen 19 verschiedene Typen von Infanterie-Kampffahrzeugen, so das Papier. Die USA zögen hingegen mit nur einem Panzertyp in den Krieg, dies sei billiger. Die EU-Staaten hätten die Verteidigungshaushalte zu sehr reduziert, sie würden nicht mehr in Forschung und Entwicklung neuer Sicherheitstechnologien investieren. Ein sicheres Europa könne nur gelingen, wenn alle an einem Strang ziehen – durch eine gemeinsame Rüstungsindustrie.[23]

Dagegen hatten sich bislang Europas führende Militärnationen gesträubt, allen voran die Bundesrepublik, Frankreich und Großbritannien. Die Bundesregierung hatte an ihrem Grundsatz festgehalten: Die Bundeswehr kauft nur bei deutschen Herstellern. Erst im Zuge des Skandals um das G36-Sturmgewehr änderte sich diese Haltung. Im Oktober 2016 unterzeichnete Verteidigungsministerin von der Leyen mit ihrem französischen Amtskollegen eine Absichtserklärung für eine gemeinsame Lufttransportstaffel. Die Bundeswehr stattet jetzt Frontex mit Hubschraubern aus, um Schlepperboote im Mittelmeer aufzuspüren. »Das zeigt doch mal, wie die Zusammenarbeit in Europa gehen kann«, sagte von der Leyen.[24]

Vernetzte Drehkreuze und Satelliten über Afrika

Die gemeinsame Schlüsseltechnologie der Zukunft ist das sogenannte Integrierte Grenzmanagement, kurz: IBM, das von der EU entwickelt und erstmals in den Balkan-Staaten und später in Afghanistan zur Anwendung kam.[25] Gemeint sind sogenannte intelligente Grenzposten, durch welche Passanten mit elektronischen Ausweispapieren einfach und zügig durchgehen können, weil deren Computerdatenbanken mit allen relevanten Behörden vernetzt sind: Einwanderungsbehörde, Sicherheitsbehörden, Zoll. In Drehkreuzen wird der biometrische Reisepass durchgezogen und die auf dem Chip gespeicherten Daten mit weltweiten Datenbanken wie Interpol in Echtzeit abgeglichen, um potenzielle Terroristen oder gefälschte Ausweisdokumente aufzuspüren. IBM soll auch die Zollabwicklung einfacher und sicherer machen. Mit Herzschlagmessgeräten, Atemluftscannern und Röntgenanlagen wollen Grenzschützer in Lastwagen blinde Passagiere aufspüren. Die kleinen, aber hochsensiblen Geräte sind teuer: Ein einziger Lkw-Scanner kann gut 1,5 Millionen Euro kosten.

Europas führende Rüstungs- und Sicherheitsfirmen haben die IBM-Grenzanlagen als neue, gleichsam zivile Sparte für sich entdeckt. Anders als bei militärischen Großprojekten arbeiten hier europäische Zulieferer eng zusammen. Allein beim Bau der Grenzbarriere im französischen Calais waren über 40 Firmen beteiligt – und die ist gerade einmal fünf Kilometer lang.[26] Alle anderen Möglichkeiten, eine Grenze zu überqueren, werden gleichzeitig mit kilometerlangen Zaunanlagen rigoros abgedichtet und aus der Luft überwacht.

Das Zugpferd der EU-Grenzüberwachung heißt EUROSUR (European Border Surveillance System). Seit Dezember 2013 überwachen Drohnen die südlichen EU-Grenzen, unterstützt von geostationären Satelliten über dem Mittelmeer. Boote entlang der Küsten, Lastwagen in der Wüste oder wandernde Migranten – all das kann im Frontex-Hauptquartier in Warschau live auf dem Monitor mitverfolgt werden. Ein kleineres Satellitenüberwachungssystem »Seepferdchen« betreibt Spanien in Kooperation mit Mauretanien, Marokko, Senegal, Gambia, Guinea-Bissau und Kap Verde.[27] Derzeit wird ein gemeinsames System mit Tunesien, Algerien und Ägypten aufgebaut. EUROSUR kostete die EU 338 Millionen Euro, so die EU-Kommission.[28] Eine Studie der Heinrich-Böll-Stiftung geht von mindestens 874 Millionen Euro aus, inklusive Entwicklungskosten.[29]

Seit 2002 hat die EU 56 Projekte mit 316 Millionen Euro für die Erforschung von Grenztechnologie finanziert. Führende Rüstungsunternehmen wie Airbus Defence and Space, Thales aus Frankreich, BAE Systems aus Großbritannien, der italienische Konzern Leonardo-Finmeccanica, das spanische Unternehmen Indra, aber auch das deutsche Fraunhofer-Institut oder gar israelische und türkische Firmen hatten Zugriff auf die EU-Fördertöpfe. Sie rüsteten die EU-Grenzen in Bulgarien und Ungarn mit neuester Technik aus: ein superpräzises Radarsystem von Airbus, das kleinste Objekte noch aus 220 Kilometern aufspüren kann.[30] Da kommt keine Fliege mehr durch.

Treibende Kraft hinter diesen EU-Investitionen in neue Technologien wie die Grenzsicherung sind einflussreiche Lobbygruppen mit Sitz in Brüssel: Die mächtigste Lobbygruppe ist EOS (European Organisation for Security), geleitet von Ex-Thales-Manager Luigi Rebuffi. Daneben gibt es die ASD (Aerospace and Defence Industries Association of Europe), deren Vorsitzender Mauro Moretti zugleich Chef von Finmeccanica ist, sowie den Think-Tank »Freunde Europas«. Diese einflussreichen Lobbyisten gründeten in den vergangenen Jahren sogenannte Arbeitsgruppen: innerhalb der EOS die »AG Intelligente Grenzen« unter Leitung der französischen Konzerne Safran und Thales oder die »AG Grenzüberwachung«, angeführt von der italienischen Elektronikfirma Selex. Über Technologiepartnerschaften sind diese mittelbar mit Europas führenden Konzernen verbunden. Zum Beispiel entwickelten Mercedes-Benz und Volkswagen Geländefahrzeuge, die dann für Grenzpatrouillen aufgerüstet werden. In den vergangenen fünf Jahren investierte Airbus mindestens 7,5 Millionen Euro in Lobbyarbeit, Finmeccanica und Thales jeweils rund eine Million Euro.[31] Das muss sich rentieren. Jetzt braucht die neue Technologie einen Absatzmarkt: am besten über Europas Grenzen hinaus.

Der afrikanische Kontinent mit seinen Abertausenden Kilometern von unsichtbaren Grenzen ist der ideale Markt. Mit der zunehmenden Terrorgefahr folgen viele afrikanische Regierungen dem Beispiel Kenias: Sie wollen Unterstützung beim Kampf gegen den Terror, am liebsten von der EU in Form von Ausrüstung und Ausbildung. Umgekehrt vergeben sie Aufträge an internationale Firmen. Ob auf dem von Airbus gesponserten Grenzmanagement- und Technologie-Gipfel im März 2016 in Ankara, der Grenzsicherheits-Expo in Rom oder dem Welt-Grenz-Kongress in Marokko im März 2017 – unter den Teilnehmern sind immer mehr Afrikaner. Der Chef der Abteilung Migration bei der ECOWAS sowie Vertreter der Migrationsbehörde Nigerias und der Nationalen Identifikationsbehörde Ghanas hatten sich beispielsweise angemeldet.[32]

Gleichzeitig sorgt die EU dafür, dass sich afrikanische Regierungen der Logik der intelligenten Grenzkontrollen anschließen. Sie zwingt sie ihren afrikanischen Partnern geradezu auf. »Integriertes Management fördert die Prävention von illegaler Migration und den Kampf gegen jede Art von Schmuggel«, heißt es in einem internen Strategiepapier der EU-Kommission zu den Verhandlungen mit Nigeria. Zu diesem Zwecke können auch Gelder aus dem Nothilfefonds für Afrika verwendet werden, heißt es weiter.[33] EU-Entwicklungsgelder dürfen also für die Aufrüstung afrikanischer Staaten ausgegeben werden. Bereits zuvor hatte die EU den Aufbau einer nigerianischen Migrationspolizei gefördert. An der Elfenbeinküste sind »Sicherheit und Grenzkontrolle« zentrale Interessen der EU, das geht aus einem weiteren internen Kommissionspapier hervor.[34] Integriertes Grenzmanagement legt die EU auch dem Transitland Mali nahe. Wichtig sei »Unterstützung bei Grenzmanagement und -kontrolle«, Ausrüstung werde regelmäßig von malischer Seite angefragt, schreibt die Kommission an den

Ausschuss der Ständigen Vertreter der Mitgliedstaaten, der die Sitzungen des Europäischen Rates vorbereitet.[35]

Die Hochrüstung der Grenzen mit Hightechgerät ist teuer, das kann sich kaum ein afrikanischer Staat leisten. Hier greifen dann die EU-Mitgliedstaaten in ihre eigenen Taschen, wenn sie damit heimischen Rüstungskonzernen profitable Aufträge sichern können. So stellten das Bundesverteidigungsministerium und das Auswärtiges Amt 2016 zwölf Millionen Euro aus dem Topf »Ertüchtigung von Partnerstaaten im Bereich Sicherheit, Verteidigung und Stabilisierung« zur Verfügung, aus dem auch Sicherheitsprojekte im Irak, Jordanien, Mali und Nigeria finanziert werden. Für 2017 wurden weitere 40 Millionen für Tunesien eingeplant, so ein Sprecher des Verteidigungsministeriums. Auch die EU steuert 14 Millionen Euro für tunesische Grenzaufrüstung bei. Deutsche Bundespolizisten bilden tunesische Grenzschützer aus, die Bundeswehr schickt Schnellboote und gepanzerte Lastwagen. Für 2017 hatte Deutschland mobile Überwachungssysteme mit Bodenaufklärungssystemen an der tunesisch-libyschen Grenze zugesagt. Fünf Nachtüberwachungssysteme, 25 Wärmebildkameras, 25 optische Sensoren und fünf Radarsysteme hat Airbus für die Ausbildung nach Tunesien geliefert. Bezahlt hat das Gerät die Bundesregierung, aus Steuergeldern.[36] Tunesien bekommt die Hightech-Grenze quasi umsonst.

Bis 2020 sind von der EU mehr als sechs Milliarden Euro für den Schutz der EU-Außengrenzen vorgesehen. Davon stammen 2,8 Milliarden aus dem Fonds für Innere Sicherheit und 1,7 Milliarden aus dem EU-Forschungsprogramm für Grenztechnik. Rund 1,5 Milliarden werden für Frontex und EUROSUR veranschlagt. Darüber hinaus gibt es Finanzspritzen für Drittländer: an Libyen rund 66,5 Millionen Euro, Mauretanien 16 Millionen Euro, den Libanon 14 Millionen Euro und Tunesien 23 Millionen Euro, so eine Studie der niederländischen NGO »Stoppt Waffenhandel«.[37]

Auch in Mali und Niger wurden Grenzschutzmaßnahmen

finanziert. Das Bundeskabinett beschloss 2016, im Rahmen des »Polizeiprogramms Afrika« des Auswärtigen Amtes, durchgeführt von der GIZ, bis zu 20 Beamte nach Niger zu schicken, zentrales Transitland in der Sahara. Niger bekam für rund 1,4 Millionen Euro neun Polizeistationen an der Grenze zu Nigeria, davon bezahlte das Auswärtige Amt drei, die EU die übrigen sechs. Deutschland schenkte Nigers Grenzpolizei neun Pick-up-Trucks für 270 000 Euro und zwölf Motorräder für je 10 000 Euro, dazu Ausbildungseinheiten für die Grenzpolizei. Im Tschad wurde ein Grenzposten an der Grenze zu Kamerun gebaut. In der dritten Phase des Polizeiprogramms, das bis 2018 laufen soll, werden Polizeistrukturen in Mauretanien, Elfenbeinküste, Niger, Demokratische Republik Kongo, Kamerun, Nigeria und im Südsudan unterstützt. Auch das Interpol-Projekt »Adwenpa II« wird von der Bundesregierung finanziert. Von 2016 bis 2018 werden in dessen Rahmen in 14 westafrikanischen Staaten Grenzschützer ausgebildet.[38]

»Der Markt in Afrika ist mit Sicherheit interessant, weil es da einen Bedarf gibt«, sagt ein Airbus-Sprecher auf Anfrage. Der Zugang sei aber schwierig, denn es fehle an »verantwortungsvollen, lokalen Businesspartnern, die unsere hohen Ansprüche erfüllen.« Wesentlich einfacher sei da die Lieferung einzelner Produkte wie Radartechnik oder Kameras. Für Marktzugänge nach Afrika sorgen also die Grenzsicherungsprogramme im Auftrag des Auswärtigen Amtes oder der EU. »Als Nutzer von Grenzsicherungssystemen kommen aus unserer Sicht grundsätzlich alle Staaten infrage, für die sich das Problem illegaler Grenzübertritte stellt. Gespräche in dieser Richtung führen wir auch in einzelnen afrikanischen Staaten«, bestätigt auch ein Sprecher von Rheinmetall. Es sei aber »noch zu früh, um über konkrete Projekte zu sprechen«. Wie üblich lassen sich europäische Sicherheits- und Rüstungsfirmen nur ungern in die Karten schauen, wenn es um lukrative Aufträge geht. Ein Sprecher von Airbus DS Electronics and Border Security mit Sitz in Ulm sagt in diesem Zusammenhang: »Unsere Kunden bestehen darauf, dass wir nicht über ihre Beschaffungsprojekte sprechen.« Airbus kündigte 2016 an, eine Niederlassung in Nigeria eröffnen zu wollen.[39]

Im Zuge der UN-Mission in Mali, MINUSMA, lieferte Airbus eine Überwachungsdrohne des Typs »Heron 1« an die in Mali stationierte Bundeswehr.[40] Der italienische Konzern Leonardo-Finmeccanica lieferte 15 Überwachungshubschrauber an die algerischen Grenztruppen. Airbus rühmt sich auf seiner Webseite, seinen eigens für die Grenzüberwachung entwickelten Spexer-Radar an drei west- und nordafrikanische Länder geliefert zu haben. Ein niederländischer Ableger des französischen Rüstungsriesen Thales rüstete 2015 die ägyptische Marine mit Radartechnik im Wert von 34 Millionen Euro auf. Der Braunschweiger Flugzeugtechnikspezialist Aerodata stattet weltweit Flugzeuge und Hubschrauber mit Radarsystemen aus. Die maltesische Luftwaffe bestellte gleich drei davon. Bezahlt wurden sie teilweise aus dem EU-Fonds für Innere Sicherheit. Auch Aerodata interessiert sich seit Neuestem für Afrika: 2015 warben die Braunschweiger für ihre Produkte in Kenia und Tansania, als die dortigen Flughäfen mit Sicherheitstechnologien ausgestattet werden sollten.

Eine Entwicklungshilfegesellschaft auf Abwegen

Die deutsche GIZ war einmal als staatliche Gesellschaft für technische Zusammenarbeit in Hinsicht auf Entwicklung gegründet worden. Ihre Hauptauftraggeber waren bislang vor allem das BMZ, das Bundesumweltministerium oder das Bundesministerium für Bildung und Forschung. Bereits 2011 schlossen die GIZ und das Bundesministerium für Verteidigung (BMVg) eine Kooperationsvereinbarung über die Zusammenarbeit im In- und Ausland ab.[41] Direkte Aufträge aus dem BMVg anzunehmen – da zögert die GIZ noch. In jüngster Zeit wickelt die GIZ aber zunehmend mehr Aufträge für das Auswärtige Amt ab, die eng mit dem Bundesverteidigungsministerium koordiniert werden. Ziel dieser Programme ist vor allem die Unterstützung von Partnerländern im Kampf gegen Terrorismus und Drogenhandel, so ein internes Schreiben der beiden Ministerien vom Mai 2016.[42] Im März 2017 fand in Berlin eine Konferenz der GIZ mit dem BMVg statt. Hier wurden die gemeinsamen Projekte zum ersten Mal öffentlich vorgestellt: vor allem Projekte in Afrika.

So ist die GIZ mittlerweile in Mali, Niger und Burkina Faso in der Verbesserung der Grenzsicherheit tätig. In Burkina Faso leistet sie »fachliche Beratung zur Erarbeitung einer Politik des Integrierten Grenzmanagements«, und in Mali berate sie »bei der Überarbeitung der Nationalen Grenzpolitik«, so die Bundesregierung. Auch im Tschad und in Mauretanien unterstützt die GIZ die Ausrüstung und Ausbildung von Grenzschützern und den Bau von Grenzstationen. Im Niger wurde im Rahmen der EU-Ausbildungsmission EUCAP »Unterstützung beim Grenzschutz und der Bekämpfung krimineller Schleusungen« geleistet. Deutsche Gelder finanzieren die Ausbildung der Marine am Golf von Guinea in Kooperation mit ECOWAS.[43]

Entwicklung könne nur mit der Etablierung von Sicherheit vonstattengehen, hatte Kanzlerin Merkel in ihrer Eröffnungsrede zur G20-Partnerschaft-mit-Afrika-Konferenz im Juni 2017 in Berlin klargestellt. Diese Vorbedingung fehle in Afrika größtenteils. Hier sei ein Umdenken nötig, mahnte sie: »Wir haben uns gut gefühlt, wenn wir uns nicht mit Fragen der militärischen Ausrüstung beschäftigt haben.«[44] Konkret soll das heißen: Sicherheit und Militärausbildung werden ab jetzt Bausteine der Entwicklungspolitik. Europas Rüstungsindustrie freut das.

Dank all dieser, mit europäischen Steuergeldern finanzierten Programme werde der weltweite Gesamtumsatz mit Grenztechnologie von 15 Milliarden Euro im Jahr 2015 auf bis zu 29 Milliarden im Jahr 2022 steigen, prognostiziert das Marktforschungsunternehmen Frost & Sullivan.[45] Derzeit dominieren in dieser Sparte noch amerikanische und israelische Unternehmen. Europas führende Rüstungsunternehmen wollen aufholen – in Afrika.

Biometrie: der gläserne Afrikaner

Führend auf dem afrikanischen Kontinent sind europäische Sicherheitsfirmen in einem weiteren lukrativen Bereich, der im Rahmen der Grenzsicherungsprogramme mit ausgebaut wird: dem Markt für biometrische Personalausweise und Reisedokumente, die den raschen Durchgang durch die modernen Grenzposten ermöglichen. Rund ein Drittel der geschätzten 1,2 Milliarden Afrikaner ist laut einer Statistik der Weltbank von 2016 bislang überhaupt nicht staatlich registriert.[46] Die Gründe: Es gibt in vielen afrikanischen Ländern kein Meldeverzeichnis, denn die letzte Volkszählung ist Jahrzehnte her, oder die Regierung stellte bislang gar keine Personalausweise aus. In der DR Kongo zeigt man beispielsweise stattdessen den Führerschein oder den Wahlausweis, ein laminierter Fetzen Papier. Ohne digitale Datenbanken im Einwohnermeldeamt türmen sich die für afrikanische Behörden typischen bunten Papierordner und blauen karierten Registerbücher in feuchten Kellern bis unter die Decke. Zentrale Datenspeichersysteme, vernetzte Computer, Server, Fingerabdruckscanner, Digitalkameras, Lesegeräte – die Hightechausrüstung für Grenzposten kostet ein Vermögen. Oft scheitert deren Verwendung schon an der mangelnden Stromversorgung am Schlagbaum in der Wüste.

Doch es gibt internationalen Druck, dies zu ändern. Die Internationale zivile Luftfahrtbehörde ICAO (International Civil Aviation Organization), eine UN-Sonderorganisation, hatte eine Frist gesetzt: Seit 2015 dürfen weltweit Reisende nur noch mit maschinenlesbaren Pässen unterwegs sein. Länder wie Marokko, Senegal, Äthiopien, Sudan, Kenia, Uganda oder Liberia haben in den vergangenen Jahren daher biometrische Ausweisdokumente eingeführt. Die sechs Länder umfassende Ostafrikanische Gemeinschaft (EAC) investiert in ein ePass-Projekt. Auf internationalen Flughäfen in Kairo, Nairobi und Accra in Ghana sind die Scanner bereits im Betrieb.[47]

Der globale Biometrie-Markt boomt. Das Marktforschungsinstitut MarketsandMarkets geht von einer jährlichen Wachstumsrate von 17,9 Prozent bis 2020 aus.[48] Afrika ist der ideale Absatzmarkt: Über eine Milliarde Menschen benötigen dort in Zukunft digital lesbare Personalausweise, Reisepässe oder Führerscheine. Oft vergeben sie die Aufträge an Unternehmen wie die Bundesdruckerei in Berlin: Für Libyens Übergangsregierung werden hier beispielsweise Rohpässe gedruckt.[49] Auch der Sudan hat Interesse abgemeldet (→ *Kapitel: Unsere Partner*).

»Moderne Reisedokumente haben einen Mikrochip eingebaut, auf dem biometrische Merkmale des Trägers gespeichert werden«, erklärt IT-Experte Eric Töpfer vom Deutschen Institut für Menschenrechte.[50] Fingerabdrücke, Gesichtsform, ein Scan der Iris – bald sollen diese Informationen zentral gespeichert und abgleichbar sein. EURODAC ist eine der vier biometriebasierten Datenbanken der EU, die bald zu einer einzigen Datenbank zusammengelegt werden sollen. Fingerabdrücke von über 2,7 Millionen Asylbewerbern europaweit sind in EURODAC laut Angaben der europäischen IT-Agentur EU-LISA Ende 2014 gespeichert, Tendenz steigend.[51] »Momentan arbeitet die EU intensiv an einer Zusammenlegung ihrer Datenbanken. Seit Juli 2015 dürfen auch Polizei- und Strafverfolgungsbehörden der EU-Mitgliedstaaten sowie Europol für Ermittlungen auf EURODAC zugreifen«, sagt Töpfer. Sowieso schon marginalisierte Gruppen würden so im Namen der Terrorbekämpfung unter Generalverdacht gestellt werden. »Dass auch die anderen Datenbanken in erster Linie der Migrationskontrolle dienen, zeigt, wie bedeutend biometrische Technologie in diesem Feld geworden ist.«

Über 9400 Menschen wurden laut Frontex allein im Jahr 2014 bei der Einreise in die EU mit gefälschten oder fremden Reisedokumenten erwischt. Dazu kommen knapp 10 000 Festnahmen an Grenzen innerhalb des Schengen-Raums. Die EU-Grenzagentur, die in Zukunft europaweit für Rückführungen zuständig sein soll, hat die Identitätsfeststellung von Asylsuchenden in ihrer jährlichen Risikoanalyse 2016 als eine ihrer »größten Herausforderungen« bezeichnet.[52] Die Europäische Kommission spricht, unter Berufung auf Informationen des EU-Polizeiamts Europol, in einer Mitteilung im September 2016 von einer »Zunahme des Dokumentenbetrugs in Gebieten mit hohem Risiko«. Von einer »Bedrohung der inneren Sicherheit« ist die Rede. »Sichere Reise- und Identitätsdokumente« seien von »entscheidender Bedeutung [...], wenn die Identität einer Person zweifelsfrei festgestellt werden muss«.[53]

Biometrische Erkennungsverfahren sind wesentliche Voraussetzungen bei der Abschiebung. Denn viele Migranten können sich nicht ausweisen oder kommen mit gefälschten Pässen daher. Damit lässt sich dann aber nicht feststellen, in welches Land man sie abschieben soll (→ Kapitel: Abschiebungen). In Deutschland liegt die Quote von Asylverfahren »ohne jegliche Identitätsdokumente« laut einer Statistik des Ausländerzentralregisters von Januar 2015 bei über 70 Prozent. Dies führe zu massiven Schwierigkeiten: »Fehlende Identitätsnachweise bei Asylbewerbern und Ausreisepflichtigen sind nach wie vor das quantitativ bedeutendste Problem beim Vollzug aufenthaltsbeendender Maßnahmen«, heißt es da.[54] Besonders »schwierig« gestalte sich die Abschiebung in »Länder ohne funktionierendes Meldesystem«, wird in einer 2013 vom BAMF herausgegebenen Studie problematisiert. Eine um ein Jahr verzögerte Abschiebung kann schnell 12 000 Euro kosten.[55]

»Ein Kollabieren des Systems« stehe ohne entsprechende Gegenmaßnahmen »unausweichlich« bevor, warnt die Bund-Länder-Arbeitsgruppe Rückführungen, AG Rück genannt, in einer Evaluation der deutschen Abschiebepraxis im April 2015.[56] Auf dem Valletta-Migrationsgipfel im November 2015 hat die EU deswegen mit über 30 afrikanischen Staaten einen »Aktions-Plan« verabschiedet.[57] Darin sind weitreiche Unterstützungsmaßnahmen für die »Modernisierung« von Melderegistern und sicheren Ausweisdokumenten angekündigt – biometrische Entwicklungshilfe sozusagen.

In Westafrika hat die EU fünf Millionen Euro in die Entwicklung eines Informationssystems für Westafrika, WAPIS, gesteckt *(→ Kapitel: Freizügigkeit)*.[58] Die Idee: Bis zu 17 Staaten zwischen Mauretanien und Nigeria sollen künftig die im Zuge von Polizeiermittlungen gesammelten Fingerabdrücke auf einer zentralen Datenbank speichern und diese Interpol zugänglich machen. Damit sind die Daten auch in Europa abrufbar. In Ghana, Mali, Niger und Benin laufen seit 2015 Pilotprojekte. Das System ist auch für Grenzkontrollen vorgesehen und soll helfen, gefälschte Dokumente zu identifizieren. »Damit rückt ein Massenabgleich von Daten papierloser afrikanischer Migranten für Abschiebezwecke in greifbare Nähe«, so Töpfer vom Institut für Menschenrechte.

Dass es sich dabei nicht um wilde Fantasien von Datenschützern handelt, hat der deutsche Innenminister de Maizière Anfang 2016 auf seiner Maghreb-Reise bewiesen. Marokko habe einem biometrischen Datenabgleich für Abschiebungen bereits zugestimmt, verkündete er.[59] Etwa zwei Wochen später veröffentlicht Veridos, ein Gemeinschaftsunternehmen der deutschen Bundesdruckerei GmbH und von Giesecke & Devrient (G & D) mit Sitz in München, eine Pressemitteilung, aus der hervorgeht, dass es von Marokko mit der »Entwicklung und Umsetzung eines nationalen Grenzkontrollsystems« beauftragt wurde. Der Auftrag umfasst biometrische Scanner, Passlesegeräte, automatisierte Kontrollschleusen und Server für 1600 Kontrollposten.[60]

Bei Aufträgen wie diesen handelt es sich für afrikanische Staaten um eine strategisch wichtige Investition zur Kontrolle über ihre eigene Bevölkerung, teuer ist sie allemal. Die Einführung biometrischer Datenbanken geht meist einher mit der Umstellung auf elektronische Wahlsysteme. Bevor die Wähler ihren Stimmzettel in die Urne werfen dürfen, müssen sie ihren Fingerabdruck abgeben oder werden mit Iris-Scannern erfasst. Das soll Doppelabstimmungen vermeiden und die Erhebung der Wahlbeteiligung vereinfachen. Doch gleichzeitig wird damit der Wahlfälschung Tür und Tor geöffnet.

In vielen afrikanischen Ländern funktionieren diese Systeme in der Praxis oft schlecht: Registrierte Wähler finden sich in den Datenbanken nicht wieder, oder die Geräte versagen am Wahltag. Diese elektronischen Wahlsysteme haben das Vertrauen in die Transparenz der in Afrika oft umstrittenen Wahlen nicht unbedingt erhöht, im Gegenteil.[61] Ein Beispiel ist Ruanda: Bei den Wahlen im August 2017 machen in dem kleinen Land mit gerade einmal zehn Millionen Einwohnern die Wähler kein Kreuz auf dem Stimmzettel, sondern hinterlassen ihren Fingerabdruck neben dem Foto ihres Kandidaten. Die Zivilgesellschaft kritisiert, dass die Abstimmung dadurch nicht mehr anonym sei, da der Geheimdienst einen Massenabgleich der Fingerabrücke durchführen könne.[62] Ruandas Präsident Paul Kagame erhielt beim jüngsten Referendum 2015 zur Abstimmung über eine in der Verfassung nicht vorgesehene dritte Amtszeit 98 Prozent der Stimmen: nur rund 100 000 stimmten gegen ihn – mit ihrem Fingerabdruck wohlgemerkt.[63] Bei den Präsidentschaftswahlen im August 2017 stimmten 98,6 Prozent für ihn. Menschenrechtsorganisationen bezeichnen Ruanda als Überwachungsstaat. Doch erst die Biometrie macht Kontrolle allumfassend möglich.

Bei dieser Bedeutung für den Machterhalt ist es kein Wunder, dass die Verträge auf allerhöchster Ebene vergeben werden, meist ohne Ausschreibungsverfahren. Bereits 2010 geriet das deutsche Familienunternehmen Mühlbauer aus der Oberpfalz wegen eines dubiosen Deals in die Schlagzeilen: Die auf dem afrikanischen ID-Markt führende Firma beliefert allein sechs afrikanische Staaten. Ihr Afrika-Standort ist Uganda. Dort traf sich Firmenchef Josef Mühlbauer im Jahr 2010 mitten in der Nacht mit dem ugandischen Präsidenten Museveni, um einen Auftrag über 64 Millionen Euro abzuschließen.[64] Und das, obwohl ugandisches Vergaberecht eine öffentliche Ausschreibung vorsieht. Später geriet Mühlbauer wegen Korruptionsvorwürfen in Verruf, der Auftrag wurde von Ugandas Regierung annulliert.[65] 2016 bekam das deutsche Unternehmen Veridos den Zuschlag für den Druck sämtlicher sicherheitsrelevanter Dokumente und ID-Karten, darunter ugandische Reisepässe, Führerscheine, Personalausweise und Geldscheine.[66]

Von einem ähnlichen Korruptionsfall ist auch in Kamerun mit G&D die Rede, einer der Muttergesellschaften von Veridos.[67] Bereits in Simbabwe war G&D in Skandale verwickelt, als es zur Zeiten der Hyperinflation für den dortigen Diktator Robert Mugabe Geldscheine druckte.[68] Der größte Mühlbauer-Kunde in Afrika ist mittlerweile Algerien, dort warten lukrative Aufträge. »Hoch skeptisch« sei das Land gegenüber einem Rückführungsabkommen mit der Gesamt-EU, heißt es in einem internen Strategiepapier der Europäischen Kommission. Nur ein Viertel der geplanten Abschiebungen von Algeriern im Jahr 2014 seien tatsächlich erfolgt. Um die Kooperationswilligkeit des Staates zu erhöhen, werden finanzielle und technische Unterstützung für die Weiterentwicklung einer »biometrischen Datenbank« vorgeschlagen.[69]

Der größte Markt in Afrika ist Nigeria. Afrikas bevölkerungsreichstes Land steht an zweiter Stelle in der Liste irregulärer Migranten in der EU und wird als Drehkreuz für Passfälscher gehandelt. Im März 2015 unterzeichnete die EU mit dem 182-Millionen-Einwohner-Staat ein Mobilitätsabkommen, das vorsieht, die Identitätsdokumente mit dem Einsatz von biometrischer Technologie sicherer zu gestalten.[70] Im Februar 2016 wurde in einem internen Strategiepapier der EU-Kommission der Ausbau eines Melderegisters mit biometrischer Erfassung vorgeschlagen.[71] Sieben Monate später stellte Nigerias Präsident eine neue eID vor. Der Clou: Der amerikanische Konzern Mastercard hat die IDs zu Bankkarten gemacht und somit potenziell 100 Millionen Nigerianer als neue Kunden langfristig an sich gebunden. Gedruckt werden sie vom niederländischen Chipkartenhersteller Gemalto.[72] Der Absatzmarkt ist in Afrika schier grenzenlos.

Das Mittelmeer
Sterben, wo andere Urlaub machen

Der Tag hätte früher, viel früher kommen können. Es ist Mittwoch, der 28. Juni 2017, als Italiens EU-Botschafter Maurizio Massari das Gebäude der EU-Generaldirektion für Inneres und Migration in der Rue de Luxembourg in Brüssel aufsucht. Seine Botschaft an den Hausherrn, Kommissar Dimitris Avramopoulos, ist knapp: So gehe es nicht weiter, sagt Massari. Italien habe seine internationalen Verpflichtungen mehr als erfüllt. Der EU aber sei es nicht gelungen, ihm bei der Lösung des Flüchtlingsproblems zu helfen. Die Regierung in Rom erwäge deshalb, ihre Häfen für Flüchtlingsboote zu sperren. Es ist die bislang höchste Eskalationsstufe eines seit über einem Jahrzehnt während Streits, in dem die Italiener von der EU konsequent im Stich gelassen werden.

Nachdem Spanien die westliche Mittelmeerroute geschlossen hatte *(→ Kapitel: Rückblick)*, waren es neben Griechenland vor allem Malta und Italien, wo ab 2005 immer mehr Flüchtlinge ankamen. Der ab 2001 regierende Block um den Ministerpräsidenten Silvio Berlusconi und seine beiden Rechtsaußen-Koalitionspartner Gianfranco Fini, seinerzeit Vorsitzender der postfaschistischen Alleanza Nazionale, und Umberto Bossi von der separatistischen Lega Nord, setzten auf Härte. Bossi, damals Minister für institutionelle Reformen, forderte schon 2003, Kanonen gegen »illegale Einwanderer« einzusetzen: »Nach der zweiten oder dritten Warnung – bumm. Dann schießt die Kanone, ohne noch viel zu reden. Die Kanone tötet. Sonst kommen wir nie zu einem Ende.«[1] Später sagte Bossi, in dem Interview mit der renommierten Mailänder Tageszeitung *Corriere della Sera* habe er nur »einen Scherz« gemacht.[2]

Unbestrittener Ernst ist, dass die Regierung Italiens damals tunesische Fischer wie Abdel Basset Zenzeri vor Gericht stellen ließ, weil er 44 Schiffbrüchige nach Italien gebracht hatte.[3]

Aus demselben Grund legte Italien das Schiff der deutschen Hilfsorganisation Cap Anamur 2004 an die Kette. Und insgesamt zeigte es keinerlei Neigung, schiffbrüchige Flüchtlinge zu retten.[4] Sie treiben oft tagelang auf See umher, viele ertrinken nicht, sondern verdursten.[5] Tineke Strik, Professorin für Migrationsrecht aus den Niederlanden, war Vizevorsitzende im Komitee für Migration des Europäischen Rates. In dessen Auftrag hat sie untersucht, warum im März 2011 die NATO und die EU zwei Wochen lang dabei zusahen, wie 61 Flüchtlinge 15 Tage auf dem streng überwachten Mittelmeer trieben. Am Ende waren 50 von ihnen tot. »Niemand hat ihnen geholfen«,[6] so Strik.

Und die Toten wurden nicht einmal gezählt. Im vergangenen Jahrzehnt gab es, anders als heute, keine offizielle Statistik, obwohl Tausende starben. Niemand fühlte sich dafür verantwortlich, außer Freiwilligen. Eine Gruppe um den italienischen Journalisten Gabriele del Grande aus Lucca wertete in mühsamer Kleinarbeit jahrelang Berichte von Zeitungen rund um das Mittelmeer aus. Mit ihrem Blog »Fortress Europe«[7] versuchten sie, die Dimension des Sterbens zu dokumentieren. Parallel dazu sammelte die Amsterdamer NGO United for Intercultural Action seit 1993 Berichte über Zehntausende Todesfälle an den EU-Außengrenzen.[8] Beide Gruppen arbeiten ehrenamtlich. Sonst wären die Toten vor den Toren Europas nirgendwo erfasst worden.

Die Lage für Italien ist seit 2003 durch eine fundamentale Unwucht im europäischen Asylrecht bestimmt: die seit dem 1. März 2003 geltende Verordnung 343/2003, landläufig bekannt als Dublin II.[9] Sie besagt im Kern: Das Land, über das ein Flüchtling in die EU kommt, ist für ihn zuständig. Geht der Flüchtling oder Migrant trotzdem in ein anderes EU-Land, wird er zurückgeschoben. Wer, außer den Flüchtlingen, dabei das Nachsehen hat, liegt auf der Hand: die Staaten an den EU-Außengrenzen. Seitdem die Ankünfte ab etwa 2003 zu steigen beginnen, forderte die Regierung in Rom einen Ausgleich – erfolglos. Nach 2010 brach das Asylsystem vor allem in Griechenland, Malta und Italien zusammen. Die Folgen für die Aufnahmesituation der Flüchtlinge waren katastrophal. Länder wie Deutschland hielten gleichwohl an dem Verfahren fest. »Dublin II bleibt unverändert, selbstverständlich«, sagte Ex-Bundesinnenminister Hans-Peter Friedrich (CSU) 2013.[10] Das System habe sich »bewährt«.

Der Tag, der alles änderte

Schätzungsweise etwa 20000 Flüchtlinge starben seit den 1990er Jahren im Mittelmeer, bis sich am 3. Oktober 2013 ein besonders schweres Unglück ereignet: 390 Menschen, die meisten stammen aus Eritrea, ertrinken in Sichtweite der Insel Lampedusa, als ihr Boot zu brennen beginnt. Nicht alle Leichen können geborgen werden. Das Ereignis wendet die Debatte. Wenige Tage später liegen 290 Särge aus dunklem Holz, darauf 290 rote Rosen mit langem Stiel, zur Schau gestellt in einer Wellblechhalle am Rande des Hafens von Lampedusa. »Ich werde diesen Anblick für den Rest meines Lebens mit mir herumtragen«,[11] sagt die EU-Innenkommissarin Malmström. »Das war das Bild einer Union, die wir nicht wollen.« Gemeinsam mit Kommissionspräsident José Barroso reist Malmström kurz nach der Katastrophe auf die Mittelmeerinsel. Sie steht unter Zugzwang. Stunden nach dem Fototermin vor den Särgen kündigt Malmström die Einsetzung einer Taskforce an. Die aus Vertretern der EU-Mitgliedstaaten und der EU-Grenzschutzbehörde Frontex bestehende Gruppe soll Sofortmaßnahmen vorschlagen.

Daraus wird zunächst nichts. Doch auch in Italien hat sich die öffentliche Meinung gewendet. Im Februar 2013 wird der Sozialdemokrat Enrico Letta zum Ministerpräsidenten ernannt. Letta ordnet wegen der Toten von Lampedusa Staatstrauer an – zum ersten Mal überhaupt wegen toter Flüchtlinge. Bereits am 18. Oktober 2013 startet er dann die Marinemission »Mare

Nostrum« (»Unser Meer«) unter der Leitung des Admirals Guido Rando: Schiffbrüchige soll sie retten, Flüchtlingsboote ans Festland eskortieren. Ein kompletter Marineverband wird in die Nähe der libyschen Gewässer verlegt. Innerhalb eines Jahres retten die Soldaten etwa 150 000 Menschen – mehr als je zuvor. In derselben Zeit ertrinken 3165 Menschen im zentralen Mittelmeer.[12] Ohne Mare Nostrum wären es vermutlich weit mehr geworden. »Wir applaudieren«, so die IOM, und »verneigen uns vor der heldenhaften Leistung der italienischen Marine«.[13]

Leben retten als »Pull-Faktor«

Applaus gibt es, Geld nicht. Die EU trägt nur etwa ein Zehntel der Kosten von etwa acht Millionen Euro im Monat. Doch Italien bleibt nicht nur auf diesen Ausgaben sitzen. Es muss sich wegen der Dublin-Verordnung auch um alle Geretteten selbst kümmern. Im Februar 2014 wird der Sozialdemokrat Matteo Renzi Ministerpräsident Italiens. Er fordert einen Lastenausgleich, doch stößt auf taube Ohren. Um den Druck auf die EU etwas zu erhöhen, lässt Renzi die Mare-Nostrum-Einheiten sich ein wenig von Libyens Küste zurückziehen. Sofort schnellen die Todeszahlen hoch: Von Januar bis April 2014 sind insgesamt 60 Tote zu beklagen, in den folgenden Monaten sind es jeweils zwischen 314 und 839.[14] Die tödliche Demonstration lässt Europa unbeeindruckt. Denn anders als bei dem Unglück 2013 wird jetzt langsam hintereinander weg gestorben und nicht auf einen Schlag. Entsprechend gering ist das Interesse der Medien.

Die EU will Mare Nostrum nicht bezahlen – sie will es beenden. »Mare Nostrum war als Nothilfe gedacht und hat sich als Brücke nach Europa erwiesen«,[15] sagt Bundesinnenminister de Maizière. In den ersten neun Monaten des Jahres 2014 waren die Asylbewerberzahlen in Deutschland um fast 60 Prozent auf rund 116 000 Erstanträge angestiegen.[16] Für viele Innenpolitiker eine klare Folge der italienischen Rettungspolitik.

Auch die EU-Grenzschutzagentur Frontex hält Mare Nostrum für einen »Pull-Faktor«, also für ein Lockmittel: Sie verleite Flüchtlinge in Libyen, in See zu stechen, weil sie nicht weit kommen müssten, um Aussicht auf Rettung zu haben. Genau diese Aussicht soll es nicht mehr geben – dann würden »nennenswert weniger Migranten« den Aufbruch riskieren, erklärt Frontex, wie sich aus geleakten Sitzungsprotokollen aus dieser Zeit ergibt. Frontex will, dass die Operation der italienischen Marine gestoppt und das Seegebiet vor Libyen nicht weiter überwacht wird. Ersatzweise will Frontex eine eigene Mission namens »Triton« starten, die nur die unmittelbaren Küstengewässer Italiens im Blick behält.

Ihr ist klar, was das bedeutet: In einem im August 2014 von Frontex verfassten Konzept für die Triton-Mission warnt die Agentur: Es sei »wahrscheinlich«, dass der Rückzug von Italiens Marine einen Anstieg der Todeszahlen zur Folge habe.[17] »Die Priorität von EU und Frontex gebührte klar der Abschreckung. Das hatte Vorrang vor Menschenleben«, sagt der Forscher des Londoner Goldsmiths-College Lorenzo Pezzani. Den EU-Entscheidungsträgern sei das Risiko »im Detail bewusst gewesen«.[18]

Am 3. September 2014 lädt der Innenausschuss des Europäischen Parlaments den damaligen Frontex-Chef Gil Arias zu einer Anhörung ein. Die Abgeordnete Barbara Spinelli fragt ihn, ob er sich »bewusst sei, dass wieder mehr Menschen im Mittelmeer sterben werden«,[19] wenn Mare Nostrum beendet sei. Arias antwortet, die Triton-Mission werde Mare Nostrum nicht ersetzen, weder ihr Mandat noch ihre verfügbaren Ressourcen.[20]

Trotzdem läuft Mare Nostrum am 31. Oktober 2014 offiziell aus, und an ihre Stelle tritt die Frontex-Operation Triton. Italien ist nicht ganz wohl mit dieser Entscheidung: Rom lässt einige Schiffe vorerst weiterhin für Rettungseinsätze nahe Libyen kreuzen. Frontex versucht, dies zu unterbinden: Der Leiter der Frontex-Operativabteilung, Klaus Rösler, schreibt im

Dezember einen Brief an den Direktor der italienischen Einwanderungsbehörde und Grenzpolizei, Giovanni Pinto, und kritisiert, dass Italien Notrufen außerhalb der 30-Meilen-Zone weiter nachkomme. Dies entspreche »nicht dem operativen Plan«.[21]

In den folgenden Monaten ertrinken 1450 Menschen im Mittelmeer. Zwei Wochen nach einem weiteren schweren Schiffsunglück, am 29. April 2015, sagt EU-Kommissionspräsident Juncker bei einer Rede vor dem EU-Parlament: »Die Mission Mare Nostrum einzustellen, war ein schwerer Fehler. Er hat Menschenleben gekostet.«[22] Er erhöht das Budget für Triton auf 120 Millionen Euro im Jahr – exakt so viel, wie Mare Nostrum gekostet hat. »Es war nämlich nicht normal, Italien mit der Finanzierung von Mare Nostrum allein zu lassen.«

Einige Staaten, darunter Deutschland, schicken Marineeinheiten, die EU weitet das Einsatzgebiet von Triton aus: Statt 30 Meilen patrouillieren die Schiffe nun bis zu 138 Seemeilen südlich von Italien – noch immer weit von Libyen entfernt. Das ist der entscheidende Unterschied zu den bisherigen Aktivitäten der Italiener. Die waren nah an die Küste Libyens gefahren, weil dort die meisten Unglücke geschehen. Die EU folgt damit dem Diktum von Frontex, dass eine starke Präsenz von Rettungskräften nahe Libyen »Ausreisen auslöst«[23], wie es Rösler später formuliert.

Die Todeszahlen gehen in der Folgezeit weiter nach oben: 2015 sterben 2876 Menschen, im folgenden Jahr 4581. Im Jahr 2017 sind es bis zum 20. August 2244.[24] Es sind mehr als in manchem afrikanischen Bürgerkrieg.

Nicht alle wollen das einfach geschehen lassen. Was folgt, ist die große Stunde der europäischen Zivilgesellschaft. Rund ein Dutzend privater NGOs tritt in den folgenden zwei Jahren auf den Plan. Es sind Organisationen, wie es sie bisher nicht gab.

Die große Stunde der europäischen Zivilgesellschaft

Hinter ihnen stehen Menschen wie Marcella Barocco aus dem holländischen Nimwegen. Am 10. April 2015 beginnt sie ihre Schicht: Acht Stunden Telefondienst an der Hotline »Alarm-Phone« für Flüchtlinge in Seenot. Ein Büro gibt es nicht, Barocco arbeitet von zu Hause, genau wie zu jener Zeit etwa 80 andere Aktivisten der Initiative.[25] »Uns geht es darum, konkret zu helfen, die Sache zu ändern«,[26] sagt sie.

Seit Oktober 2014 betreiben Freiwillige aus Europa, Tunesien und Marokko das Projekt – jeden Tag, rund um die Uhr. Einige der Aktivisten sind selbst als Bootsflüchtlinge nach Europa gekommen. Die Telefonnummer haben sie über das Internet verbreitet, über Flüchtlingsorganisationen, über Migranten-Communitys und soziale Medien. Die Idee: Wenn Flüchtlinge in Not geraten, sollen sie erst einen Notruf absetzen und dann die Alarm-Phone-Initiative informieren.

Die mit Spenden finanzierte Aktion startete am 11. Oktober 2014 – dem Jahrestag eines schrecklichen Unglücks: 2013 waren an diesem Tag über 260 Syrer vor Lampedusa ertrunken, nachdem die italienische und die maltesische Küstenwache die Verantwortung hin und her geschoben hatten.[27] Es ist der erste Fall, in dem Aktivisten aus Deutschland, Italien und der Schweiz so minutiös dokumentierten, wie organisierte Verantwortungslosigkeit zum Tod Hunderter Flüchtlinge auf See führt. »Wir wollen dafür sorgen, dass das nicht mehr passiert«, sagt Barocco.

Sie rufen das Alarm-Phone ins Leben, erstellen ein detailliertes Handbuch und trainieren Freiwillige. Das Wichtigste: den Anrufern sagen, dass sie nicht mit einem Rettungsdienst verbunden sind. Und dann in möglichst kurzer Zeit so viele Infos wie möglich erfragen: Position, Größe der Boote, Größe der Gruppe, gibt es Kranke, gibt es Schwangere, läuft der Motor noch, kommt Wasser in den Rumpf?

Sie haben Erfolg. Zum Beispiel am 10. April 2015. Um

7:15 Uhr ist ein Boot im libyschen Zuwara in See gestochen. An Bord: mehr als 600 Menschen, viele aus Eritrea. 296 Kilometer sind es von hier bis nach Lampedusa, wenn alles gut läuft, eine Sache von zehn Stunden. Hoffnung, die Gräuel hinter sich zu lassen, den Weg durch die Wüste, die Misshandlung und das Chaos in Libyen. Aber es läuft nicht gut.

Zu dieser Zeit bekommen die Flüchtlinge von den Schleppern meist Satellitentelefone des Herstellers Thuraya. Diese sehen aus wie Handys aus den späten Neunzigerjahren: etwas klobig, aber in der Hosentasche tragbar. Sie sind die Lebensversicherung vieler Bootsflüchtlinge: Denn mögen die Boote, in denen sie in See stechen, auch noch so altersschwach sein, mit dem Thuraya-Telefon können sie selbst dann einen Notruf absetzen, wenn sie sich weit außerhalb des Mobilfunknetzes befinden. Vor allem zeigt es präzise die eigene Position an. Diese Koordinaten sind die Voraussetzung dafür, dass Helfer die kleinen Boote überhaupt erreichen können.

Auch das Boot, das am 10. April 2015 in Zuwara in See gestochen war, hat ein Satellitentelefon dabei. Am Vormittag bemerken die Insassen, dass Wasser in ihr Boot läuft. Die libyschen Hoheitsgewässer haben sie da gerade verlassen. Eine Notrufnummer haben sie nicht, nur die des eritreischen Priesters Mussie Zerai. Seit Jahren kümmert der sich um die ankommenden Landsleute in Italien. Jeder Eritreer, der sich auf den Weg macht, kennt ihn. 33'20'' nördlicher Breite, 12'13'' westlicher Länge, die Flüchtlinge lesen Zerai die Koordinaten vor. Er leitet sie an den Seenotrettungsdienst MRCC (Maritime Rescue Coordination Centre) in Rom weiter – die Leitstelle der italienischen Küstenwache – und übergibt den Fall an Barocco. Um 13:04 Uhr kann das Team um Barocco zum ersten Mal Kontakt mit den Flüchtlingen aufnehmen. »Die Kommunikation war schwierig«, sagt sie. Die meisten der Flüchtlinge sprechen nur die eritreische Sprache Tigrinya, eigentlich hat Alarm-Phone einen Pool von Übersetzern, doch an diesem Tag ist der Zeitdruck groß. »Wir haben verstanden, dass Wasser ins Boot läuft und dass es ein Notfall ist«, sagt sie. Die Aktivisten wenden sich an das MRCC. »Die haben gesagt, sie wollen der Sache nachgehen – ob sie wirklich eine Rettungsaktion starten, haben sie aber offengelassen.« Tatsächlich waren die Flüchtlinge zu der Zeit rund 45 Kilometer von der libyschen Küste entfernt – und damit auch außerhalb des Seegebiets, innerhalb dessen Italien zur Seerettung verpflichtet ist.

Barocco spricht fünf Mal mit den Bootsinsassen. Ihre Acht-Stunden-Schicht ist lange vorbei. »Sie sagten uns, dass keine Rettung in Sicht sei, aber das Boot weiter mit Wasser vollläuft«. Mehrfach ruft sie bei der Küstenwache an. Doch eine Zusage zur Rettung macht die nicht. Ebenso wenig die maltesische Küstenwache. »Dann haben wir entschieden, Alarm zu geben«, erinnert sich Barocco. Um 17:16 Uhr schickt die Initiative eine Nachricht über Mailinglisten und Kanäle in den sozialen Medien in ganz Europa, mehrsprachig: »600 Menschen sind in Gefahr, schreibt jetzt E-Mails, so viele wie möglich.«

Die Koordinaten des Boots haben sich inzwischen geändert. Barocco gibt die neuen Daten an die Küstenwache weiter. Um 18 Uhr bekommt das UN-Flüchtlingshilfswerk UNHCR eine Nachricht vom MRCC: Rettungsschiffe und Hubschrauber sind unterwegs. Der Druck hat offenbar gewirkt. Gegen 19 Uhr erreichen die Helfer das Flüchtlingsboot. Eine Person ist in der Zwischenzeit gestorben, rund 600 können die Helfer retten. Sie werden in die Häfen von Augusta und Porto Empedocle in Italien gebracht. In den nächsten Monaten erreichen die Freiwilligen des Alarm-Phones Notrufe von Menschen aus Booten mit insgesamt über 60 000 Insassen.

Zum Start ihres Projekts haben die Aktivisten den Rettungsleitstellen einen Brief geschrieben. »Wir haben angekündigt, was unsere Rolle sein wird, dass wir es als unsere Pflicht verstehen, Druck aufzubauen, sollten wir das Gefühl haben, dass nicht sofort gerettet wird«, sagt Baroccos Mitstreiter Maurice Stierl.[28] Das werde »vielleicht etwas ungern gesehen«, doch damit müssten die Rettungsdienste umgehen lernen. Denn tatsächlich seien die Aktivisten überzeugt, dass »nicht immer alles getan wird«. Zurzeit, schränkt er im Mai 2015 ein, sei das allerdings besser geworden: »Es gibt im Moment eine große Bereitschaft der italienischen Rettungsdienste, aber es gibt viel zu wenig Rettungskapazitäten, und das ist eine politische Entscheidung.«

Ein neuer Typ von NGOs

Genau da setzen jetzt andere an. Menschen wie Harald Höppner. Am 19. Mai 2015 trägt der Kleinunternehmer aus Brandenburg beim Amtsgericht in Berlin-Charlottenburg unter der Registernummer VR 34179 B den Verein Sea Watch e. V. ein. Drei Wochen später startet in Hamburg ein von Höppner für 100 000 Euro gekaufter, umgebauter Fischkutter in Richtung Malta. Auch er trägt den Namen »Sea Watch«. Mit ihm will eine Crew aus Freiwilligen auf dem Mittelmeer Ausschau nach Flüchtlingen halten und Hilfe leisten. An Bord sind Trinkwasser und Rettungsinseln für bis zu 500 Menschen. Das Schiff soll keine Flüchtlinge aufnehmen, sondern im Notfall die Küstenwache alarmieren. Ein »kompliziertes Unterfangen«, sagt Höppner. Aber »nichts zu tun, ist für uns keine Alternative«.[29]

Die Idee findet Förderer – und Nachahmer. In den folgenden 20 Monaten schicken die NGOs Ärzte ohne Grenzen, Save the Children (International), SOS Méditerrané, Jugend rettet, Life Boat, Mission Lifeline, Sea Eye (alle aus Deutschland), Migrant Offshore Aid Station (Malta), Proactiva Open Arms (Spanien) und Stichting Bootvluchteling (Niederlande) Rettungsboote auf das Mittelmeer – allesamt spendenfinanziert.

Ihr Ziel: Lebende retten, Tote bergen. Weil die Staaten der EU versagen, entstehen aus der Not alternative Gesellschaften zur Rettung von Schiffbrüchigen. Sie kaufen Schiffe, Drohnen, Flugzeuge. Sie übernehmen staatliche Aufgaben, doch anders als Wohlfahrtsverbände werden sie dafür nicht vom Staat finanziert, denn ihre Arbeit unterläuft die staatliche Politik. Sie lehnen die Abschottungspolitik ab, aber belassen es nicht bei Appellen. Sie tun selbst das, was sie fordern. Angetreten als Notlösung, bilden sie langsam professionelle, feste Strukturen, fügen sich in die Verhältnisse ein, suchen nach pragmatischen Lösungen. Sie verändern die staatlichen Institutionen. Und sie verändern sich selbst.

Lange Zeit haben Flüchtlingsgruppen alle Behörden gleichermaßen für die vielen Toten verantwortlich gemacht. Seitdem manche mit ihrer Arbeit so etwas wie Kollegen staatlicher Seeretter geworden sind, urteilen sie differenzierter. »Die Italiener«, sagt im Juni 2016 der Aktivist Tamino, der das Basislager der Sea Watch in Malta organisiert, »die sind top.«[30] Umgekehrt hat MRCC, die italienische Rettungsleitstelle in Rom, ihr anfängliches Misstrauen aufgegeben. »Wenn wir am Telefon sind, werden wir direkt an einen bestimmten Apparat durchgestellt, der Mensch dort ist immer sehr freundlich«, sagt Tamino. Und seit dem Frühjahr 2016 lädt die MRCC die privaten Seeretter zu regelmäßigen Treffen ein.

Ihre Hoffnung ist, irgendwann überflüssig zu werden, weil die Arbeit wieder von denen erledigt wird, die dafür zuständig sind: Marine und Küstenwache. Was passiert, wenn sie immer mehr Freiwillige finden, die den Booten mit den Flüchtlingen entgegenfahren? Die Rettungswesten, Halbliterflaschen mit Wasser, Alu-Decken verteilen wollen? Was, wenn sie immer mehr Spenden bekommen, sie bessere Boote anschaffen können, mehr Funkgeräte, mehr Drohnen, mehr Radare? Sollen sie hier tatsächlich einen Job machen, der eigentlich die Aufgabe der europäischen Staaten wäre?

»Fähren statt Frontex«, fordert Sea Watch, legale Wege nach Europa. Niemand soll auf die Schlepperboote müssen, niemand soll von Freiwilligen oder italienischen Soldaten aus dem Wasser gezogen werden müssen. Sie wollen vor allem aufmerksam machen auf die alltägliche Katastrophe an den Rändern Europas. Die Gleichgültigkeit durchbrechen, sagen ihre Aktivisten, das Abstumpfen der Öffentlichkeit. Wenn es sein muss, mit dem Foto des toten Babys, das die »Sea Watch« am 27. Mai 2016 geborgen hat und dessen Bild sie an Nachrichtenagenturen gab und so weltweit einmal mehr zeigte, was zu jener Zeit mit jedem 23. Flüchtling geschieht, der versucht, über Libyen nach Europa zu kommen.

Kein Glück im Failed State

Während der Brandenburger Harald Höppner sein erstes Schiff kaufte und damit den Anstoß für eine ganze Generation neuer NGOs gibt, richtet die EU den Blick immer stärker nach Libyen. Für sie ist das Land der Schlüssel, um die irreguläre Migration unter Kontrolle zu bringen. Fast alle Migranten, die über das Meer nach Italien kommen, stechen hier in See. Doch seit dem Fall Gaddafis breitet sich immer mehr Chaos in dem Land aus (→ *Kapitel: Rückblick*). Kann so ein Staat ein Partner sein?

Im Mai 2015 reist die EU-Außenbeauftragte Mogherini zum UN-Sicherheitsrat nach New York. Sie will ein Mandat, militärische Gewalt gegen die Schlepper einzusetzen. Die EU denkt an Kampfhubschrauber, um Schlepperboote vor oder an der Küste Libyens zu zerstören, noch bevor sie Flüchtlinge aufnehmen. Dafür gibt es bislang keinen Präzedenzfall. Am nächsten käme das Interventionsszenario noch der »Atalanta«-Mission. Die EU-Militärmission bekämpft Piraten und ihre Boote in somalischen Hoheitsgewässern am Horn von Afrika sowie an den Küsten des Landes. Dieser Eingriff in die Souveränität Somalias und die Verletzung seiner territorialen Integrität wurde seinerzeit ohne Antrag oder Zustimmung einer somalischen Regierung beschlossen – denn es gab keine.

Die Lage in Libyen ist komplizierter. Zahlreiche Gruppen und Milizen kämpfen um die Herrschaft in dem ölreichen, von Stammesstrukturen geprägten Staat. Es gibt eine gewählte und nach ihrer Wahl 2011 auch völkerrechtlich anerkannte Regierung – die Übergangsregierung GNA (Government of National Accord) um den Präsidenten Fajis al-Sarradsch. Doch sie kontrolliert nur einen Teil des libyschen Hoheitsgebietes. Dann gibt es die Armee unter ihrem Oberbefehlshaber General Chalifar Haftar. Der wird von dem Parlament in der ostlibyschen Stadt Tobruk unterstützt. Das Parlament wiederum hat eine Gegenregierung zur GNA ausgerufen – und die lehnt die Kooperation mit der EU ab. Islamistische Gruppen konnten vorübergehend mehrere Küstenstädte des Landes kontrollieren, dann wurden sie vertrieben. Sie zogen daraufhin nach Süden, wo bereits Milizen aus den Nachbarländern, Söldner, Schmuggler und andere Kriminelle ihr Unwesen trieben. Kurzum: Al-Sarradsch ist 2015 politisch zu schwach, um der EU Aktionen gegen Schlepper in Libyen zu erlauben. Und sonst hat sie keine Verbündete.

Im Juni 2015, einen Monat nach Mogherinis Reise nach New York, muss die EU einsehen, dass aus dem Militäreinsatz erst einmal mal nichts wird: Die UN hat nur ein Mandat für die sogenannte Phase eins der Operation erteilt – die Aufklärung über Schleuser. »Jeden Landungsversuch in Libyen werten wir als Angriff«, sagt der Premier der islamistischen Fajr-Rebellen-Regierung. »Schließlich sind wir nicht einmal zu dem Plan konsultiert worden.«[31]

So startet im Juni 2015 die EU-Marinemission EUNAVFOR MED zunächst zahnlos. »Das Ziel sind nicht die Migranten, das Ziel sind diejenigen, die Geld mit deren Leben und viel zu häufig mit deren Tod machen«, erklärt Mogherini.[32] Geführt wird die Operation von dem italienischen Flugzeugträger »Cavour«. Fünf Schiffe, je zwei U-Boote und Drohnen sowie je drei Flugzeuge und Hubschrauber sind dabei. 1000 Soldaten kommen zum Einsatz.

Doch es geschieht nichts. Trotz aller diplomatischer Mühe vermag die EU das Chaos in Libyen nicht einzudämmen. Sie selbst traut sich aus Sicherheitsgründen nicht einmal, eine eigene Botschaft zu eröffnen. Und die EUNAVFOR-MED-Soldaten dürfen sich der Küste Libyens nicht nähern. So gehen die Schlepper weiter ihren Geschäften nach.

Am 13. Oktober 2016 treffen sich die EU-Innenminister.

Wieder einmal fordert der deutsche Innenminister de Maizière, dass die im Mittelmeer geretteten Flüchtlinge nach Nordafrika zurückgebracht werden. In »sicheren Unterbringungsmöglichkeiten« solle dort ein Asylanspruch geprüft werden.[33] Sein österreichischer Kollege Wolfgang Sobotka will »Abkommen, damit Europa Flüchtlinge sofort auch wieder nach Libyen zurückschicken«[34] könne. Ungarn äußert sich ähnlich.

Phase 2: »Weniger aggressives Verhalten«

Am 24. Oktober 2016 dann beginnt Phase zwei der zwischenzeitlich in »Operation Sophia« umgetauften Marinemission, benannt nach dem neugeborenen Baby, das auf der deutschen Fregatte »Schleswig-Holstein« zur Welt kam. Ein niederländisches und ein italienisches Trainingsschiff verlassen den Hafen von Catania in Sizilien. Monatelang hatte die EU in Libyen nach Teilnehmern für ihr jetzt anlaufendes Training gesucht. Bedingung: zwei Jahre Dienst in der libyschen Küstenwache und eine Selbstverpflichtung für weitere zwei Jahre sowie Loyalität zur Regierung von Präsident al-Sarradsch. Ein Sicherheitscheck soll verhindern, dass Dschihadisten dabei sind.

Am 26. Oktober 2016 gehen 89 auserwählte libysche Küstenwächter an Bord. Sie sollen 84 Stunden büffeln: Auf dem Stundenplan stehen Menschenrechte, Seerecht, maritime Sicherheit, Meeresschutz, Seenotrettung, Fischereiüberwachung und Englisch – macht ganze zwölf Stunden pro Fach. Die Ausbilder stammen aus Belgien, Griechenland, Deutschland und den Niederlanden. Außerdem schicken das UN-Flüchtlingshilfswerk UNHCR und die EU-Grenzschutzagentur Frontex Experten.

Manche der Küstenwächter stammten noch aus Gaddafis Zeiten, sagt Kommandant Manlio Scopigno. Sie seien »gut organisiert, wissbegierig und lernfähig«.[35] Allerdings hätten sie »keine Kenntnis über Menschenrechte oder Seerecht« und waren »nicht auf dem Stand westlicher Küstenwachen«. Dadurch seien sie durch »sehr aggressives Auftreten« aufgefallen, sagt Scopigno. Ziel des Trainings sei deshalb »weniger aggressives Verhalten«.

Ende Oktober 2016 stört ein Boot der libyschen Küstenwache eine Rettungsaktion von Sea Watch. Mehr als zwei Dutzend Menschen ertrinken. Sea Watch erstattet in Deutschland Anzeige »nach dem Weltrechtsprinzip«, sagt Sprecher Ruben Neugebauer. Die deutsche Justiz soll also ermitteln, obwohl das Vergehen außerhalb ihres Zuständigkeitsbereichs stattfand. Zwar habe es »auch Begegnungen gegeben, wo die libysche Küstenwache bei der Rettung mitgeholfen hat«. Trotzdem sieht Neugebauer die Truppe extrem kritisch. »Was wir sehr oft hören, ist, dass die Küstenwache die Flüchtenden zurückbringt. In Libyen werden sie eingesperrt und können sich dann wieder freikaufen«, sagt er. Die libysche Küstenwache sei selbst »Teil des Schleppergeschäfts«.[36]

Gleichwohl soll sie bald Ausrüstung aus Europa bekommen. Als Diktator Gaddafi 2007 Italien einen milliardenschweren »Nachbarschaftsvertrag« aus der Nase zog, versprach Rom die Lieferung von zehn Patrouillenbooten. Ausgeliefert wurden sie nicht. »Man muss sichergehen, dass die Richtigen sie bekommen«, sagt Admiral Scopigno.

Die Richtigen sollen die sein, die die EU jetzt ausbildet. Und dann soll die Operation Sophia in Phase drei eintreten: Dann sollen die Schlepper direkt an der Küste bekämpft werden. Vor allem soll die GNA Europäern erlauben, gemeinsam mit den frisch von der EU ausgebildeten eigenen Grenzern in libyschen Gewässern zu patrouillieren. Das würde die Lage grundsätzlich ändern.

»Wenn man akzeptiert, dass die Libyer retten können, dann muss man auch akzeptieren, dass sie sich um die Flüchtlinge kümmern können«, sagt Scopigno. Gerettete sollen nach Libyen gebracht werden, nicht mehr nach Italien. Und was soll dann mit den Menschen dort geschehen? »Es gibt Verantwortliche für die Flüchtlingscamps in Libyen, die der Regierung unterstehen«, sagt Scopigno. Es werde sondiert, ob diese Camps so gestaltet werden können, dass sie aufnahmefähig werden. Damit beauftragt sind, so berichtet es Scopigno im Herbst 2016, unter anderem Beamte der EU-Trainingsmission EUBAM Libya (European Union Border Assistance Mission in Libyen).[37]

Dabei sind sie selbst das beste Beispiel, wie prekär die Lage ist. Seit 2013 sollen die Beamten in Libyen Grenzschützer ausbilden. Doch nie war die Situation annähernd stabil genug, dass sie hätten beginnen können. Die GNA verfügt noch nicht einmal über Grenzschützer, die die Europäer ausbilden könnten. Jahrelang wartet eine Rumpfmannschaft von EUBAM im benachbarten Tunesien auf den Einsatz.

Immer öfter ventilieren europäische Politiker jetzt, dass Flüchtlinge nach Libyen zurückgebracht werden sollen. »Um die Schleuserbanden wirksamer zu bekämpfen, müssen wir ihnen die Geschäftsgrundlage entziehen, indem die im Mittelmeer geretteten Flüchtlinge wieder zurückgebracht und zunächst in Nordafrika versorgt und betreut werden«, schreibt SPD-Fraktionschef Thomas Oppermann Anfang 2017.[38] Die Bundeskanzlerin relativiert ein wenig: Ein Abkommen nach dem Vorbild der Türkei mit Libyen könne man erst ins Auge fassen, »wenn sich die politische Situation in Libyen verbessert hat«,[39] sagt sie im Januar 2017 in ihrem Videoblog.

Wenige Tage später sind es ihre eigenen Diplomaten, die klarmachen, wie weit entfernt ein solcher Zustand ist: Anfang Februar 2017 wird ein interner Lagebericht öffentlich, den die Deutsche Botschaft in Nigers Hauptstadt Niamey verfasst hat. Er handelt von der Lage in libyschen Privatgefängnissen, wo Schlepper ausreisewillige Migranten gefangen halten. »Exekutionen nicht zahlungsfähiger Migranten, Folter, Vergewaltigungen, Erpressungen sowie Aussetzungen in der Wüste sind dort an der Tagesordnung«,[40] heißt es in dem Drahtbericht an das Auswärtige Amt in Berlin. Die Rede ist von »allerschwersten, systematischen Menschenrechtsverletzungen«. Dann kommen die Worte, die die Öffentlichkeit aufhorchen lassen: »Authentische Handy-Fotos und -Videos belegen die KZ-ähnlichen Verhältnisse in den sogenannten Privatgefängnissen.« Die Diplomaten erläutern später, dass sie von regelmäßigen, festen Erschießungszeiten in den Lagern erfahren und deshalb die drastische Formulierung gewählt haben.

Wie soll mit einem solchen Staat eine Zusammenarbeit möglich sein? Ein Teil dieser Privatgefängnisse ist offenbar in der Hand von Milizen, die Teile des Landes kontrollieren. Der Verdacht steht im Raum, dass Islamisten, Milizionäre und auch staatliche Elemente gleichermaßen in das Schlepperbusiness verstrickt sind. Doch die EU sieht keine Alternative dazu, es weiter zu versuchen.

Das Abkommen: »null und nichtig«

EU-Kommissionspräsident Juncker stellt Ende Januar 2017 200 Millionen Euro für den Grenzschutz in Libyen bereit.[41] Fajis al-Sarradsch, dem machtlosen Ministerpräsidenten in Tripolis, reicht das nicht. Er verlangt 800 Millionen Euro von der EU, um die Migranten zu stoppen, der General Heftar fordert einige Monate später gar 20 Milliarden Dollar.[42] Zu bieten hat al-Sarradsch dafür nichts. Dorthin, wo die Schlepper ihre Basis haben, reicht sein Arm nicht.

Italien will sich damit nicht abfinden. Hilfe von der EU bekommt es nicht. Also setzt es auf die Kooperation mit Libyen. Es ist der einzige EU-Staat, der in Tripolis eine Botschaft unterhält. Am 3. Februar 2017 treffen sich Italiens Ministerpräsident Paolo Gentiloni und al-Sarradsch. Letzterer verspricht, die Grenzen besser zu schützen und Lager einzurichten, von denen aus Flüchtlinge in ihre Heimatländer zurückgebracht werden sollen. Italien bietet Geld. Wie viel, wird nicht verraten. Menschenhandel sei eine »Plage für Libyen, Italien, Europa und diejenigen, die ihm zum Opfer fallen«,[43] sagt Gentiloni.

Einen Tag später treffen sich in Malta die Staatschefs der EU. Ihr Beschluss zum »Vorgehen in Bezug auf die zentrale Mittelmeerroute« ist sieben Seiten lang. Es soll mehr Grenzschutz, mehr Trainings und neue Lager in Libyen geben – »angemessene Aufnahmekapazitäten und -bedingungen für Migranten« nennen sie es.[44]

Eine Woche später besucht die EU-Außenbeauftragte Mogherini das italienische Kriegsschiff »San Giorgio« im Hafen von Valletta. Sie verabschiedet die 89 libyschen Küstenwächter, die von der EU trainiert worden sind. Auf ihnen ruhen jetzt alle Hoffnungen der Antischlepperpolitik: Sie sollen, endlich, als Eintrittskarte für die EU-Militärmission Operation Sophia in libysche Gewässer dienen, dort gemeinsam mit ihnen patrouillieren.

Doch Libyens Parlament in Tobruk denkt nicht daran, das zuzulassen. Es lehnt auch das Abkommen mit Italien ab. Die Vereinbarung sei »null und nichtig«, erklärt die Volksvertretung aus Tobruk.[45] Und auch al-Sarradsch wendet sich gegen eine Ausweitung der EU-Grenzpatrouillen der Operation Sophia auf libysche Gewässer.[46]

Die EU-Politik in Libyen, sie kommt nicht voran. Und so wendet sie sich wieder einem anderen Akteur zu: den Seenotrettern.

Die Schuld der Retter

Zuerst hatten alle die meist per Crowdfunding finanzierten Privatinitiativen unterschätzt. Doch nicht nur ihre Zahl wächst immer weiter. In der ersten Hälfte des Jahres 2017 gehen 40 Prozent aller Rettungen von Flüchtlingen auf ihr Konto[47] – rund 37 000 Menschen.[48]

Die Seeretter rüsten derweil auf: Jetzt, da die Hochsaison der Flüchtlingsüberfahrten auf dem Mittelmeer beginnt, geht eine zivile Luftaufklärungsmission vor Libyen an den Start. Ein Suchflugzeug, Typ Cirrus SR22, bezahlt vor allem von der evangelischen Kirche in Deutschland, stationiert auf Malta und benannt nach dem Zugvogel Moonbird. Es ist das neueste Projekt der privaten deutschen Seerettungs-NGO Sea Watch. Die hatte erst kürzlich eine Online-App präsentiert, mit der die Flüchtlinge Notrufe absetzen können sollen. Es ist die jüngste Etappe des moralischen Stellungskriegs an der EU-Außengrenze.

In dieser geraten die NGOs jetzt unter Beschuss. Ambrogio Cartosio, Staatsanwalt von Trapani auf Sizilien, erklärt am 10. Mai vor dem Verteidigungsausschuss im italienischen Senat: Seine Behörde ermittle gegen Mitarbeiter »einiger NGOs« wegen Beihilfe zur illegalen Migration. Einige Hilfsorganisationen würden Flüchtlinge und Migranten im Mittelmeer retten, ohne zuvor die italienische Küstenwache zu informieren. »Einige Menschen an Bord der Schiffe« der NGOs seien offenbar darüber im Bilde, wo und wann sie auf Boote mit Migranten träfen, »also werden sie offensichtlich vorher darüber informiert«.[49]

Schon in den Wochen zuvor hatte der Staatsanwalt Carmelo Zuccaro aus dem sizilianischen Catania die privaten Seenotretter mit Schleppern in Verbindung gebracht. »Wir haben Belege, dass zwischen einigen NGOs und den Schleusern direkte Kontakte bestanden haben«, sagt er. Zudem sei ihre Finanzierung völlig intransparent. Leider seien seine »Belege« jedoch »keine gerichtsverwertbaren Beweise«. Ein konkretes Ermittlungsverfahren nimmt er jedoch nicht auf.

Auch Frontex ist die Arbeit suspekt. Sie führe dazu, »dass die Schleuser noch mehr Migranten als in den Jahren zuvor auf die seeuntüchtigen Boote zwingen«, sagt Frontex-Direktor Leggeri. »Wir sollten deshalb das aktuelle Konzept der Rettungsmaßnahmen vor Libyen auf den Prüfstand stellen.«[50] Österreichs Außenminister Sebastian Kurz (ÖVP) spricht vom »NGO-Wahnsinn«.[51] Stephan Mayer, der innenpolitische Sprecher der CDU/CSU-Bundestagsfraktion, sagt: »Das bedeutet de facto, dass ein Shuttle-Service zum italienischen Festland beziehungsweise den italienischen Inseln besteht.«[52] Die Dresdner Staatsanwaltschaft nimmt Ermittlungen wegen »Versuchs des Einschleusens von Ausländern« gegen die Vorsitzenden des Seerettungs-Vereins Mission Lifeline auf. Auch Bundesinnenminister de Maizière unterstellt den Seenotrettern Kooperation mit libyschen Schleppern: »Die Italiener untersuchen Vorwürfe gegen NGOs: dass Schiffe ihre Transponder abstellen – was streng verboten ist – und nicht zu orten sind; sie verschleiern ihre Position.«[53] Sein italienischer Amtskollege Marco Minniti habe ihm gesagt, »dass die Schiffe in libysche Gewässer fahren und vor dem Strand ihre Positionslichter einschalten, um den Rettungsschiffen schon mal ein Ziel vorzugeben«. Das löse »kein Vertrauen aus«, so de Maizière.

Die NGOs weisen die Vorwürfe wütend zurück. »Unglaublich bitter«,[54] sagt der Geschäftsführer von Ärzte ohne Grenzen, Florian Westphal.

Italiens letzte Hoffnung

Zu verstehen sind die Angriffe gegen die Seenotretter nur vor dem Hintergrund, dass sich im Mittelmeer in den vergangenen Jahren sehr viel verändert hat. Eines aber ist geblieben: Italien wird von den anderen Staaten Europas mit dem Problem alleingelassen. Die EU vermochte es nicht, daran etwas zu ändern. 2015 hatten die anderen EU-Staaten versprochen, Italien wenigstens 35 000 Flüchtlinge abzunehmen. Bis zum Juli 2017 durften nur 7675 in andere Staaten ausreisen. 13 der 28 Staaten nahmen keinen einzigen Flüchtling aus Italien auf.

Im März 2017 erläutert ein hoher EU-Beamter einer Gruppe von Journalisten, wie die EU sich den weiteren Umgang mit dem Problem vorstellte: Bis auf Weiteres werde alles beim Alten bleiben. Für anderes gebe es »keine Mehrheit«.

Zwischen Januar und Juli 2017 kommen über 93 000 Flüchtlinge[55] in Italien an – ein Rekord. Bürgermeister wie der Sozialdemokrat Giovanni Corbo aus dem lombardischen Besnate drohen mit Hungerstreik, wenn noch weitere Flüchtlinge in seine Gemeinde geschickt werden. Bei den Kommunalwahlen im Juni muss die regierende sozialdemokratische Partito Democratico des Ministerpräsidenten Gentiloni erhebliche Verluste hinnehmen. Im Herbst 2017 stehen Neuwahlen an. Eines der wahlentscheidenden Themen werden die Flüchtlinge sein.

So lässt Italiens Regierung am 28. Juni 2017 ihren EU-Botschafter Massari in Brüssel der Kommission die Nachricht überbringen, dass es seine Häfen für Flüchtlingsschiffe schließen werde.

Drei Bedingungen, so sagt Massari, müssten erfüllt werden, wenn Italien darauf verzichten soll: Die EU soll die Rettungsschiffe mit einem Verhaltenskodex reglementieren – mitsamt der Kontrolle über die Finanzen der NGOs, ihrer Besatzungen, Polizei an Bord der Schiffe und der bindenden Vorschrift, alle Flüchtlinge nicht mehr nur vor Ort zu sichern, sondern selbst nach Italien zu bringen. Das würde ihre Arbeit weitgehend zum Erliegen bringen. Zweitens soll die EU Libyen den weiteren Ausbau der Küstenwache ebenso bezahlen wie ein neues Grenzkontrollsystem an Libyens Südgrenze in der Sahara. Drittens sollen andere EU-Staaten deutlich mehr Flüchtlinge aus Italien aufnehmen. Schiffe mit Flüchtlingen sollten direkt Häfen in anderen EU-Staaten ansteuern.

Die Antwort darauf aus Berlin, Paris, Brüssel, Amsterdam und Madrid kommt wenige Tage später auf dem EU-Gipfel in Tallinn. Sie lautet: Nein.[56]

Die Innenminister stimmen dafür einem Plan zu, den die EU-Kommission in Tallinn vorlegt. Von den Aufgaben für Italien abgesehen, umfasst er 19 Punkte. Elf betreffen nicht die EU selbst. Es sind Maßnahmen zum Grenzschutz in afrikanischen Ländern wie Libyen, Tunesien, Ägypten, Mali oder Niger.[57]

Europas Migrationspolitik in Afrika ist der Ausdruck ihres Unvermögens kollektiver Regelungen im Innern. Dies ist die Ursache für das seit Jahrzehnten anhaltende Drama im Mittelmeer.

TEIL V
DIE ÖFFNUNG DER MÄRKTE

Wirtschaftsförderung im Dienste der Migrationskontrolle
Der »Merkel-Plan« mit Afrika

Zahlreiche Straßen Berlins sind gesperrt, als sich die Kolonne schwarzer Staatslimousinen vom Kanzleramt durch den Tiergarten bewegt. Mehr als zehn afrikanische Staatschefs sind am 12. Juni 2017 geladen, Christine Lagarde, die Chefin des Internationalen Währungsfonds, ist aus Washington angereist. Bundeskanzlerin Merkel, Bundesentwicklungsminister Müller, Wirtschaftsministerin Brigitte Zypries (SPD), Finanzminister Schäuble sowie zahlreiche Botschafter kommen in den Gasometer im Stadtteil Schöneberg. Das ehemalige GASAG-Gelände ist als symbolischer Ort gewählt. Er steht für Wirtschaftsentwicklung und Energiegewinnung: Die GASAG AG war einmal das größte Gasversorgungsunternehmen Westeuropas, als im 19. Jahrhundert die rasch wachsenden Städte mit Gaslaternen beleuchtet wurden. Heute ist das denkmalgeschützte Gelände mit seinem Gasbehälter ein Veranstaltungsort.

Zum G20-Afrika-Partnerschaftsgipfel hat die Bundesregierung hierher geladen, nur wenige Wochen vor dem eigentlichen G20-Gipfel im Juli 2017 in Hamburg. Sie hatte das Jahr 2017 unter deutscher G20-Präsidentschaft zum »Afrikajahr« ausgerufen. »In eine gemeinsame Zukunft investieren!« lautet das Motto des Treffens in Berlin. Merkel mahnt in ihrer Eröffnungsrede: »Gute Entwicklung wird nicht funktionieren, wenn nicht alle Länder der Welt daran teilnehmen.« Sie betont, was an jenem Tag noch viele Redner wiederholten: Afrika sei ein »Chancenkontinent«.[1]

Es kam wie bestellt: Am Morgen des Tages hatte der Industriestaatenverband OECD (Organization for Economic Co-Operation and Development) seine Wachstumsprognose für Afrika veröffentlicht: Verdoppeln soll sich diese im kommenden Jahr – auf 3,4 Prozent. Wie ein guter Wetterbericht vor einem Ausflug dürften diese Zahlen die Stimmung gehoben haben.

»Wir haben in Afrika eine gewaltige Entwicklung, die zeigt, welches Potenzial in den afrikanischen Staaten steckt«, sagt Merkel. Sie steht auf der Bühne hinter dem Rednerpult und hebt auf ihre typische Art den Zeigefinger: »Es ist noch sehr viel zu tun.«

An jenem Tag ruft die Bundeskanzlerin eine neue Epoche der deutschen Entwicklungshilfe aus. »Wir müssen überlegen, ob wir den richtigen Weg gegangen sind mit der klassischen Entwicklungshilfe«, sagt sie und mahnt: »Wir müssen neu denken lernen.« Dazu gehöre, in Zukunft mehr auf die militärische Karte zu setzen: »Viele Jahre haben wir uns gut gefühlt, wenn wir uns nicht mit militärischer Ausrüstung beschäftigt haben.« Damit sei es nun vorbei. »Wir müssen uns ehrlich machen.« Entwicklung könne nur dort stattfinden, wo Sicherheit garantiert sei. »Denn wenn es zu viel Hoffnungslosigkeit gibt, dann werden die Menschen woanders ihr Glück suchen.« Deswegen forderte die Kanzlerin für Afrikas Jugend eine Bildungsoffensive. Wenn die Afrikaner nämlich zu Hause Jobs fänden, dann bedeute dies »auch mehr Sicherheit für uns«.

Der Chancenkontinent

Die afrikanischen Staatschefs bedanken sich. »Das wissen wir sehr zu schätzen«, sagt Alassane Ouattara, Präsident der Elfenbeinküste, der nach Merkel ans Rednerpult tritt.[2] Sein Land zählt mit einem Wirtschaftswachstum von mehr als neun Prozent im Jahr 2015 zu den dynamischsten Volkswirtschaften weltweit. Es ist einer der größten Kakao-Produzenten der Erde und die stärkste Wirtschaft innerhalb der ECOWAS.

26 Prozent der Einwohner der Elfenbeinküste seien Ausländer, die meisten Arbeitsmigranten aus den umliegenden Ländern, sagt Ouattara. »Migration kann auch ein Positiv-Faktor sein.« Die Migranten schickten das Geld zurück an ihre Familien. Doch dafür brauchen sie Jobs. Und deshalb hoffe sein Land auf mehr Investitionen in Häfen, Straßen, Eisenbahnlinien. »Ich habe mit dem Chef von Siemens gesprochen, er hat versprochen, eine Vertretung in Abidjan aufzumachen«, freut sich Ouattara.

Die Elfenbeinküste ist einer der Staaten, in die die deutsche Wirtschaft jetzt mehr investieren will. Einen »Marshallplan mit Afrika« hatte Bundesentwicklungsminister Müller zuvor ausgerufen. Ouattara tauft den in seiner Rede glattweg um: »Merkel-Plan« nennt er ihn und bekommt lauten Beifall im Saal. Merkel lacht. Sie wirkt etwas gerührt.

Doch von einem spruchreifen Plan kann keine Rede sein. Was den Afrikanern hier in Berlin vorgelegt wurde, sind drei verschiedene – obgleich ähnlich klingende – Konzepte aus drei verschiedenen Ministerien. Untereinander abgestimmt waren sie nicht. Journalisten im Pressezentrum im Gasometer fluchen: »Da blickt doch keiner mehr durch.«

Seit Merkels Afrika-Reise im Oktober 2016 hatte sich viel getan. Die neue Afrika-Politik Europas – die nicht neu in ihrem Inhalt, wohl aber in ihrem Umfang ist – hatte in ihrer ersten Phase, ab Ende 2015, auf die unmittelbare Verstärkung von Grenzkontrollen gesetzt. Geld für Flüchtlingsstopp – das war das Prinzip. Doch die Fortschritte ließen aus Sicht der EU zu wünschen übrig *(→ Kapitel: Diplomatie)*.

Die zweite Phase setzt deshalb nun auf Wirtschaftsförderung. Milliardeninvestitionen sollen nach Afrika gelotst werden und dort nicht nur Rendite bringen, sondern auch Jobs schaffen für junge Afrikaner. Die sollen dann nicht mehr nach Europa auswandern, sondern lieber zu Hause bleiben, so die Idee.

»Dieser Kontinent wird sich bis 2050 bevölkerungsmäßig verdoppeln. Jedes Jahr sind 20 Millionen neue Arbeitsplätze notwendig«, sagt Entwicklungsminister Müller. Wie diese Schätzung zustande kommt, sagt er nicht. Eine im Juni 2017 veröffentlichte Studie spricht sogar von 50 Millionen fehlenden Arbeitsplätzen im Jahr 2040 in Afrika.[3] Deutsche Unternehmen sollen also Abhilfe leisten und in Arbeitsplätze investieren. »Schafft der Kontinent das nicht mit unserer Hilfe, werden sich Millionen aufmachen, eine neue Völkerwanderung in Richtung Europa sich in Gang setzen«, warnt Müller.

Gleichzeitig müsse die deutsche Wirtschaft in Afrika gewaltig nachholen. Elf der 20 Staaten mit den höchsten Wachstumsraten der Welt liegen auf dem afrikanischen Kontinent. In Berlin rühmen sich die Staatspräsidenten Ruandas, Ghanas und der Elfenbeinküste mit Wachstumsraten von über sieben Prozent. Vom »Löwen auf dem Sprung« spricht die Unternehmensberatung McKinsey, vom »Chancenkontinent« der Bundesverband der Deutschen Industrie. Nicht nur China, sondern auch Israel, die Türkei, Südkorea oder Indien investieren in Infrastruktur- und Agrikulturprojekte, aber auch in Banken oder Telekommunikationsfirmen.

Die deutsche Wirtschaft dagegen ist zurückhaltend: Gut 1000 deutsche Firmen sind in Afrika aktiv, davon 600 in Südafrika, die meisten übrigen im Maghreb. Der riesige Raum dazwischen – aus Sicht deutscher Investoren liegt er brach. »Die deutsche Wirtschaft verschläft hier einen Markt«, tadelte Müller jüngst.[4] »Afrika war jahrzehntelang nicht auf dem Schirm«, bestätigt Christoph Kannengießer, Hauptgeschäftsführer vom Afrika-Verein der deutschen Wirtschaft.[5] Schuld daran seien »mentale«, aber auch strukturelle Gründe: Ein Großteil der deutschen Firmen seien mittelständische Familienunternehmen, die Risiken sorgfältig abwägen und eher umgehen. Afrika gelte vielen bislang als zu unkalkulierbar. Hinzu komme, dass die meisten deutschen Firmen Hochtechnologieanbieter seien. Sie bauen keine Straßen und Fabriken, sondern liefern dafür die Maschinen. »Märkte entwickeln sich dahin, wo es für sie wirtschaftlich interessant ist«, sagt Kannengießer: »VW wird immer da Autos bauen, wo sie Kunden sehen.« Mittlerweile ist das in Afrika der Fall: Der Konzern will Produktionsstätten in Kenia und Ruanda aufbauen.[6]

Deutschen Unternehmen will die Bundesregierung jetzt den Sprung auf den risikoreichen Markt erleichtern, mehr Sicherheiten bieten. Investitionshilfe als Entwicklungshilfe – das ist die Idee.

Ein Marschallplan mit Afrika

Ein Marshallplan mit und nicht für Afrika sollte es sein, was Minister Müller den Afrikanern bereits im November 2016 im großen Sitzungssaal in der Stresemannstraße in Berlin auf 33 Seiten vorgelegt hatte.[7] Mit einem solchen Wirtschaftswiederaufbauprogramm, benannt nach dem damaligen US-Außenminister George Marshall, hatten die USA nach dem Ende des Zweiten Weltkrieges den am Boden liegenden Wirtschaften Westeuropas unter die Arme gegriffen: in Form von Krediten, Rohstoffen, Lebensmitteln und Waren. Doch dieses Hilfspaket war an Bedingungen geknüpft. Die meisten Gelder bestanden aus direkten Zuschüssen mit der Auflage, davon US-amerikanische Waren zu kaufen. Damit sollte also die Wirtschaft in den USA angekurbelt werden.

Ein bedeutendes Erbe dieser Zeit ist in der Bundesrepublik die Kreditanstalt für Wiederaufbau (KfW), die heute weltweit größte Förderbank. Sie wurde 1948 in Frankfurt am Main mit einem Startkapital aus den USA gegründet. Die KfW vergab zunächst in erster Linie Kredite und Risikoabsicherungen für deutsche Unternehmen im Inland. Seit 1961 soll sie auch die finanzielle Zusammenarbeit mit Entwicklungsländern managen. Bis heute ist die KfW das bedeutendste Instrument der deutschen Entwicklungszusammenarbeit. Und so soll sie auch im Marshallplan mit Afrika eine wichtige Rolle spielen.

Den afrikanischen Botschaftern in Berlin erklärte Müller im November 2016: »Es ist klar, die Herausforderungen Afrikas sind nicht mit denen in Europa nach dem Zweiten Weltkrieg vergleichbar. Die notwendigen Kraftanstrengungen sind es aber sehr wohl.« Als Schwerpunkte definierte er drei Bereiche: Wirtschaft, Handel und Beschäftigung. Sein Plan solle in erster Linie ein »Zukunftspakt für Afrikas Jugend« sein: »denn sie braucht Jobs und Perspektiven!«[8]

EU-Parlamentspräsident Antonio Tajani gefiel die Idee. Der konservative Italiener zog Ende Februar 2017 nach und forderte von der EU ebenfalls, einen »Marshallplan mit Afrika« zu entwickeln. Man müsse dort jetzt mehrere Milliarden Euro investieren, sagte er. Sonst kämen in den kommenden 20 Jahren Millionen Afrikaner nach Europa, warnt er. Auf welchen Grundlagen diese Szenarien an die Wand gemalt werden – auch das benennt er nicht. Das Problem betreffe alle EU-Staaten, nicht nur Italien oder Deutschland, so Tajani.[9]

Von Migration ist im Marshallplan fast nirgends die Rede. Im Gegenteil. Der Fokus liegt auf der Notwendigkeit von mehr Arbeitsplätzen für Afrikas Jugend, auf Arbeitsplatzbeschaffungsmaßnahmen vor Ort, in Afrika selbst.

Um über eine Milliarde Euro auf 85 Milliarden hat die Bundesregierung den BMZ-Etat für das Jahr 2017 angehoben. »Einen Großteil davon investieren wir in Afrika«, gab sich Müller großzügig.[10] Mit dieser Erhöhung hatte sich die Bundesregierung Anfang 2017 gerühmt, zum ersten Mal überhaupt die 1970 im Rahmen der OECD gesetzte internationale Zielmarke von 0,7 Prozent der Bruttonationaleinkommens für die ODA-Ausgaben erreicht zu haben. Als Mogelpackung kritisierte die internationale NGO Oxfam diese Schönrechnerei: »Die Bundesregierung erfüllt die internationale Zielvorgabe nur, weil Deutschland die anfallenden Kosten für die Unterbringung von Flüchtlingen einrechnet. Diese machen mittlerweile 25,2 Prozent der gesamten deutschen Entwicklungsleistungen aus«, so Oxfam. »Den begrüßenswerten Steigerungen des Entwicklungsbudgets in den vergangenen Jahren müssen weitere jährliche Erhöhungen von mindestens 1,5 Milliarden

Euro folgen.«[11] Die von Müller gerühmte Erhöhung entspricht also nicht einmal den zuvor gemachten Versprechen.

Der neue Marshallplan an sich umfasste zu Beginn nicht einmal einen einzigen Euro. Erst am Vorabend des G20-Afrika-Partnerschaftsgipfels holte Müller dies nach: Schnell stellte er noch 300 Millionen bereit, nannte mit Ghana, Elfenbeinküste und Tunesien seine ersten, auserwählten »Reformpartnerländer«, also diejenigen, die in Hinsicht auf Korruptionsbekämpfung und Rechtssicherheit den deutschen Anforderungen für direkte Investitionen entsprechen würden.[12]

Pro! Afrika – Zypries' Wirtschaftsplan

Zum Deutsch-Afrikanischen Business-Gipfel der Subsahara-Afrika-Initiative der Deutschen Wirtschaft (SAFRI) in Kenia Anfang Februar 2017 hatte Bundeswirtschaftsministerin Brigitte Zypries eine hochkarätig besetzte Unternehmerdelegation mitgebracht. Dabei waren Vertreter von Volkswagen, der Deutschen Bank, Siemens, SAP, dem Pharmaunternehmen Braun Melsungen aus Hessen sowie dem Technikkonzern Voith aus Heidenheim. Kenias Präsident Uhuru Kenyatta hielt im Hotel Intercontinental in Nairobi vor über 400 Teilnehmern aus ganz Afrika die Eröffnungsrede. Kenia ist mit einem Handelsvolumen von 533 Millionen Euro der wichtigste Wirtschaftspartner Deutschlands im Osten des Kontinents. Hier unterhält Deutschland eine von acht Außenhandelskammern (AHK) südlich der Sahara.

Zypries präsentierte hier die Initiative Pro! Afrika, für die sie in ihrem Ministerium 100 Millionen Euro bereitgestellt hatte.[13] Auch sie sprach von der »Chancenregion Afrika«, von einem »Markt, der gerade erst dabei ist, sein volles Potenzial zu entfalten«. Die deutsch-afrikanischen Wirtschaftsbeziehungen seien zwar »gut, aber ausbaufähig«, sagte sie.

Tatsächlich lag das bilaterale Handelsvolumen mit Subsahara-Afrika 2015 bei gerade einmal 26 Milliarden Euro. Das entspricht ungefähr dem deutschen Handel mit der Slowakischen Republik. Das Know-how »Made in Germany« sei jedoch auch in Afrika sehr gefragt, sagte Zypries, und deutsche Unternehmen seien bereit, »in die jungen Menschen in Afrika zu investieren und technologischen Wissenstransfer zu fördern«.

Ihre Initiative soll den Eintritt deutscher Unternehmen in die alternativen Energiemärkte Afrikas fördern, mehr Afrika-Reisen der deutschen AHK anbieten, neue Stellen in der AHK und in den Botschaften für Wirtschaftspartnerschaften schaffen. Duale Ausbildungsprogramme sollen afrikanische Jugendliche an deutschen Maschinen trainieren, um sie als Arbeitskräfte für deutsche Unternehmen fit zu machen. Selbst im afrikanischen Gesundheitssektor, der bislang im Rahmen der Entwicklungshilfe gefördert wurde, sollen afrikanische Mediziner »an deutsche Produkte und Dienstleistungen herangeführt werden«.[14]

»Alle beneiden uns um unsere duale Ausbildung«, sagt dazu Kannengießer vom Afrika-Verein. Doch dies habe weniger mit den Ausbildungsinhalten an sich zu tun: Da die Firmen diese Ausbildung selbst bezahlen, »bilden sie genau das aus, was sie brauchen«, so Kannengießer. Damit werden also keine Menschen »auf Vorrat« ausgebildet, die dann arbeitslos auf dem Markt landen. Von einem massenhaften Aufbau von Berufsschulen in Afrika hält er deshalb wenig. »Im Prinzip kommt erst die Investition und dann die Ausbildung, der umgekehrte Weg wird nicht funktionieren.« Eine gute Kombination von Entwicklungszusammenarbeit und Außenwirtschaftsförderkomponenten sieht er in der Idee, mit Hilfsgeldern beispielsweise eine passende Berufsschule zur Firma zu bauen.

Schäubles »Compacts«

Als sei es damit nicht getan, entwarf das Bundesfinanzministerium unter CDU-Politiker Wolfgang Schäuble parallel dazu die sogenannten Compacts mit Afrika. Inhaltlich überschneiden sich alle Entwürfe: Auch mit diesen Compacts sollen deutsche Direktinvestitionen in Afrika gefördert werden. Doch die Compacts hat der Finanzminister an die G20 angebunden: Die G20-Länder stellen Kredite zur Verfügung, die Afrikaner sollen dafür fertige Projektpläne vorstellen. Gleichzeitig sollen sie ihre Rechts- und Steuersysteme investorenfreundlich gestalten. »Der »Compact with Africa« stehe für einen »völlig neuen Ansatz in der wirtschaftlichen Zusammenarbeit«, behauptet das Finanzministerium: »Auch die Länder selber müssen mehr Verantwortung übernehmen.«15 Wer also die besten Bedingungen liefern kann, der bekommt die größten Investorenpakete. Damit treten die Staaten Afrikas in einem Wettbewerb gegeneinander an.

Afrikanische Regierungen konnten sich zu Beginn des Jahres direkt bei Schäuble melden. Der Elfenbeinküste, Marokko, Ruanda, Senegal und Tunesien schickte er Einladungen zum Treffen der G20-Finanzminister und Notenbankchefs im März 2017 nach Baden-Baden.

Kein Ort der Welt ist wohl von der Wirklichkeit eines afrikanischen Dorfes so weit entfernt wie die luxuriöse Kleinstadt im Nordschwarzwald, wo sonst die Reichsten der Reichen entlang der Juwelierläden flanieren. Ausgerechnet als die afrikanischen Delegationen mit am Tisch sitzen, kommt es unter den G20-Staaten zum Eklat: Zum ersten Mal konnten sich die 20 führenden Industrienationen in ihrer Abschlusserklärung nicht auf den Ausbau des Freihandels und des Klimaschutzes verständigen. Allen voran setzte die US-Administration unter Präsident Donald Trump mit seiner »America First«-Devise lieber auf mehr Protektionismus in den Handelsbeziehungen, von Klimaschutz hält der US-Präsident ohnehin nichts. Zwei Monate später kündigte er an, aus dem im Paris 2015 geschlossenen Klimavertrag auszutreten.

In Ruandas Hauptstadt Kigali erzeugte die Baden-Badener Abschlusserklärung Stirnrunzeln. Jahrzehntelang hatten die Globalen Player von den kleinen afrikanischen Wirtschaften verlangt, sie sollten ihre Zölle abbauen, sich dem Freihandel öffnen. Jetzt sei man endlich dabei, genau dies zu tun – und nun komme die internationale Kehrtwende. Ob America-First oder Brexit – Abschottung sei für afrikanische Länder das falsche Signal, so Fred Nkusi, Ruandas führender internationaler Rechtsexperte. »Wir machen auf dem Kontinent doch gerade erst die Erfahrung, dass regionale Integration Vorteile bringe«, kommentierte er in der ruandischen Staatszeitung *New Times* den Baden-Badener Gipfel, bei der Ruandas Delegation dabei war.[16]

Das kleine Land im Herzen Afrikas verspricht sich von den Compacts viel. Derzeit mangelt es an Krediten für den Wohnungsbau sowie dem Anschluss des kleinen Binnenlandes an die ostafrikanische Eisenbahnstrecke, die von den kenianischen und tansanischen Häfen in Mombasa und Daressalam in den Kontinent hineingebaut werden soll. Bis zu 900 Millionen Dollar wird der kosten.[17] Dazu werden dringend Kredite benötigt. Ruandas Präsident Kagame warb deshalb in Berlin für rasche Investitionen. Sein Land sei bereits unternehmerfreundlich, da gebe es »keine langen Diskussionen«. Die Eile kommt nicht von ungefähr: Im August 2017 stehen Wahlen an. Kagames Ziel war es, aus Berlin Kreditzusagen mit nach Hause zu bringen, um seine Macht zu sichern.

Die Konzentration der Compacts auf die sogenannten Reform-Champions findet der Afrika-Verein der deutschen Wirtschaft gar nicht verkehrt. Hinter der Auswahl der Compact-Staaten stehe vielmehr die Idee, in den einzelnen Regionen Vorbildländer zu fördern. Dies könnte helfen, Arbeitsmigration zu verhindern oder zu verlagern, sagt Geschäftsführer Kannengießer. Ganz nach dem Motto: Wenn die Wirtschaft in Ghana boomt und dort Arbeitsplätze entstehen, dann zieht es einen arbeitslosen Togolesen vielleicht dorthin – und nicht nach Europa.

In Afrika gibt es Rendite

»Wenn die Welt stabiler werden soll, müssen wir das Gefälle zwischen den Reichsten und den Ärmsten der Erde verringern«, erläuterte Finanzminister Schäuble seine Compacts vor dem Baden-Badener Gipfel.[18] Das sind schöne Worte.

Doch blickt man hinter die Kulissen, dann profitieren von den Compacts vor allem die Anleger in den westlichen Industrienationen, kritisiert der Verein »Erlassjahr«, ein entwicklungspolitisches Bündnis aus Kirche, Politik und Zivilgesellschaft. Da die Kredite aus den G20-Staaten den Afrikanern zu üblichen Marktkonditionen vergeben werden, also mit kurzen Laufzeiten von 25 Jahren und Zinssätzen von fünf bis 15 Prozent, sind sie teuer und risikoreich – anders als bei zinsgünstigen Krediten mit Laufzeiten von über 50 Jahren wie in der Entwicklungshilfe sonst üblich. Dabei werde ignoriert, »dass die Kehrseite dieser Finanzierungen steigende Schulden und im Extremfall Staatspleiten sind«, sagt Jürgen Kaiser von Erlassjahr.[19]

Die deutsche NGO WEED, die sich für eine gerechtere Finanz-, Wirtschafts- und Umweltpolitik einsetzt, teilt diese Kritik. Sie fürchtet, dass Unternehmensinvestitionen in Projekte wie Straßenbau oder Kraftwerke langfristig die gesamte afrikanische Infrastruktur in private Hände bringt. Dabei habe eben diese Privatisierung öffentlicher Dienstleistungen wie Wasser und Energie in den Industriestaaten große Nachteile für die Bevölkerung gebracht. Mit den Compacts werde den Afrikanern gepredigt, dass »Entwicklung nur ein Nebeneffekt von Geschäftemacherei« sei, sagt Markus Henn von WEED. Er warnt: »Die Compacts sollen nicht der Startpunkt für die nächste afrikanische Schuldenkrise werden.«[20] Schon heute übersteigt der Umfang der Schuldenrückzahlungen aus sämtlichen südlichen Ländern weltweit bei Weitem die Summe der Entwicklungsgelder, die diese Länder bekommen.[21]

Gleichzeitig profitieren von diesen Krediten andere: die kleinen Sparer in Schäubles Wahlbezirk, die gut betuchten Anleger in Baden-Baden, die großen Banken, Hedgefonds und Versicherungen in Frankfurt am Main sowie die großen Pensionsfonds, also auch die Riester-Rente. Da es innerhalb Deutschlands oder gar in den G20-Ländern kaum noch hohe Renditen gibt, Ersparnisse also kaum noch Zinsen erwirtschaften, schauen sich die Finanzinstitutionen weltweit um. »Die Bundesregierung erklärt in aller Offenheit, dass sie darauf abzielt, Afrika für westliche Pensionsfonds zu erschließen«, schreibt Erlassjahr in ihrem Positionspapier: »Allianz & Co. brauchen dringend die oben genannten in Afrika noch erzielbaren Renditen zwischen 5 und 15 Prozent, um den Verpflichtungen gegenüber denen nachzukommen, die bei ihnen Riester-Renten und andere Formen der Alterssicherung abgeschlossen haben.«[22]

»Es geht nicht mehr darum, Afrika helfen zu wollen, sondern darum, Geschäfte und Profite zu machen«, brachte es Marokkos Finanzminister Mohamed Boussaid bei der Partnerschaftskonferenz in Berlin im Juni 2017 auf den Punkt.

Freihandel
Euro-afrikanischer Milchkaffee

Als Entwicklungsminister Müller im März 2017 die Elfenbeinküste besucht, wundert er sich gewaltig: »Es kann doch nicht
sein, dass die Kakao- und Kaffeebauern von ihrer harten Arbeit
nicht leben können und Kinder, statt in die Schule zu gehen,
auf den Plantagen wie Sklaven schuften müssen«, empörte er
sich. Das Land ist der größte Kakao-Produzent der Welt, europäische Schokoladenhersteller zählen zu den Hauptabneh-
mern. Doch ein Kakaobauer verdient nur rund 50 Cent pro Tag.
Um dem Land zu Wachstum zu verhelfen, müsse ein größerer
Teil der Verarbeitung vor Ort passieren, forderte der Minister.
Dazu müsse auch ein Abbau von Handelsbarrieren seitens der
EU beitragen. Fairer Handel zwischen den Kontinenten sei
»moderne Zukunftspolitik mit Afrika«, sagt Müller.[1]

Die Handelsbeziehungen zwischen Europa und Afrika sind
seit Kolonialzeiten davon geprägt, dass afrikanische Kleinbauern Tee, Kaffee, Baumwolle, Kakao oder Vanille anpflanzen –
Rohstoffe, die von Europäern und nicht von Afrikanern selbst
konsumiert werden. Die Afrikaner erwirtschaften mit den Er-
trägen aus dem Export mehr Einkommen. Nur einen kleinen
Bruchteil ihrer Äcker nutzen diese Kleinbauern für ihren eigenen Bedarf. Um satt zu werden, pflanzen sie darauf kalorien-
und proteinreiche, aber vitaminarme Nahrung an: Bohnen,
Maniok oder Kochbananen. Meist reicht das gerade aus, um die
Familie satt zu kriegen, gesund ist das Essen nicht. Spielt das
Wetter verrückt, wie während der Dürre in Ostafrika 2016 und
2017, so reicht der Ertrag nicht aus, den Kindern ein anständi-
ges Mittagessen vorzusetzen.

Für die oben genannten afrikanischen Rohstoffe gilt in der
EU seit den 1970er-Jahren Zollfreiheit,[2] etwa für Kaffee, nach
Rohöl das weltweit zweitwichtigste Exportprodukt des Konti-
nents. Von West- bis Ostafrika bauen Kleinbauern bereits seit

Jahrhunderten Kaffeesträucher an – zu Kolonialzeiten wurden sie dazu gezwungen. Zollfrei wird der Rohkaffee in die EU exportiert, wo er geröstet, verpackt und verkauft wird. Würden afrikanische Kaffeekooperativen in eine eigene Rösterei investieren, damit Arbeitsplätze schaffen und durch die Veredelung einen höheren Verkaufspreis erzielen, würden beim Import auf verarbeitete Produkte in die EU Zölle fällig. Für die Handelsfirmen ist es also preiswerter, den reinen Rohkaffee zu verschiffen.

Dies hat absurde Folgen: Wer noch vor wenigen Jahren in einem ruandischen Restaurant einen Kaffee bestellte, der bekam eine Packung Nescafé-Pulver des Schweizer Produzenten Nestlé und eine Thermoskanne heißes Wasser hingestellt, dabei wachsen die Kaffeebohnen draußen am Strauch. Mit der zunehmenden Urbanisierung und Globalisierung ist nun die afrikanische Mittelschicht auf den Geschmack von Kaffee gekommen. In den Städten eröffnen Kaffeehäuser: Da trifft sich die Mittelklasse zum Cappuccino. Dieser kostet in Ruanda jedoch mehr als beim Starbucks am Potsdamer Platz in Berlin.[3] Dabei kommt ein Teil der Kaffeebohnen der weltweit größten Kaffeehauskette aus Ruanda, dessen Kaffeebohnen mittlerweile zu den besten weltweit zählen.

Der zweitgrößte ugandische Kaffeeproduzent, Good African Coffee, der die ugandischen Kaffeehäuser beliefert, trieb die Absurdität auf die Spitze: Jahrelang wurde der Rohkaffee zollfrei von Uganda über 6000 Kilometer nach Irland verschifft, um in Dublin geröstet und gemahlen zu werden – und dann vakuumverpackt wieder zurück nach Uganda verschifft zu werden. Bis zu sechs Euro kostet umgerechnet ein Kilo gemahlenen Röstkaffees dann. 2009 eröffnete Good African Coffee die erste Rösterei in Uganda selbst. Der Preis für diesen Kaffee stieg nun deutlich gegenüber dem Rohkaffee.[4] Damit erhöhte sich aber auch der Preis für europäische Kaffeetrinker.

Wer Milchkaffee bevorzugt, der muss in Afrika meist mit dem vom niederländisch-britischen Nahrungsmittelriesen

Unilever gefertigten Milchpulver vorliebnehmen. Das gibt es in afrikanischen Supermärkten um ein Vielfaches billiger als Frischmilch. Dabei gibt es in vielen Ländern Afrikas mehr Kühe als Einwohner. Doch durch die enormen Subventionen der europäischen Landwirtschaft mit ihrer Massentierhaltung, Hochertragszüchtung und Zugabe von Nahrungsergänzungsmitteln werden in der EU enorme Überschüsse erzeugt. Diese ließen in den vergangenen Jahren den Milchpreis in den Keller sacken. Dasselbe geschah mit der Fleischproduktion, zum Beispiel bei Hühnchen. Und es geschah mit Weizen für Baguette und Toastbrot, der in Afrika schon längst traditionelle Hirsesorten verdrängt hat.

Die Exportstrategie, die Bundeslandwirtschaftsminister Christian Schmidt 2015 entwickelte, sah deshalb vor, Milch von europäischen Kühen in Europa zu Milchpulver zu verarbeiten und billig nach Afrika zu exportieren. Wer etwa in Burkina Faso oder Nigeria, wo Kühe traditionell zum Besitz einer Großfamilie dazugehören, im Supermarkt vor dem Kühlregal steht, hat die Wahl zwischen Joghurts des Lebensmittelkonzerns Danone aus Frankreich, die mit Milchpulver aus der EU angerührt werden, oder einem Joghurt aus der örtlichen Milch-Kooperative um die Ecke. Der EU-Joghurt ist billiger, obwohl seine Zutaten 5000 Kilometer weit weg hergestellt wurden.[5]

Wer behauptet, mehr europäische Unternehmen in Afrika könnten dort mehr Arbeitsplätze schaffen, verkennt, dass europäische Großkonzerne heute in Afrika zum Verlust der Lebensgrundlage der Kleinbauern beitragen. Große europäische Molkereiunternehmen wie Arla, FrieslandCampina und Danone investierten jüngst in westafrikanische Unternehmen oder gingen mit ihnen Joint-Ventures ein. So werden sie ihr Milchpulver los, indem sie es in Afrika zu Joghurt verrühren.

NGOs wie Germanwatch, Brot für die Welt und Misereor warnten bereits 2015 vor Schmidts Exportoffensive: Sie könnte zu erheblichen »Marktstörungen« in Entwicklungsländern führen. Milch- und Molkepulver machen 60 Prozent der EU-

Milchexporte aus, Afrika ist der wichtigste Absatzmarkt.[6] »Vor allem in westafrikanischen Ländern verhindern billige Importe, dass heimische Milchbauern Zugang zu den wachsenden städtischen Märkten in ihrem eigenen Land erhalten«, sagt Kerstin Lanje von Misereor. »Wir befürchten, dass sich in naher Zukunft die wirtschaftliche Lage der Hirtenfamilien, die etwa ein Drittel der Bevölkerung ausmachen, durch mehr Importe aus der EU weiter verschlechtert.«

Afrika drohe »zur Resterampe für EU-Exporte zu werden«, sagt auch Francisco Marí von Brot für die Welt. »Mit Pflanzenfett angereichertes Magermilchpulver, das aufs unterste Marktsegment abzielt, gilt als der neue Exportschlager der EU in Afrika. In den letzten zehn Jahren haben sich die EU-Exporte dorthin mehr als verdoppelt.«[7]

Die Studie »Honest Accounts? The True Story of Africa's Billion Dollar Losses«, durchgeführt von 14 internationalen NGOs, kalkulierte bereits 2014: Subsahara-Afrika erhalte jährlich aus dem Westen 134 Milliarden Dollar an Entwicklungsgeldern, Investitionen und Krediten – gleichzeitig fließen 192 Milliarden Dollar aus Afrika ab. 46 Milliarden davon als Profite der Großkonzerne. Weitere 35 Milliarden verschwinden in Steuerparadiesen, meist angelegt in Briefkastenfirmen von korrupten Staatsangestellten Die Annahme, dass der Westen Afrika helfe, hat eine »perverse Realität geschaffen, in der Großbritannien und andere wohlhabende Staaten ihre Hilfsbereitschaft feiern, während sie gleichzeitig ihren Firmen dabei helfen, afrikanische Ressourcen auszubeuten«, schreiben die Forscher.[8]

Freihandel EU – Afrika: die Kunst des unfairen Deals

Von »Fairhandel« spricht der deutsche Entwicklungsminister Müller in seinem Marshallplan, also von Freihandelsabkommen auf fairer Grundlage, damit die Kakao- und Kaffeebauern bald genügend Einkommen verdienen. Damit gemeint sind

die derzeitigen Verhandlungen um die Wirtschaftspartner-
schaftsabkommen EPAs (Economic Partnership Agreements)
zwischen der EU, einzelnen afrikanischen Staaten, aber auch
Blöcken wie der Ostafrikanischen Gemeinschaft (EAC), der
Westafrikanischen Wirtschaftsunion (ECOWAS) oder der Süd-
afrikanischen Entwicklungsgemeinschaft (SADC), die derzeit
in Afrika heiß debattiert werden.

Die EU pocht seit knapp 20 Jahren darauf, dass sich die afrikanischen Märkte für EU-Importe öffnen und ihre Schutzzölle
abbauen sollen. Eine einseitige Marktöffnung, also die heute
geltende Zollfreiheit für afrikanische Produkte in der EU, aber
nicht umgekehrt, sei nicht mit den Regeln der internationalen
Welthandelsorganisation WTO (World Trade Organization) vereinbar, so das Argument der Europäer. Deshalb wurde schon
im Jahr 2000 in Benins Hauptstadt Cotonou beschlossen, die
EPAs in die Wege zu leiten. Der Plan dafür berücksichtigte
die afrikanischen Bedenken und enthielt auf dem Papier eine
entwicklungspolitische Komponente: Die Afrikaner sollten
ihre Märkte in den nächsten 15 Jahren schrittweise der EU für
80 Prozent ihrer Produkte öffnen, 20 Prozent können sie gegenüber der EU-Konkurrenz schützen. Erste Verhandlungen
begannen 2002.

Gleichzeitig garantierte die EU in ihrer Initiative »Every-
thing But Arms« (»Alles außer Waffen«),[9] die 2001 in Kraft
trat, den 49 Niedrigeinkommensländern Afrikas weiterhin
Zollfreiheit. Betroffen von möglichen Strafzöllen waren in Zukunft also nur noch die sogenannten Mitteleinkommensländer
des Kontinents: Kenia, Botswana, Ghana, Kamerun, Namibia,
Südafrika und die Elfenbeinküste. Dies führte zu Protesten: In
Kenia gingen 2007 während des Weltsozialforums, einer Ge-
genveranstaltung zu den Gipfeln der Welthandelsorganisation,
in Nairobi Demonstranten auf die Straßen,[10] in Ghana protestierten die Gewerkschaften 2008.[11] Mehrfach wurden seitdem
die Verhandlungsfristen verlängert.

2014 setzte die EU Kenia die Pistole auf die Brust und verhängte für drei Monate Einfuhrzölle auf kenianische Produkte. Kenias Bauern, die Schnittblumen für den europäischen Markt züchten, drohten ihrer Regierung 2016 mit Auswanderung nach Äthiopien oder Tansania, wenn die sechs Prozent Strafzoll weiter fällig blieben. Tausende Arbeitsplätze waren in Gefahr. Der Druck auf Kenias Regierung wuchs, den Deal letztlich einzugehen. Kenia und Ruanda setzten im September 2016 ihre Unterschriften unter das EPA.[12] In Ruanda steht lediglich die Ratifizierung noch aus. Der Afrika-Beauftragte der Bundeskanzlerin, Günter Nooke, sagte zum Fall von Kenia: »Nein, so wie wir das von der EU-Kommission gehandhabt haben, da gab es keine Wahl. Wir haben ihnen ja keine Option geöffnet, wie sie den Zugang zu Europa behalten.«[13]

Seitdem ist die EAC zutiefst gespalten: Burundi weigert sich vehement, sich mit den Europäern an den Tisch zu setzen.[14] Die EU hatte nach der politischen Krise in Burundi nach den Wahlen 2015 die Entwicklungszusammenarbeit mit dem Land eingestellt und Sanktionen gegen das dortige Regime verhängt. Deswegen hat Burundi kein Interesse, der EU entgegenzukommen. Und auch Tansania sträubt sich. Als Grund nennt eine Erklärung des tansanischen Parlaments die Nachteile der Liberalisierung für die eigene Industrie und Entwicklung.[15] Tansania plane, die Industrialisierung voranzutreiben. Doch die heimischen Produkte würden dem Wettbewerb mit europäischen nicht standhalten, Arbeitsplätze und Investitionen stünden auf dem Spiel.[16]

Patrick Gomes, Generalsekretär des Bundes der Staaten Afrikas, der Karibik und des Pazifiks, die sogenannten AKP-Staaten, warnte auf der Jahreskonferenz 2016 in Kenias Hauptstadt Nairobi vor der drohenden Keule aus Brüssel: »Wir müssen erkennen, dass die EPAs nicht nur Handelsoptionen mit Europa darstellen«, so Gomes. Länder, die die Abkommen nicht unterzeichnen, »können letztlich wichtige Entwicklungshilfe von der EU verlieren«.[17]

Lange sah es so aus, als ob die EAC an der Frage der EDAs

zerbrechen würde. Immerhin ist die EAC – ähnlich wie der Schengen-Raum – eine Wirtschaftsgemeinschaft, in der die Länder untereinander zollfrei handeln können. Wenn europäische Produkte über das EPA zollfrei nach Kenia importiert werden würden, wie könnte verhindert werden, dass diese Waren nicht weiter nach Uganda oder Ruanda gelangen? Dazu müssten die Zollgrenzen zwischen den Ländern wieder hochgezogen werden.

Eine von der EAC in Auftrag gegebene Untersuchung der UN-Wirtschaftskommission UNECA (United Nations Economic Commission for Africa) kam zum Schluss, dass die Ostafrikaner als Verlierer aus den EPAs hervorgehen. Den größten Schaden habe das im Vergleich recht weit entwickelte Kenia mit rund 45 Millionen Dollar jährlich aus Zolleinbußen, wobei die EU mit 212 Millionen Dollar als Gewinner dastehe.[18] »Lokale Industrien sind unfähig, dem Wettbewerb mit EU-Firmen standzuhalten, insofern würde die Region noch stärker in der Position verhaftet bleiben, mindere Güter zu exportieren«, so die Studie.[19] Zudem fürchten die Ostafrikaner um ihre guten Handelsbeziehungen mit Indien und China, von wo weit mehr Produkte stammen, wenn sie den Europäern für dieselben Waren die Einfuhrzölle schenken.

Ende Mai 2017 trafen sich die EAC-Staatschefs zu ihrem jährlichen Gipfel in Tansanias Hauptstadt Daressalam. Lange war dieses hochkarätige Treffen verschoben worden, weil deren Unterhändler keine Einigkeit in Hinsicht der EPAs erzielen konnten. Tagelang steckten die Staatschefs hinter verschlossenen Türen die Köpfe zusammen. Bei der Abschlusserklärung trat Ugandas Präsident Museveni ans Mikrofon. Stolz verkündete der älteste Präsident der Region die neue gemeinsame Position: Die noch ausstehenden EPAs würden nicht unterzeichnet, solange die Bedenken Burundis und Tansanias nicht aus dem Weg geräumt seien, sagt er: »Die EU sollte mit der EAC als Ganzes einen Handelsvertrag schließen und nicht mit einzelnen Staaten.« Er sei berufen worden, diese Punkte mit

Brüssel zu klären.[20] Gemeinsam wagten die Ostafrikaner, der Wirtschaftssupermacht EU die Stirn zu bieten.

Anders in Westafrika. Die Region mit ihrer Wirtschaftsgemeinschaft ECOWAS ist für die EU mit 38 Prozent der größte Handelspartner auf dem Kontinent, ein Handelsabkommen also umso wichtiger.[21] Im Juli 2014 wurden zwischen der EU und den Ländern Westafrikas sowie der ECOWAS die Verhandlungen abgeschlossen und im Dezember 2015 die EPAs unterzeichnet. Sie sollten so bald wie möglich von den einzelnen Ländern ratifiziert werden. Doch es zeichnet sich ab, dass Nigeria, die größte Wirtschaftsmacht sowie Afrikas größter Ölproduzent, sich weigert – und damit die Ratifizierung des Abkommens im Rahmen der ECOWAS als Block verhindern wird. In den ECOWAS-Abkommen konnte die Wirtschaftsunion immerhin durchsetzen, auf alle »sensiblen« Lebensmittelerzeugnisse wie Rindfleisch, Hühnchen, Joghurt, Eier, Kakaopulver, Schokolade, Tomatenpaste sowie bedruckte Stoffe einen Importzoll von 35 Prozent zu erheben, um heimische Produkte zu schützen.[22]

Die EU fand jedoch Schlupflöcher: Die entwickelten Staaten Ghana und Elfenbeinküste, die in Westafrika den Löwenanteil des Handelsvolumens mit Europa ausmachen, wurden mit Androhungen von Strafzöllen von der EU unter Druck gesetzt, die bilateralen EPAs zu akzeptieren. Es sind die beiden weltweit größten Kakao-Exporteure. Beide Staaten schlossen mit der EU Interimsabkommen ab, die seit 2016 angewandt werden. Seitdem erhalten sie einen zoll- und kontingentfreien Zugang zum EU-Markt. Im Gegenzug sind sie verpflichtet, innerhalb von 15 Jahren ihren eigenen Markt für 80 Prozent der EU-Importe zu öffnen.[23] In diesen Einzelabkommen sind jedoch andere Zölle festgeschrieben als in dem ECOWAS-Abkommen. Während zum Beispiel europäische Hühnchen im ECOWAS-Außenzoll mit 35 Prozent belegt werden, sind es in Ghana und der Elfenbeinküste nur 20 Prozent. Während Ghana seine Milchproduktion zunächst sogar mit einem höheren Zoll von 20 Prozent schützen kann – im gemeinsamen ECOWAS-Außenzoll sind es gerade einmal zehn Prozent –, muss es diesen Zoll bis 2022 ganz abschaffen.[24] Die Konsequenz wird wohl sein, dass europäische Exportunternehmen ihre Waren über die Häfen der Hauptstädte Accra und Abidjan nach Westafrika einschiffen und sie von dort aus über die zollfreien Binnengrenzen der ECOWAS auch in andere Länder gelangen.

»So aber hinterlässt die EU nach 14 Jahren Verhandlungen einen handelspolitischen Scherbenhaufen in Westafrika«, kommentiert die deutsche NGO Brot für die Welt.[25] Deren Referent für Welternährung, Agrarhandel und Meerespolitik, Francisco Marí, kommt in seinem Blog-Beitrag zum EPA-Abschluss mit Ghana im Dezember 2016 zum Schluss: »Menschen in Afrika nehmen wahr, dass die Sonntagsreden von EU-Politikerinnen und Politikern, wie zuletzt auch die von Bundeskanzlerin Merkel, bei ihren Afrika-Reisen, nur Lippenbekenntnisse sind. Es ist Zeit, Armut schaffende Partnerschaftsabkommen der EU mit Afrika in den Mülleimer der Geschichte zu werfen und sie als das zu sehen, was sie sind: der gescheiterte Versuch, das neokoloniale Verhältnis zum Nachbarkontinent fortzusetzen. Partnerschaft sieht anders aus!«[26]

FAZIT
EUROPAS TRÄUME,
AFRIKAS TRÄUME

Es ist die älteste Migrationsroute der Menschheit: Sie führt durch die Wüsten Afrikas, den Nil entlang nach Norden, dann über die Halbinsel Sinai in den Nahen Osten, die Türkei und weiter über den Balkan nach Mitteleuropa. Ein paar Tausend Afrikaner waren über diese Route im Sommer 2015 nach Europa gereist. Unter den Syrern und Afghanen, die damals über den Balkan marschierten, waren sie nur eine Minderheit.

Zwei Jahre nach dem für Europa einschneidenden Sommer der Migration ist diese historische Route geschlossen. Israel hat entlang der Grenze zu Ägypten einen Zaun errichtet. Die Türkei macht nach der Einigung mit der EU ihre Südgrenze dicht. In Nordafrika hat Spanien bereits zuvor seine Enklaven mit Klingendraht abgeriegelt. Die beiden Nachbarkontinente – Afrika und Europa – sind heute künstlich voneinander getrennt.

Die EU hat Milliarden Euro ausgegeben, sich afrikanische Staatschefs, darunter Diktatoren und mutmaßliche Kriegsverbrecher, als Türsteher einzukaufen. Europäische Grenzschützer bilden ihre afrikanischen Kollegen aus: Sie sollen Migranten und Flüchtlinge aufhalten. Dafür wurden in vielen wichtigen Transitstaaten auf Betreiben der EU Gesetze erlassen, um gegen Schleuser vorzugehen. Dabei bilden diese einen staatlich-mafiösen Komplex aus Gangstern und korrupten Staatsangestellten.

Migranten und Flüchtlinge werden kriminalisiert, der irreguläre Grenzübertritt unter Strafe gestellt. Sie werden von gut ausgestatteten Grenzschützern in der Wüste gejagt, festgenommen, in Lager oder Haftanstalten gesteckt – und wieder abgeschoben: nach Hause oder in irgendein anderes Land; freiwillig oder nicht. Und das ist noch die gute Seite der Medaille.

Die Kehrseite ist mörderisch: Tausende Menschen aus Afrika verenden in dieser neuen Welt der Zäune und mobilen Grenztruppen; ausgetrocknet in der Wüste, ertrinken im Mittelmeer, werden von islamistischen Milizen zwangsrekrutiert, gefoltert, enthauptet oder hängen tot im Klingendraht. Die Zahlen steigen.

So viele Tote gibt es in manchen afrikanischen Bürgerkriegen nicht. Dass die EU Menschen vor ihren Toren sterben lässt, kreiden ihr auch afrikanische Staatschefs als unmenschlich an. Malis Präsident Keïta richtete sich beim G20-Afrika-Partnerschaftsgipfel im Juni 2017 in Berlin an Merkel: »Jedes Mal, wenn ein junger Afrikaner in Mittelmeer stirbt, wird uns schlecht – ganz ehrlich, Frau Kanzlerin.«

Wer Glück hat und sein Recht wahrnehmen kann, einen Antrag auf Asyl innerhalb der EU zu stellen, muss ein langwieriges Behördenverfahren durchlaufen. Am Ende steht oft die Abschiebung: oft mit Gewalt, in Handschellen, vielleicht nicht einmal in das eigene Herkunftsland. Vielleicht entscheidet die EU, der Abzuschiebende sei, wie im Fall von Joseph Koroma (→ *Kapitel: Abschiebungen*), gar nicht aus Sierra Leone, sondern aus Nigeria. Dann wird er von Frontex womöglich in einem Land ausgesetzt, in dem er niemanden kennt und wo ihn niemand haben will. Und dann ist es gar nicht mehr so weit bis zur erzwungenen, systematischen Abschiebung der Eritreer aus Israel via Ruanda nach Uganda (→ *Kapitel: Israels Geschäfte*).

Die EU hat seit der Eskalation auf dem Balkan 2015 keine Mühe gescheut, Migranten und Flüchtlinge aus Afrika abzuwehren. EU-Kommissare und europäische Staatschefs, insbesondere auch Bundeskanzlerin Merkel, verhandeln mit afrikanischen Regierungen. Sie versuchen, von ihnen die Bereitschaft zu kaufen, sich in den Dienst der europäischen Interessen zu stellen. Sie drohen damit, Hilfsgelder zu streichen, und haben manche afrikanische Regierung gefügig gemacht – teils gegen den Willen ihrer eigenen Bevölkerungen.

Vieles wurde hinter verschlossenen Türen verhandelt, um die Zivilgesellschaften nicht aufzuschrecken, wie im Dezember 2016, als Malis Präsident ein Kommuniqué über Rückführungen unterschrieb, was er abstritt, als es in Bamako zu Protesten kam. In vielen Ländern wissen die Bürger Afrikas bis heute nicht, auf was sich ihre Regierungen im Dienste der EU einlassen.

Kooperativ zeigen sich vor allem diejenigen Regime, die autoritär oder, wie im Fall Eritreas, totalitär über ihre eigene Bevölkerung herrschen. Sie profitieren von der EU-Migrationspolitik, denn die Europäer strecken den lang isolierten Diktatoren nun wieder die Hand aus. Sie spielen, wie Sudans mutmaßlicher Kriegsverbrecher General Hametti, die europäischen Gehilfen und stellen dann Forderungen nach Berlin und Brüssel, erpressen die EU oder führen sie, wie Eritreas Diktator Afewerki, mit leeren Versprechungen an der Nase herum. Die Folge ist, dass diese Regime dank europäischer Hilfe ihre Macht weiter ausbauen können. Denn die stützt sich auf einen Sicherheitsapparat, der jetzt mit europäischen Programmen professionalisiert wird.

Manche Staaten, wie etwa Niger, sind so arm, dass sie zum Geldsegen aus Brüssel nicht Nein sagen können. Manche sind, wie der Inselstaat Kap Verde, der viele EU-Abkommen als Erster unterzeichnete, so klein, dass sie der EU nichts abschlagen können. Andere sind, wie das bevölkerungsreichste Land Afrikas, Nigeria, so groß, dass die EU ihnen viel bieten muss. Durch den Fokus auf ausgewählte Transitstaaten nördlich des Äquators ist es den europäischen Diplomaten gelungen, die Afrikaner zu spalten, die sich im Rahmen der AU oder Regionalorganisationen wie der ECOWAS um einen gemeinsamen Standpunkt bemühen.

Probleme machen der EU dysfunktionale Staaten wie Libyen, mit dem es sich kaum verhandeln lässt, weil es keine funktionierende Regierung gibt. Ausgerechnet das Land, das einst unter Diktator Gaddafi der erste Türsteher Europas war, ist heute das letzte Schlupfloch im EU-Migrationsabwehrschirm.

Migration ist etwas zutiefst Menschliches, es ist ein Urinstinkt, der die ersten Menschen einst den Nil entlangwandern ließ, um über den Sinai den Kontinent zu verlassen. Gründe, woanders hinzugehen, gibt es viele: Naturkatastrophen, Hunger, Suche nach besserem Ackerland, nach Arbeit oder Glück, ja, manchmal auch nur Neugierde oder Fernweh. Menschen, die viel von der Welt gesehen haben, gelten in afrikanischen Gesellschaften als Weise. Wenn sie in ihr Heimatdorf zurückkehren, werden sie behandelt wie Halbgötter: Nachbarn und Verwandte kommen, um die Geschichten von der großen weiten Welt zu hören.

Das war vor den Zeiten der Ferienflieger und Pauschalurlaube auch in Europa noch so. Reisen oder gar Auswandern kostete Geld und war ein großes Risiko. Erst preiswerte Fluggesellschaften und Massentourismus machten es in den vergangenen Jahrzehnten möglich, dass die Europäer in ihren Sommerferien zu Millionen halb nackt und braun gebrannt an den Mittelmeerstränden herumliegen – wo seit wenigen Jahren Leichen angeschwemmt werden. Das Bild eines ertrunkenen syrischen Kindes an einem türkischen Strand hat im Herbst 2015, also mitten in Hochzeiten der Balkankrise, Entsetzen in europäischen Medien erzeugt. »Der Untergang Europas«, schrieb die spanische Zeitung *El Periódico*.

Das Bild erzeugte Mitgefühl und Hilfsbereitschaft. Dass in vielen Gemeinden der Bundesrepublik Menschen Merkels Wahlspruch »Wir schaffen das!« gefolgt sind und sich ehrenamtlich um die ankommenden Flüchtlinge kümmerten, ist auch diesem Bild mit geschuldet. Es hat Solidarität erzeugt – ein Gut, das Europa derzeit oft fehlt.

Innerhalb eines Jahres hat die Kanzlerin diese Willkommenshaltung wieder beendet, zum Teil auch durch ihre Afrika-Politik. Das Bemühen, Rücknahmeabkommen mit den afrikanischen Regierungen einzufädeln, zeugt vom Willen, die Afrikaner wieder loswerden zu wollen – offenbar um jeden Preis. Frontex soll das übernehmen: mit EU-weiten Sammelabschiebungen. Am besten unterhalb des Radars der öffentlichen Aufmerksamkeit.

Bilder von der afrikanischen Tragödie in der nigrischen Wüste gibt es kaum. Die Menschen sterben dort unbeobachtet von Kameralinsen. Nur die EU-Grenzschutzagentur Frontex ist dabei auf ihren Flachbildmonitoren. Sie sammelt via Satelliten und Drohnen Informationen aus der Luft, um Schlepper und Menschenhändler zu bekämpfen. Doch je abgeriegelter Europa ist, desto mehr verdienen die Sklavenhändler der heutigen Zeit mit der Ware Mensch. Gäbe es mehr legale Wege in die EU, würden Schlepper keine Geschäfte machen und so auch den Terrorismus finanzieren.

Europas Kolonialzeit in Afrika ist noch nicht lange her. Afrikanische Großeltern erinnern sich noch gut an den Unabhängigkeitskampf ihrer Länder, der oft blutig verlief. Meist besser, als sich europäische Rentner an den Zweiten Weltkrieg und die daraus resultierenden Flüchtlingstrecks in Europa erinnern. Vor wenigen Jahrhunderten haben die Europäer die afrikanischen Sklaven in Ketten auf Boote gezerrt und über den Atlantik verschifft, um auf den Plantagen eines Kontinents zu schuften, den die Europäer in ihrem Migrationseifer gerade erst erobert hatten. Millionen Menschen wurden dem afrikanischen Kontinent damals geraubt, Europa hat den »Entwicklungsrückstand«, den es mit Entwicklungshilfe teuer auszugleichen versucht, dadurch mit verursacht.

Nur wenige Jahrhunderte später wollen die Europäer von den Afrikanern, dass sie zu Hause bleiben. Sie sollen nicht auf Boote steigen und keine neuen Welten kennenlernen. Arbeiten sollen sie dort schon gar nicht. Sie fürchten das enorme Bevölkerungswachstum auf dem Kontinent. Dänemarks Entwicklungsministerin, Ulla Tornaes, hat dies im Juli 2017 gezeigt, als sie ankündigte, 14 Millionen Dollar für Geburtenkontrolle in Afrika spendieren zu wollen: »Um den Migrationsdruck in die EU zu lindern, ist die Senkung der Geburtenrate in vielen afrikanischen Ländern ein Teil der Lösung.«[1]

Migration ist in dieser globalisierten Welt der einfachste Weg, die Ungleichverteilung von Wohlstand auszugleichen. Das zeigen nicht zuletzt die enormen Summen von Rücküberweisungen afrikanischer Arbeitsmigranten an ihre Familien zu Hause. In Niger überschreiten sie die Steuereinnahmen aus den Provinzen, in Mali tragen sie zu einem Großteil des Bruttosozialproduktes bei, in Eritrea finanziert sich daraus der Staatsapparat, und in Nigeria übersteigen sie umgerechnet pro Einwohner die Entwicklungshilfe aus Europa um ein Vielfaches.

In Afrika ist Migration ein Entwicklungsmotor. Staaten schließen sich nach dem Vorbild der EU zu Wirtschaftsgemeinschaften zusammen, schaffen Zölle, Visa und Arbeitserlaubnisse ab, um regional den freien Verkehr von Waren, Dienstleistungen und Arbeitskräften zu ermöglichen. Das hohe Bevölkerungswachstum wird positiv gesehen, denn dadurch erhöht sich die Zahl der Konsumenten und die Nachfrage, was die Wirtschaft fördert. Ebenso positiv wird der Zuzug von Fremden gesehen. 2018 will die Afrikanische Union die Visafreiheit auf dem ganzen Kontinent und einen gemeinsamen afrikanischen Reisepass einführen: biometrisch natürlich. Ob das realistisch ist, wird sich zeigen; auch, wie die EU damit umgehen wird.

In der Migrationsfrage konnte sich die EU bisher nicht gegen die Afrikaner durchsetzen: Die europäischen Reisepapiere, Laissez-Passers, erkennt nach wie vor kein afrikanischer Staat an, Rückführungsabkommen will auch keiner unterschreiben, trotz der Milliarden, die in die Hand genommen werden. Die Afrikaner wollen ihrerseits Visaerleichterungen für ihre Staatsbürger in die EU. Doch Arbeitsmigranten aus Afrika – das will weder die EU noch die Bundesregierung.

Wer in einer afrikanischen Hauptstadt am Visaschalter des deutschen Konsulats steht, der erhält verwirrende Botschaften: Am Schwarzen Brett hängen Poster von blühenden Landschaften an Mosel und Rhein, Werbung für das Studium der Medizin in Heidelberg oder des Maschinenbaus in München. Gleich daneben: die alarmierende Warnung vor Schleppern und Menschenhändlern, die mit fadenscheinigen Versprechungen von einer Arbeit in der EU den Menschen viel Geld aus der Tasche ziehen. Dazwischen gibt es eine schusssicher gepanzerte Glasscheibe, unter der durch einen millimeterdünnen Spalt der Visumsantrag durchgereicht wird: ein Nadelöhr zu einer sehr geringen Chance, eine Arbeitserlaubnis in Europa zu erhalten.

Afrikanische Antragsteller für Visa oder Asyl müssen bereit sein, gegenüber den europäischen Behörden ihr ganzes Leben, ihre Vermögens- und Verwandtschaftsverhältnisse offenzulegen. Mithilfe hochtechnologisierter Datenbanken und Erkennungsverfahren wird es den EU-Behörden zunehmend möglich, Migration in Afrika zu überwachen. Noch sind nicht alle Grenzen auf dem Kontinent mit Computern und Internetleitungen versehen, noch sind viele Demarkationslinien nicht befestigt, die Reisepässe nicht alle biometrisiert. Doch die EU tut viel dafür, damit die Fingerabdrücke von Kairo bis Kapstadt und von Dakar bis nach Daressalam erfasst und auch europäischen Behörden zugänglich gemacht werden – dank der Sicherheitstechnologie »Made in Europe«.

Profiteure dieser intelligenten Grenzen sind die europäischen Sicherheits- und Rüstungskonzerne und ihre Zulieferer, für die der afrikanische Markt bislang wenig interessant oder zu risikoreich war. Deutschen Unternehmen soll der Zugang nach Afrika erleichtert werden. Die Bundesregierung leistet Investitionshilfe in Form von Außenwirtschaftsförderung, schreibt aber »Fluchtursachenbekämpfung« darauf. Den Afrikanern werden die Konzepte verkauft als »Arbeitsplatz-Initiative« für den jungen »Chancenkontinent«. Kanzlerin Merkel hat es in wenigen Worten auf der Berliner Partnerschaftskonferenz auf den Punkt gebracht: Wenn weniger Migranten aus Afrika kommen, dann bedeutet das auch »mehr Sicherheit für uns«.[2]

Vieles, was die EU in den vergangenen Jahren in Europa an Migrationskontrolle versucht hat, war nicht neu im Inhalt, jedoch neu im Umfang. Milliarden hat Brüssel aus den Entwicklungshilfetöpfen umgewidmet und in die Migrationsverhinderung investiert.

Der Grund ist innenpolitischer Natur: 2017 ist in vielen EU-Mitgliedstaaten Wahlkampfjahr, nicht nur in Deutschland, sondern auch in Frankreich, in Österreich, in Dänemark, in den Niederlanden, in Italien und Großbritannien. Überall hat die Frage der Einwanderung den Wahlkampf mitbestimmt.

Man könnte denken, Europa rücke im Kampf gegen die Migration wieder enger zusammen. Doch das Gegenteil ereignete sich Anfang Juli 2017 am Brenner. Das kleine Österreich, das sich seit 2015 stetig bemüht, keine weiteren Flüchtlinge mehr aufzunehmen, hat nach 1991, als der Jugoslawienkrieg begann, wieder Soldaten an der Grenze aufgefahren: 2017 sind es Radpanzer, die Österreichs Verteidigungsminister Hans Peter Doskozil (SPÖ) zum Brennerpass schickt, der wichtigsten Verbindungsstraße durch die Alpen zwischen Süd- und Nordeuropa – eine absurde symbolische Geste. Damit sei die Passschließung »per Knopfdruck« möglich, sagt Günther Platter (ÖVP), Landeshauptmann von Tirol, und warnte vor der wieder steigenden Zahl von afrikanischen Migranten, die im südlichen Nachbarland Italien ankommen. Schon zuvor verwies er in Interviews auf die »kriminelle Nordafrikanerszene«.[3] Er stellt klar: »Es geht nicht um Panzer. Es geht um die Frage, wie wir mit illegaler Migration umgehen.« Die Lage am Brenner sei noch überschaubar. »Es geht darum, vorbereitet zu sein«, als »Notmaßnahme«. Migrationsschübe würden die Bevölkerung verunsichern und »das Fass zum Überlaufen« bringen.[4] Nur wenige Wochen später wird das Bundesheer ganz offiziell eingesetzt, um die Grenzpolizei zu unterstützen.[5]

Die EU steckt demnach in einer tiefen Krise. Es ist keine

Flüchtlings-, sondern einer Solidaritätskrise im Innern. Österreich fährt die Soldaten nicht gegen Migranten oder Flüchtlinge auf, sondern gegen die europäische Entscheidung, diese innerhalb der EU-Mitgliedstaaten umzuverteilen. Und das in Tirol, wo noch immer Bunker aus den ersten beiden Weltkriegen stehen: einst ein Schlachtfeld, jetzt eine idyllische und sichere, wohlhabende Bergregion, die vom Tourismus lebt – dank der EU.

Afrika ist in Europa ein innenpolitisches, kein außenpolitisches Thema. Hier dient der gewaltige, in europäischen Augen oft chaotisch und bedrohlich wirkende Kontinent den Europäern wieder als Projektionsfläche all ihrer Ängste, wie schon zu Kolonialzeiten. Von »100 Millionen Afrikanern«, die nach Europa kommen, sprach Entwicklungsminister Müller im Juni 2017.[6] So spielen die Europäer mit sich selbst das Spiel »Wer hat Angst vorm Schwarzen Mann?«.

Auf dem »Chancenkontinent« werden mit zunehmender wirtschaftlicher Entwicklung immer mehr Afrikaner jenseits ihrer Heimat eine Arbeit suchen. Gleichzeitig wird die Bevölkerung weiter wachsen, allerdings nicht so rasch, wie heute befürchtet wird. Die wachsende afrikanische Mittelschicht tendiert zu weniger Kindern, meist nur zwei oder drei, weil die gut ins Auto passen – ähnlich wie einst in Europa mit zunehmender Industrialisierung und Urbanisierung die Geburtenrate sank. In vielen afrikanischen Ländern, wo Bildung teuer ist, macht sich die Mittelschicht Gedanken, wie viel Schulgebühren sie sich leisten kann, um allen Kindern eine Ausbildung zu garantieren. Bevölkerungswachstum hat für Afrikas Volkswirtschaften auch positive Aspekte: Sie fördert die Nachfrage und damit die lokale Produktion. Zum Problem wird es erst, wenn den afrikanischen Kleinbauern durch Freihandelsabkommen langfristig die Lebensgrundlage genommen, wenn durch die Erderwärmung das Ackerland von Millionen vernichtet wird. Dafür trägt die EU eine große Mitverantwortung.

Mit einer gemeinsamen, rationalen und langfristigen Außen- und Sicherheitspolitik sollte sich die EU global engagieren, die Konflikte dieser Welt in den Griff zu bekommen, anstatt sich Diktaturen als Türsteher ihrer Festung einzukaufen, um das »Überschwappen« zu vermeiden, wie es in der EU-Verteidigungsstrategie heißt. Die Terroranschläge in Paris, Brüssel, London und Berlin beweisen: Es wird immer Schlupflöcher geben, auch durch die hoch gesicherten Festungsmauern Europas. Dass Menschen sich radikalisieren oder fliehen, hat Ursachen. Diese liegen auch in Syrien, in Libyen, im Südsudan, in Somalia, in Eritrea, im Sudan, in Nigeria, in Mali, in der Zentralafrikanischen Republik, in der DR Kongo, in Burundi, in Äthiopien. Die autoritären Regime, denen die EU jetzt zum Teil die Hand reicht, sind mit daran schuld, dass Menschen ihre Heimat verlassen. Viele fliehen auch vor deutschen Waffen.

In dieser heutigen Welt, in der nicht nur Wohlstand, sondern auch Sicherheit so ungleich verteilt ist wie noch nie zuvor, ist Migration im Vergleich zur Umverteilung durch Hilfsgelder ein Prozess, der die globale Ungleichheit relativ einfach ausgleichen könnte. Einem Land wie Niger, wo Menschen verhungern, Kinder chronisch unterernährt sind und nicht zur Schule gehen, einen Hightech-Zaun zu schenken – das ist, als ob man einem nackten frierenden Kind eine Mütze schenkt – so hat es der Kommandant einer afrikanischen Grenzschutzeinheit ausgedrückt, die im Rahmen von GIZ-Projekten ausgebildet wurde. Selbst er, der von den Maßnahmen profitiert, findet diese Investitionen falsch.[7] Mit der Migrationsabwehr unternimmt die EU eine gewaltige und kostenintensive Anstrengung, die globale Ungleichheit beizubehalten und den Wohlstandsraum Europa zu verteidigen. Die Gefahr, dass junge Afrikaner sich dem Dschihad anschließen, steigt so.

Großherzig werden jetzt Marshallpläne aufgesetzt, Kredite vergeben, die europäischen Sparern und Rentenkassen Rendite bringen und deutsche Unternehmen nach Afrika locken: Sie sollen Jobs schaffen und die arbeitsuchende Jugend dort halten. Die EU lädt die afrikanischen Staaten und Regional-organisationen ein, beim globalen Freihandel mitzumachen – allerdings zu ihren Spielregeln. Mit den Handelsabkommen wird den afrikanischen Staaten abgerungen, ihre Märkte für europäische Produkte zu öffnen, obwohl dies Arbeitsplätze vernichtet, die anderswo mit Entwicklungsgeldern wieder ge-schaffen werden sollen. Das kommt davon, wenn man Migra-tion zur Krise erklärt.

Von geschützten Grenzen und der Öffnung der Märkte träumt die EU. Von geschützten Märkten und offenen Grenzen träumt Afrika. Solange dieses Interessensdilemma nicht gelöst ist, wird es keine echte Partnerschaft geben.

ANHANG

Anmerkungen

Hinweis zu den Quellenangaben: Zur besseren Handhabbarkeit sind nicht die Original-URLs der Webseiten angegeben, sondern Kurz-URLs, die mit nur wenigen Zeichen auf die Original-Webseite weiterleiten. Sofern nichts anderes angegeben ist, erfolgte der letzte Zugriff auf die Webseiten im Juli 2017.

Vorwort (S. 7–15)

1 »Eine Situation wie im Sommer 2015 darf sich nicht wiederholen«. In: Spiegel Online, 6. Dezember 2016 | http://bit.ly/2g5s0yo

2 Migration and Remittances Factbook 2016, Third Edition

3 IOM: Mediterranean Migrant Arrivals Top 363,348 in 2016; Deaths at Sea: 5,079. 1. Juni 2017 | http://bit.ly/2hZTGc2

4 UN World Population Prospects 2017 | http://bit.ly/2vbgOvx

5 Müller warnt vor 100 Millionen Flüchtlingen aus Afrika. In: Spiegel Online, 18. Juni 2017 | http://bit.ly/2tfNxw4

6 Persönliches Interview am 1. Juni 2017

7 Die Landeswahlleiterin Mecklenburg-Vorpommern: Wahl zum Landtag von Mecklenburg-Vorpommern am 04.09.2016, Endgültiges Ergebnis Wahlkreis 30: Vorpommern-Greifswald III http://bit.ly/2vlIajl

8 Neue Initiative soll Migranten aus Europa fernhalten. In: Weser Kurier, 20. März 2017 | http://bit.ly/2hgIABl

9 Bei der Konferenz am 29. März 2017 in Berlin notiert

Unsere Partner (S. 17–38)

1 Sudan says it is combating illegal migration »on behalf of Europe«. In: Sudan Tribune, 30. August 2016

2 Human Rights Watch: Men with no Mercy – Rapid Support
   Forces attacks against civilians in Darfur, September 2015
   http://bit.ly/2vfkZpW

3 Report of the International Commission of Inquiry on Darfur
   to the United Nations Secretary-General, Genf, 25. Januar 2005
   http://bit.ly/1V9W2nr

4 Hametti and his president: war as a livelihood. In: Sudan Tribune,
   9. Mai 2015 | http://bit.ly/2ucinVw

5 El Gizouli, Magdi: Scorched Earth, Poisoned Earth, Sudanese
   Government Forces Ravage Rebel Marra, Darfur, Amnesty
   International, September 2016 (http://bit.ly/2vfH9Z4). Spätere
   Untersuchungen von anderen NGOs und Geheimdiensten lassen
   eher darauf schließen, dass andere Waffen, nicht chemische,
   eingesetzt wurden, die jedoch vergleichbare Wunden hervorru-
   fen, siehe: Loeb, Jonathan: »Did Sudan use chemical weapons in
   Darfur last year?«. In: Bulletin of the Atomic Scientists, 17. Januar
   2017 | http://bit.ly/2vlvxoe

6 Beide Haftbefehle einsehbar auf der ICC-Webseite
   http://bit.ly/2vfKkA5

7 Elbagir, Nima: Meet the Janjaweed. In: ABC News, 3. Juni 2008
   http://ab.co/2tX2JSC

8 Janjaweed Reincarnate – Sudan's New Army of War Criminals,
   Enough-Bericht, Juni 2014 | http://bit.ly/2tWKwVz

9 »Constitutional amendments demise of Sudan's Bill of Rights«:
   opposition. In: Dabanga, 8. Januar 2015

10 Sudanese parliament passes RSF Act integrating militiamen in the
   army. In: Sudan Tribune, 17. Januar 2017

11 Rapid Support Forces Working to End Human Trafficking.
   In: Sudan Vision, 13. November 2016

12 Sudan's RSF militia arrests 1500 illegal migrants near Libyan
   border. In: Sudan Tribune, 8. Januar 2017

13 Sudan says it is combating illegal migration »on behalf of
   Europe«. In: Sudan Tribune, 30. August 2016

14 Afrikareise der deutschen Bundeskanzlerin. In: ZIB 8:00,
   10. Oktober 2016

15 Falsche Vorstellungen von Europa – Merkels Appell an Afrika.
   In: Tagesschau um 17:00 Uhr, 11. Oktober 2016
   http://bit.ly/2uQw6U8

16 Mitschrift Pressekonferenz von Bundeskanzlerin Merkel und

dem Präsidenten der Republik Tschad, Idriss Déby, in Berlin
http://bit.ly/2tREvVO

17 Pressebegegnung der Bundeskanzlerin mit dem nigerianischen
Staatspräsidenten Muhammadu Buhari, Berlin 14. Oktober 2016
http://bit.ly/2ucumlR

18 EU zieht erste Bilanz der Migrationspartnerschaften mit Afrika,
Pressemitteilung der Deutschlandvertretung der EU-Kommis-
sion, Berlin, 18. Oktober 2016 | http://bit.ly/2vbhGAj

19 Fernschreiben Nr. 1273 aus Brüssel an das Auswärtige Amt,
23. März 2016; im Archiv der Autoren.

20 Interner Drahtbericht des Auswärtigen Amtes im Archiv der
Autoren, Berlin, 2. März 2016

21 Diese und folgende Zitate zitiert nach Interviews mit den
Demonstranten, Berlin, 5. Oktober 2016

22 Sachstand Sudan, internes Papier des Auswärtigen Amtes,
Juni 2016

23 Hintergrundgespräch der Autoren mit Mitgliedern des Ausschus-
ses, Berlin, 12. Oktober 2016

24 Europäischer Treuhandfonds für Stabilität und Bekämpfung der
Fluchtursachen in Afrika, Aktionspapier für die Umsetzung des
Horn-von-Afrika-Fensters: T05 – EUTF – HoA – REG – 09; im
Archiv der Autoren

25 Shared Vision, Common Action: A Stronger Europe – A Global
Strategy for the European Union's Foreign And Security Policy,
Juni 2016 | http://bit.ly/2uNC1e2

26 Europäischer Treuhandfonds für Stabilität und Bekämpfung
der Fluchtursachen in Afrika, Aktionspapier für die Umsetzung
des Horn-von-Afrika-Fensters: T05 – EUTF – HoA – REG – 09, im
Archiv der Autoren

27 Projektliste Ertüchtigung des BMVg und AA, Berlin, 13. Mai 2016;
im Archiv der Autoren

28 Europäischer Treuhandfonds für Stabilität und Bekämpfung der
Fluchtursachen in Afrika, Aktionspapier für die Umsetzung des
Horn-von-Afrika-Fensters: T05 – EUTF – HoA – REG – 09

29 Deckert, Roman: Deutsches Kriegsgerät im Sudan, 1. Juli 2008
http://bit.ly/2uO0tfy

30 Germany restricts Dutch export after providing army trucks to
Sudan. In: Dabanga, 15. Juni 2015 | http://bit.ly/2tRFuoY

31 Deckert, Roman: Internationaler Strafgerichtshof: Haftbefehl

wegen G3-Lieferungen an Janjaweed. In: Kleinwaffen-Newsletter des BITS, Juni 2007

32 Interview mit Ulrich Delius, Berlin, 5. Oktober 2016

33 Interview mit Abdulman, Berlin, 5. Oktober 2016

34 EU-Strategiepapier Sudan, 17. März 2016 | http://bit.ly/2wqWgzq

35 Ebd.

36 The EU Emergency Trust Fund for Africa, EU-Kommission
    http://bit.ly/1MWApn0

37 Polizeiabkommen Italien und Sudan, Rom, 3. August 2016
    http://bit.ly/wbIEIF

38 Italy: Deportations to Sudan! In: no-racism.net, 27. August 2916
    http://bit.ly/2vfC8Q7

39 IOM Trains 19 Police Officers on Passport Examination in
    Khartoum, IOM-Pressemitteilung, Khartoum, 17. November 2016
    http://bit.ly/2vfp3GO

40 Anfrage und Auskunft via E-Mail bei der Pressestelle der Bundes-
    polizei, 21. Oktober 2016

41 Sudan, Germany agrees to promote cooperation to combat illegal
    migration. In: Sudan Tribune, 16. Oktober 2016

42 Interview zitiert nach Report Mainz: Flüchtlingsdeal mit Des-
    poten: Die EU will afrikanische Regime mit Sicherheitstechnik
    ausrüsten, 17. Mai 2016 | http://bit.ly/2tROkmK

43 EU-Strategiepapier Sudan, Brüssel, 17. März 2016
    http://bit.ly/2wqWgzq

44 Präambel in: »Annex I to the Delegation Agreement CRIS
    No. [EUTF05 – HoA – REG – 20] – Description of the Action,
    Better Migration Management«, Oktober 2016; im Archiv der
    Autoren

45 Regional Operational Centre in support of the Khartoum Process
    and AU-Horn of Africa Initiative (ROCK); Action Fiche for the
    implementation of the Horn of Africa Window
    http://bit.ly/2tWuyuy

46 Bundestags-Drucksache 18/12275, Berlin, 4. Mai 2017
    http://bit.ly/2f1o9aH

47 Telefoninterview mit Meron Estefanos, 30. 9. 2016

48 Sudan and Eritrea crackdown on migrants amid reports of EU
    incentives. In: IRIN, 25. Mai 2016

49 Report of the commission of inquiry on human rights in Eritrea,
    Human Rights Council, 4. Juni 2015

50 Freidel, Morten: Von wegen Freiheit. In: FAZ, 12. Mai 2016
http://bit.ly/2ucycM4

51 Detailed findings of the commission of inquiry on human rights
in Eritrea, Human Rights Council, 8. Juni 2016
http://bit.ly/1MhB1i3

52 UN Inquiry finds crimes against humanity in Eritrea, UN-Presse-
mitteilung, Genf, 8. Juni 2016 | http://bit.ly/2tX3iMe

53 Telefoninterview mit Meron Estefanos, Direktorin von ERRI,
30. September 2016

54 Schlindwein, Simone: Länderinfo Eritrea: Mit EU-Hilfe in die
Weltgemeinschaft; Datenbank Migration Control, tageszeitung
http://bit.ly/2vaLLfs

55 Reise nach Eritrea, BMZ-Presseerklärung, Berlin, 17. Dezember
2015 | http://bit.ly/2ucdL1N

56 Länderinformation Eritrea der EU-Kommission, Abteilung für Internationale Kooperation und Entwicklung: http://bit.ly/2uQSdtu

57 Hellge, Anna; Jakob, Christian; Schlindwein, Simone: Ein Fall für
das Fluchtursachenbekämpfungsministerium. In: tageszeitung,
28. Januar 2017 | http://bit.ly/2vlJIK6

58 ER-Strategiepapier Eritrea, Brüssel, 17. März 2016
http://bit.ly/2wqWgzq

59 Bundestags-Drucksache 18/8216, Berlin, 25. April 2016
http://bit.ly/2vfwNs1

60 Telefoninterview mit EU-Delegationsleiter in Eritrea, Christian
Manahl, 3. Oktober 2016

61 Focus Eritrea – Update Nationaldienst und illegale Ausreise,
Bericht des Schweizerischen Staatssekretariats für Migration
SEM, Bern-Wabern, 22. Juni 2016

62 Eritrea won't shorten national service despite migration fears.
In: Reuters, 25. Februar 2016

63 EU-Strategiepapier Eritrea, Brüssel, 17. März 2016
http://bit.ly/2wqWgzq

Rückblick (S. 39–56)

1 Krieg des dritten Jahrtausends. In: Spiegel, 19. August 1991,
S. 130

2 Bestrafung der Armen. In: Spiegel, 16. November 1992, S. 226

3 Eerste EU-Marokko top in teken van economische samenwerking.
In: Europa Nu, 5. Oktober 2010 | http://bit.ly/2wekLwy

4 Johnson, Dominic: Boat people. In: tageszeitung, 28. Dezember 2004

5 Una persona murió desangrada en 2009 por cortes con el alambre de cuchillas de la valla de Ceuta. El Diario, 22. November 2013 | http://bit.ly/2vlNSl4

6 ESF: Valla fronteriza de Melilla | http://bit.ly/2uNKwFP

7 El fabricante de las concertinas de Melilla: »La finalidad no es ni cortar ni pinchar a nadie«. In: 20 minutos, 29. November 2013 http://bit.ly/2f1I0q8

8 El Gobierno presenta la tercera valla de Melilla, que impide que los inmigrantes se lesionen al saltar. In: El Mundo, 22. März 2006 http://bit.ly/2weDoR4

9 Juan José Imbroda: »El pobre de solemnidad no salta la valla, tiene que pagar a las mafias«. In: La Razon, 3. November 2014 http://bit.ly/2hh61KP

10 »Tardaron doce horas en coserme las heridas después de saltar la verja«. In: El País, 1. Dezember 2013 | http://bit.ly/1cymxud

11 El Congreso rechaza retirar las cuchillas de las vallas de Ceuta y Melilla y todas las alternativas. In: El País, 18. Dezember 2013 http://bit.ly/2uNy496

12 Interior: »La concertina es un elemento pasivo de disuasión, no es agresivo«. In: El País, 26, November 2013 | http://bit.ly/2vh43PH

13 ¿Pero quién defiende las cuchillas en la valla de Melilla?. In: EL País, 16. November 2013 | http://bit.ly/2hipc6M

14 Persönliches Interview am 8. Februar 2017 in Malta

15 Gesellschaft für internationale Zusammenarbeit: Nachhaltige Bewirtschaftung der Fischereiressourcen. Projektbeschreibung https://www.giz.de/de/weltweit/17009.html

16 Meunier, Marianne: Bienvenue à »Guantanamito«. In: Jeune Afrique, 7. Juli 2008 | http://bit.ly/2vZwSy2

17 Amnesty International: Mauritania: »Nobody wants to have anything to do with us«. Report, 1. Juli 2008 http://bit.ly/2ue0hCF

18 Tote nach Flüchtlingsansturm. In: n-tv, 6. Oktober 2005 http://bit.ly/2uRO08F

19 Datenbank Migration Control, tageszeitung: Länderreport Spanien | http://bit.ly/2hih7yU

20 Ebd.

21 Nerea Azkona: Políticas de control migratorioy de cooperación al

desarrollo entre España y África Occidental durantela ejecución del primer Plan África. Alboan, Madrid, 2011 http://bit.ly/2uOG75x

22 Ebd.

23 Persönliches Interview, Januar 2011 in Bamako

24 EU-Kommission: EU-Kommission und Mali verbünden sich zur besseren Steuerung der Migration. Brüssel, 6. Oktober 2008 http://bit.ly/2tSkoXx

25 UNDP: Mali 2015 Migration Fact Sheet | http://bit.ly/2uTwUHI

26 Jakob, Christian: Der europäische Raubfisch. In: tageszeitung, 9. Februar 2011 | http://bit.ly/2vgZLIb

27 Frontex: Risk Analysis for 2017. Warschau, 2017 http://bit.ly/2lKrFIs

28 EU-Kommission: EU Emergency Trust Fund for Africa. Sahel region and Lake Chad area Window | http://bit.ly/2h4hmch

29 Frontex: Frontex signs Working Arrangement with Nigeria. 19. Dezember 2012 | http://bit.ly/2uRHdfm

30 Klepp, Silja: Europa zwischen Grenzkontrolle und Flüchtlings-schutz: Eine Ethnographie der Seegrenze auf dem Mittelmeer (Kultur und soziale Praxis). Bielefeld, transcript, 2011

31 Pithouse, Richard: The World Remade. In: The South African Civil Society Information Service. 23. Februar 2011 http://bit.ly/2vbIqAR

32 Clandestini, la Libia riprende i barconi Maroni: passo storico. In: Il Giornale, 8. Mai 2009 | http://bit.ly/2uQWAow

33 Noll, Gregor / Giuffré, Mariaguillia: »EU migration control: made by Gaddafi?«, Lund / Trento, Febr. 2011 | http://bit.ly/20UdhQ

34 Camera dei deputati N. 2041, Rom, 23. Dezember 2008 http://bit.ly/1IwZD9C

35 Berlusconi da Gheddafi, siglato l'accordo: »Uniti sull'immigra-zione«. In Corrierre della sera, 20. August 2008 http://bit.ly/1KQY2YH

36 Klepp, Silja: Europa zwischen Grenzkontrolle und Flüchtlings-schutz: Eine Ethnographie der Seegrenze auf dem Mittelmeer (Kultur und soziale Praxis). Bielefeld, transcript, 2011

37 Persönliches Interview, März 2012, Bremen

38 Persönliches Interview, Oktober 2009, Berlin

39 EU Parlament: EU-Libya Framework Agreement. 20. Januar 2011 http://bit.ly/2uR5Rgh

40 EU-Kommission: Commissioners Malmström and Füle visit Libya to reinforce EU-Libya cooperation. 4. Oktober 2010 http://bit.ly/2weI0Xe

41 Ebd.

42 Telefoninterview, März 2010

43 Persönliches Interview, Oktober 2011

44 Bundespräsident Wulff nennt Gaddafi einen »Psychopathen«. In: Saarbrücker Zeitung, 24. Februar 2011 | http://bit.ly/2tWVLx6

45 Pro Asyl Newsletter Nr. 154, Januar 2010 | http://bit.ly/2vP5jeV

46 EU und Türkei einig über Rücknahme von Flüchtlingen. In: Die Welt vom 4. Dezember 2013 | http://bit.ly/2udg2cO

Diplomatie (S. 57–69)

1 Persönliches Interview, 16. Juni 2017, Brüssel

2 UNHCR: Survivors report massive loss of life in latest Mediterranean Sea. 20. April 2016 | http://bit.ly/2hiBN9Z

3 Persönliches Interview, 16. Juni 2017, Brüssel

4 EU-Kommission: Refugee Crisis: European Commission takes decisive action. 9. September 2015 | http://bit.ly/1OxXQiN

5 Jakob, Christian: »Eine Brutstätte für Extremisten«. In: tageszeitung, 11. Februar 2017 | http://bit.ly/2vcXEp4

6 Persönliches Interview, 7. Dezember 2016, Brüssel

7 Diese 17 Staaten behindern Abschiebungen aus Deutschland. In: Die Welt, 23. Februar 2016 | http://bit.ly/2vZU0wv

8 EU-Kommission: Kommission stellt neuen Migrationspartnerschaftsrahmen vor: Zusammenarbeit mit Drittländern verstärken, um Migration besser zu steuern. 7. Juni 2016 http://bit.ly/1UEg5Ha

9 Ebd.

10 Migration auf Zuckerbrot und Peitsche. In: Zeit, 7. Juni 2016 http://bit.ly/2uefxzy

11 Europäischer Rat: Tagung des Europäischen Rates (20. und 21. Oktober 2016) – Schlussfolgerungen | http://bit.ly/2uOKI7O

12 Europäischer Rat: Tagung des Europäischen Rates (15. Dezember 2016) – Schlussfolgerungen | http://bit.ly/2f2wATd

13 Europäischer Rat: Tagung des Europäischen Rates (22./23. Juni 2017) – Schlussfolgerungen | http://bit.ly/2uSaJkZ

Das Abkommen mit der Türkei (S. 71 – 88)

1 Alexander, Robin: Die Getriebenen. Merkel und die Flüchtlingspolitik: Report aus dem Inneren der Macht. München 2017

2 Ebd.

3 EU Council: EU-Turkey statement, 18 March 2016
http://bit.ly/1VjZvOD

4 Gericht der Europäischen Union. Pressemitteilung Nr. 19/17
http://bit.ly/2lozjE2

5 Alexander, Robin: Die Getriebenen. Merkel und die Flüchtlingspolitik: Report aus dem Inneren der Macht. München 2017

6 UNHCR: Resettlement | http://bit.ly/2izX65W

7 EU Council: EU-Turkey statement, 18 March 2016
http://bit.ly/1VjZvOD

8 Vizekanzler Erdogan. In: Die Welt, 17. April 2016
http://bit.ly/2uR0LjX

9 »Beim nächsten Flüchtlingsstrom bricht ein Konflikt aus«.
In: Die Welt, 6. September 2016 | http://bit.ly/2tXeFE5

10 »Europa hat seine Werte verschachert«. In: Die Welt, 29. März
2016 | http://bit.ly/2uR0vS9

11 EU lehnt weitere Verträge nach Vorbild des Türkei-Deals ab.
In: Die Zeit, 8. Oktober 2016 | http://bit.ly/2dUwGM5

12 De Maizière will Türkei-Deal in Nordafrika kopieren. In: Die Zeit,
5. April 2016 | http://bit.ly/1S02lc8

13 Renzi schlägt Flüchtlingsdeal mit Afrika vor. In: Spiegel Online,
18.4.2016 | http://bit.ly/2vfGZB4

14 Kern lotet in Ägypten Flüchtlingsdeal aus. In: Kurier, 24. Mai 2017
| http://bit.ly/2weKkxq

15 Persönliches Interview mit Sabha al Mustafa, 16. März 2017, Urfa

16 UNHCR Syria Regional Refugee Response | http://bit.ly/1z0szMq

17 World Food Program: Off-Camp Syrian Refugees in Turkey.
A Food Security Report. April 2016 | http://bit.ly/23AXDn4

18 UNICEF: Over 40 per cent of Syrian refugee children in Turkey
missing out on education, despite massive increase in enrolment
rates. 19. Januar 2017 | http://uni.cf/2iWb6qw

19 UNHCR: Warum Flüchtlinge nach Europa kommen.
25. September 2015 | http://bit.ly/23RAZbi

20 Merkel war es wirklich nicht. In: Zeit, 11. Oktober 2016
http://bit.ly/2dTzszE

21 XE-Wechselkurse | http://bit.ly/2f2Ahs7

22 Trading Economics: Turkey. Credit Rating | http://bit.ly/2tStTWL

23 Statistisches Bundesamt: Türkei: Bruttoinlandsprodukt
    (http://bit.ly/2wfFCiY) und Handelsbilanzsaldo von 2006 bis 2016
    (http://bit.ly/2f36oHQ)

24 Erdoğan: »EU hat ihr Wort gebrochen«. In: Bayrischer Rundfunk,
    25. Juli 2016 | http://bit.ly/2uP28S0

25 Trading Economics: Turkey. Inflation | http://bit.ly/2ue5s5u

26 UNICEF: Over 40 per cent of Syrian refugee children in Turkey
    missing out on education, despite massive increase in enrolment
    rates. 19. Januar 2017 | http://uni.cf/2iWb6qw

27 Persönliches Interview, 15. Februar 2017, Urfa

28 Ebd.

29 Datenbank Migration Control, tageszeitung: Länderreport Türkei
    http://bit.ly/2vgVW5R

30 Turkey to establish smart towers on Syrian border. In. Yeni Safak,
    5. April 2016 | http://bit.ly/2x2aBjC

31 International Organization for Migration: Missing Migrants
    Project | http://bit.ly/2fQfnJ1

32 IOM: Migration Flows to Europe – 2017 Quarterly Overview March
    (http://bit.ly/2x28vQZ) und Frontex Risk Analysis FRAN Quarterly
    Quarter 4, October–December 2016 (http://bit.ly/2slRBZV)

33 Amnesty International: Hotspot Italy – How EU's flagship
    approach leads to violations of refugee and migrants rights.
    Oktober 2016 | http://bit.ly/2eCgnTE

34 Vice Denmark: Er det her seriøst et bur fyldt med flygtninge?
    22. März 2017 | http://bit.ly/2f28yYu

35 Flüchtling in Griechenland erfroren. In: SWR Aktuell, 16. Januar
    2017 | http://bit.ly/2vZBWT4

36 Ärzte ohne Grenzen: Von Europa ausgeschlossen. Pressemittei-
    lung, 9. Januar 2017 | http://bit.ly/2hiky8L

37 Präsident Erdoğan droht Europa mit einer Flüchtlingswelle.
    In: Der Westen, 25. November 2016 | http://bit.ly/2vclAc4

38 Türkei will Schlepper als Terroristen verfolgen. In: Süddeutsche
    Zeitung, 2. Februar 2016 | http://bit.ly/1PRW9BS

39 Datenbank Migration Control, tageszeitung: Länderreport Türkei
    http://bit.ly/2vgVW5R

40 Ebd.

41 EU-Kommission: Operational implementation of the EU-Turkey
    Statement, 26. Mai 2017 | http://bit.ly/2jjPFQr

42 Ebd.

43 Demir, Hayri: Zeit, sich für den Frieden einzusetzen. In: tages-zeitung, 22. Mai 2017 | http://bit.ly/2vcwFdm

44 Reporter ohne Grenzen: Türkei | http://bit.ly/1A5T8Cf

45 European Stability Initiative: Why people don't need to drown in the Aegean. A policy proposal. 17. September 2015
http://bit.ly/1VbXJLT

46 European Stability Initiative: The Merkel Plan – A proposal for the Syrian refugee crisis. 4. Oktober 2015 | http://bit.ly/1Wl4rnD

Israels Geschäfte (S. 89–99)

1 Diese und folgende Zitate laut den Interviews mit eritreischen Abgeschobenen aus Israel sowie deren Anwalt, Kampala, 24. Juni 2015

2 The Egyptian in all of us: First modern humans spread out of Africa into Europe and Asia from the Sinai peninsula. In: Daily Mail, 28. Mai 2015 | http://dailym.ai/2uR346v

3 Van Reisen, Mirjam; Estefanos, Meron / Rijken, Conny: Human Trafficking in the Sinai: Refugees between Life and Death, Brüssel, Oktober 2012 | http://bit.ly/2vbE9x9

4 Chairman Johnson Releases Report On Israeli Homeland Security and Applicable Lessons for the United States, Pressemitteilung der Homeland Security Agency, Washington, 1. Februar 2017
http://bit.ly/2kqKbVn

5 Make Their Lives Miserable – Israel's Coercion of Eritrean and Sudanese Asylum Seekers to Leave Israel, Human-Rights-Watch-Bericht, September 2014 | http://bit.ly/2tRIamr

6 Ebd.

7 Übersicht des israelischen Innenministeriums über die Zahl der illegal Eingereisten mit dem Stand 2016 | http://bit.ly/2uR9J0y

8 Make Their Lives Miserable – Israel's Coercion of Eritrean and Sudanese Asylum Seekers to Leave Israel, Human-Rights-Watch-Bericht, September 2014 | http://bit.ly/2tRIamr

9 Hintergrundbericht über die Entwicklung des israelischen Anti-Infiltrationsgesetzes von 2012 bis 2016 auf der Website der israelischen Flüchtlingsorganisation »Hotline« | http://bit.ly/2vmhgrs); Urteil auf Englisch: http://bit.ly/2vm4cT2

10 Ebd.

11 Make Their Lives Miserable – Israel's Coercion of Eritrean and

Sudanese Asylum Seekers to Leave Israel, Human-Rights-Watch-Bericht, September 2014 | http://bit.ly/2tRIamr

12 Zitate nach Knaul, Susanne und Schlindwein, Simone: Die Währung Mensch. In: tageszeitung, 26. Januar 2016
http://bit.ly/2wDyeX

13 »I was left with nothing«: »Voluntary« departures of asylum seekers from Israel to Rwanda and Uganda, IRRI-Report, September 2015 | http://bit.ly/2ucZEZZ

14 Hintergrundgespräch mit Andie Lambe von IRRI, Kampala, 24. Mai 2017

15 Antwort des Office des Premierministers Israels auf eine Anfrage des Höchsten Gerichts, Jerusalem, 30. März 2014

16 Bob, Yonah Jeremy: Court upholds policy of »voluntary« departure or jail for illegal migrants. In: Jerusalem Post, 10. November 2015 | http://bit.ly/2weGLHk

17 Interviews durchgeführt von IRRI in den Jahren 2014 und 2015 sowie von den Autoren in Kampala, im Juni 2015

18 Zitate nach Knaul, Susanne und Schlindwein, Simone: Die Währung Mensch. In: tageszeitung, 26. Januar 2016
http://bit.ly/2wDyeX

19 Israel and Rwanda confirm »multimillion dollar« cash-for-refugees deal. In: Israel News, 4. März 2015

20 Government protests dumping of immigrants into country. In: Daily Monitor, 3. Mai 2016 | http://bit.ly/2f2844y

21 Interview mit Flüchtlingsminister Musa Ecweru, 1. Juni 2017, Kampala

22 Diese und folgende Zitate nach einem Interview geführt von tageszeitung-Redakteur Dominic Johnson mit Ruandas Außenministerin Louise Mushikiwabo, 29. Oktober 2015, Berlin

23 President Paul Kagame confirms Rwanda-Israel deal to host African immigrants. In: The East African, 2. April 2015
http://bit.ly/2uOn2AD

24 Karuhanga, James; Musoni, Edwin: Rwanda, Israel sign deal for stronger ties. In: The New Times, 11. Juni 2014
http://bit.ly/2vg1bCI

25 Matsiko, Haggai: Museveni intervenes in Israeli arms dealer case. In: Independent, 15. Februar 2015 | http://bit.ly/2uU2IzB

26 Oduha, Joseph: Israeli arms fuelling South Sudan conflict-Report. In: The East African, 24. Oktober 2016 | http://bit.ly/2vYxfsR

27 Wezeman, Siemon T.: Israeli arms transfers to Subsahara
    Africa; SIPRI Background Paper, Oktober 2011
    http://bit.ly/2hhcCEN
28 Israel Premier makes historic visit to Rwanda, pledges stronger
    ties. In: The New Times, 7. Juli 2016 | http://bit.ly/2ucJfVr
29 Q&A with Israeli PM Benjamin Netanyahu. In: The East African,
    6. Juli 2016 | http://bit.ly/2uOzmkp

Das Abschiebe-Domino (S. 100–107)

1 Umsetzung des Rückführungsabkommens EU-Türkei, 8. Mai
   2016 | http://bit.ly/2ihHLZi
2 Celikkan, Ali: Länderinfo Türkei: »Der Türsteher am Bosporus«.
   In: Datenbank Migration Control, tageszeitung, 15. Dezember
   2016 | http://bit.ly/2vgVW5R
3 Türkei vereinbart Rücknahmeabkommen. In: DW, 2. März 2016
   http://bit.ly/2vbJqoB
4 Türkei ist kein sicherer Staat für Flüchtlinge!,
   Rechtsgutachten von PRO ASYL, Frankfurt, 4. März 2016
   http://bit.ly/2vbrqKQ
5 Lepeska, David: Turkey's rise from aid recipient to mega-donor.
   In: Al-Jazeera, 25. April 2014 | http://bit.ly/1hHLoe3
6 Turkish Airlines fliegt gratis Lebensmittel nach Somalia.
   In: Blick am Abend, 20. März 2017 | http://bit.ly/2tRODxV
7 Bundestags-Drucksache 18/11112, 9. Februar 2017
   http://bit.ly/2p28gSc
8 Sucouglu, Gizem; Stearns, Jason: Turkey in Somalia – Shifting
   Paradigms of Aid. In: South African Institute of International
   Affaires, Research Report 24, November 2016
   http://bit.ly/2uRaNll
9 Sudan, Turkey discuss military cooperation in Istanbul.
   In: Sudan Tribune, 10. Mai 2017 | http://bit.ly/2puFs3n
10 Erdogan to visit Sudan to conclude investment talks.
    In: Memo, 19. Juni 2017 | http://bit.ly/2ucJBLL
11 Africa-Frontex-Intelligence Community Joint Report, Warschau,
    April 2017
12 Bundestags-Drucksache 18/10121, 23. November 2016
    http://bit.ly/2vbjXeI
13 EU lehnt weitere Verträge nach Vorbild des Türkei-Deals ab.
    In: ZEIT Online, 8. Oktober 2016 | http://bit.ly/2dUwGM5

14 »Dann muss Merkel schauen, wie sie das Geld zusammen-
    bekommt«. In: Spiegel, 8. Oktober 2016 | http://bit.ly/2dAGZ8o
15 Bundestags-Drucksache 18/10121, 23. November 2016
    http://bit.ly/2vbjXeI
16 Naceur, Philipp Sofian: Rassismus, Gewalt, Willkür, Länderinfo
    Ägypten. In: Datenbank Migration Control, tageszeitung,
    15. Dezember 2016 | http://bit.ly/2wFoMV
17 Ägyptens Anti-Terror-Gesetz übersetzt auf English. In: Official
    Gazette Nr. 33, Kairo, 15. August 2015 | http://bit.ly/2vYAcJL
18 Ethiopian refugee »burns to death« outside Cairo's UNHCR
    office. In: The New Arab, 29. Juli 2016 | http://bit.ly/2ue6FKh
19 ITALY – Annual Policy Report 2010, Jahresbericht 2010 des Euro-
    pean Migration Network, Rom, 1. Januar 2011
    https://tinyurl.com/yd8Ksdaj
20 Germany will deport Egyptians who entered illegally: Merkel.
    In: Daily News, 3. März 2017 | http://bit.ly/2vbwuPF
21 Bundestags-Drucksache 18/10121, 23. November 2016
    http://bit.ly/2vbjXeI
22 Ebd.
23 Egypt: deportation of migrants to Eritrea. In: Africa Monitors,
    25. Februar 2017 | http://bit.ly/2f1oZnW
24 Bundestags-Drucksache 18/8449, Berlin, 31. Mai 2016
    http://bit.ly/2tRjY3T
25 Ebd.
26 Bundestags-Drucksache 18/11508, Berlin, 13. März 2017
    http://bit.ly/2fVCnKL
27 Gabriel lobt umstrittenen al-Sisi in höchsten Tönen.
    In: Handelsblatt, 17.04.2016 | http://bit.ly/2tXgeSr
28 Bundestags-Drucksache 18/8449, Berlin, 31. Mai 2016
    http://bit.ly/2fVCnKL
29 Ebd.
30 Beihilfe zur Repression in Ägypten, Pressemitteilung von Andrej
    Hunko, Berlin, 25. Mai 2016 | http://bit.ly/2weppdL
31 Egypt to establish military base in Eritrea: Opposition
    »RSADO«. In: Middle East Observer, 18. April 2017
    http://bit.ly/2f18Nmv
32 Kenya To Engage Egypt in Military Production Cooperation.
    In: The Intelligence Brief, 7. Mai 2017 | http://bit.ly/2tSeyWe
33 Hayden, Sally: Forced back to Syria? Jordan's unregistered refu-

gees fear deportation. In: Reuters, 21. Februar 2017
http://reut.rs/2l6KOAk

34 Sudan: Hundreds Deported to Likely Abuse, HRW-Pressemit-
teilung, Nairobi, 30. Mai 2016 | http://bit.ly/2weHRmK

35 Wagner, Lea: Länderinfo Sudan: Störenfriede oder wirtschaftliche
Stütze? In: Datenbank Migration Control, tageszeitung,
15. Dezember 2016 | http://bit.ly/2vcPidd

36 Telöken, Stefan: The Domino-Effect, (19h93). In: Refugees 94,
S. 40; zitiert nach: Hathaway, James: The Rights of Refugees
under International Law, Cambridge 2005, S. 293

Die Schlepper (S. 109–115)

1 Whisked to Rome from Khartoum: people-smuggling kingpin or
wrong man? In: Reuters, 13. Juni 2016 | http://read.bi/2tWUnux

2 Human Trafficking and Smuggling on the Horn of Africa-Central Mediterranean Route, Sahan Foundation and IGAD Security
Sector Program (ISSP), Februar 2016

3 Nadeau, Latza Barbie: Italy Is Finally Cracking Down on Slave
Trade. In: Daily Beast, 20. April 2015 | http://thebea.st/2weOhlE

4 Hughes, Chris: ISIS paid millions by billionaire godfather of
people smuggling ring named the »General«. In: The Mirror,
14. Juni 2015 | http://bit.ly/2uQIgw5

5 Nadeau, Latza Barbie: Italy Is Finally Cracking Down on Slave
Trade. In: Daily Beast, 20. April 2015 | http://thebea.st/2weOhlE

6 Tondo, Lorenzo und Kingsley, Patrick: »They got the wrong
man«, says people-smuggling suspect. In: Guardian, 22. Novem-
ber 2016 | http://bit.ly/2fXGcdI

7 Whisked to Rome from Khartoum: people-smuggling kingpin
or wrong man? In: Reuters, 13. Juni 2016
http://read.bi/2tWUnux

8 Country Information and Guidance Sudan: »Sur place« activity in
the UK. In: Home Office, August 2016 | http://bit.ly/2wsEE6f

9 Bundestags-Drucksache 18/11841, 4. Mai 2017
http://bit.ly/2flo9aH

10 Human Trafficking and Smuggling on the Horn of Africa-Central Mediterranean Route, Sahan Foundation and IGAD Security
Sector Program (ISSP), Februar 2016, S. 18–19
http://bit.ly/1KPxpIs

11 Ebd.

12 Ebd.

13 Internes Papier des Auswärtigen Amtes: Lage von Flüchtlingen in Sudan, Juni 2016

14 Human Trafficking and Smuggling on the Horn of Africa-Central Mediterranean Route, Sahan Foundation and IGAD Security Sector Program (ISSP), Februar 2016 | http://bit.ly/1KPxpIs

15 Telefoninterview mit Meron Estefanos, Direktorin der eritreischen Exilorganisation EIRR (Eritrean Initiative for Refugee Rights) mit Sitz in Oslo, 1. Oktober 2016

16 Islamic State murders 30 Ethiopian Christians in Libya. In: The Telegraph, 20. April 2015 | http://bit.ly/2tXc1Ow

17 NGO: 3 killed by IS in Libya had sought asylum in Israel. In: The Times of Israel, 21. April 2015 | http://bit.ly/1QkVZAs

18 Gaffey, Conor: The Mafia is Teaming Up With Nigeria's »Viking« Gangsters to Run Sex Rings in Sicily. In: Newsweek, 28. Juni 2017 http://bit.ly/2uNOtub

19 From Benin City to the Shores of Italy: A New Hub of Human Trafficking. In: Nigerian Documentary, April 2017 http://bit.ly/2vm1Z9V

20 Number of Nigerian women trafficked to Italy for sex almost doubled in 2016. In: Guardian, 12. Januar 2017 http://bit.ly/2vfXL2R

Migration (S. 116–130)

1 Interviews und Beschreibung nach einem Besuch der Lager, Nakivale, 23. März 2016

2 2015 kamen 890 000 Asylsuchende – statt 1,1 Millionen, so Bundesinnenminister Thomas de Maizière. In: Süddeutsche Zeitung, 30. 9. 2016 | http://bit.ly/2cQmTDU

3 UNHCR Südsudan Factsheet mit letztem Update, 30. April 2017 http://bit.ly/2uO0tMk

4 Zahlen nach UNHCR Uganda Factsheet mit dem letzten Update, 31. März 2017 | http://bit.ly/2f1Oa9D

5 Diese und folgende Zitate nach einem Interview mit Flüchtlingsminister Musa Ecweru, Kampala 1. Juni 2017

6 Zahlen nach UNHCR Uganda Factsheet mit dem letzten Update, 31. März 2017 | http://bit.ly/2f1Oa9D

7 Interview mit Ugandas UNHCR-Sprecher Charly Yaxley, 27. Juni 2015

8 Interview mit Ugandas WFP-Sprecherin Lydia Wamala, Kampala, 5. August 2014

9 Economic Impact of Refugees Settlements in Uganda, Studie von WFP und USAID, 2016

10 Visa-free travel across Africa closer to reality. In: The East African, 27. Mai 2017

11 Musisi, Frederick: Uganda's Museveni Urges Countries to Open Borders to Migrants. In: East African Business News, 17. Mai 2017 http://bit.ly/2ihbYYA

12 Die Rede wurde verlesen von Premierminister Ruhakana Rugunda, Kampala, 15. Mai 2017

13 EU-Factsheet zu Uganda: European Civil Protection and Humanitarian Aid Operations, 6. April 2017 | http://bit.ly/2vbRFkj

14 Ebd.

15 Flahaux, Marie-Laurence und De Haas, Hein: African migration: trends, patterns, drivers. In: Comparative Migration Studies 2016, 22. Januar 2016 | http://bit.ly/2vbKSHz

16 Danziger, Richard: Voting with their feet? Why young Africans are choosing migration over the ballot box. In: World Economic Forum, 11. Juli 2017 | http://bit.ly/2tXtM06

17 A Study on the Link between Corruption and the Causes of Migration and Forced Displacement, eine Studie der GIZ, 29. März 2017 | http://bit.ly/2weoNFh

18 Stäritz, Andrea: Immer auf Augenhöhe. In: Datenbank Migration Control, tageszeitung, 15. Dezember 2016 | http://bit.ly/2ifJLBl

19 Statistiken und Grafiken unter These 3. In: Datenbank Migration Control, tageszeitung.taz.de | http://bit.ly/2vTVjPq

20 Angaben der Nigerianischen Diaspora-Vereinigung für die Jahre 2012 | http://bit.ly/2uOv6Bl

21 Problemstaatenliste Nigeria des BAMF, 4. Februar 2014; im Archiv der Autoren

22 Joint Declaration on a Common Agenda on Migration and Mobility between the Federal Republic of Nigeria and the European Union and its Member States, 12. März 2015 http://bit.ly/2hgVpeM

23 Diese und folgende Zitate laut einem Interview mit Mohamed Ibn Chambas, Berlin, 24. Oktober 2016

Freizügigkeit (S. 131–145)

1 Mitschrift Veranstaltung Bundestag, Grüne Fraktion, 23. Januar 2017
2 Leithäuser, Johannes: Merkel sagt Niger Millionenhilfe zu.
   In: FAZ, 10. Oktober 2016 | http://bit.ly/2dEe8O7
3 »EU strategy stems migrant flow from Niger, but at what cost?«.
   In: IRIN, Agadez, 2. Februar 2017 | http://bit.ly/2l8ywY2
4 Datenbank Migration Control, tageszeitung: Länderreport Niger
   http://bit.ly/2vbo1fi
5 Chaibou, Albert: Niger, die neue europäische Grenze. In: tageszeitung, 28. Juni 2017
6 Diskussionsrunde mit Albert Chaibou, Berlin, 28. Juni 2017
7 Africa-Frontex-Intelligence-Community Joint Report 2015,
   Warschau, 21. Januar 2016 | http://bit.ly/2ucN8tm
8 Africa-Frontex-Intelligence-Community Bericht 2016, Warschau,
   6. April 2017 | http://bit.ly/2tXcErm
9 Rede Joachim Gauck, Besuch der Kommission der Westafrikanischen Wirtschaftsgemeinschaft (ECOWAS), Abuja, 10. Februar
   2016 | http://bit.ly/1LgDfx8
10 IOM Länderreport Mali | http://bit.ly/2e9Bucm
11 Stäritz, Andrea: »Man kriminalisiert Migration«. In: tageszeitung,
   12. Dezember 2016 | http://bit.ly/2wfYT3I
12 Länderreport Mali Deutsche Stiftung Weltbevölkerung
   http://bit.ly/2udaTSp
13 University of Davis: Africa: Migrants. In: Migration News,
   Juli 2014 | http://bit.ly/2udQj41
14 Persönliches Interview, 7. Dezember 2016, Brüssel
15 Biografie-Hinweis: http://bit.ly/2wsMMEO
16 Eberl, Hans-Georg: Korruption und Kontrolle. Länderbericht
   Mali. Datenbank Migration Control, tageszeitung, Dezember 2016
   http://bit.ly/2f2EA6s
17 Ebd.
18 Ebd.
19 Ebd.
20 Ebd.
21 Ebd.
22 Ebd.
23 Ebd.
24 Ebd.
25 Ebd.

26 Ebd.
27 Ebd.
28 Ebd.
29 Ebd.
30 Ebd.
31 Ebd.
32 Ebd.
33 Ebd.
34 Ebd.
35 Ebd.
36 Ebd.
37 Jakob, Christian: »Eine Brutstätte für Extremisten«. In: tages-zeitung, 11. Februar 2017 | http://bit.ly/2vcXEp4
38 Stäritz, Andrea: Die große Vision: offene Grenzen. In: tages-zeitung, 12. Dezember 2016 | http://bit.ly/2uP5DrE

Abschiebungen (S. 146–158)

1 Mehr als 131000 abgelehnte Asylbewerber immer noch da. In: Bild, 13. Februar 2014 | http://bit.ly/1kE1Wdi
2 Vollzugsdefizite – Ein Bericht über die Probleme bei der prakti-schen Umsetzung von ausländerbehördlichen Ausreiseaufforde-rungen. Bericht AG Rück, Clearingstelle Trier. April 2011
3 Bewarder, Manuel: »Der gesetzestreue Ausländer ist der Dumme«. In: Die Welt, 18. Mai 2015 | http://bit.ly/2uqQRUo
4 Besonders Sierra Leone stellt bereitwillig Papiere aus. In: Süd-deutsche Zeitung, 7. November 2011 | http://bit.ly/2hi8CUM
5 Jakob, Christian: Dann ist er halt Nigerianer. In: tageszeitung, 17. Dezember 2016 | http://bit.ly/2vcvCu9
6 The Voice Refugee Forum: Nigeria Embassy In Germany Cor-ruptly Collects € 500 On Each Deported Nigerian. 15. August 2011 http://bit.ly/2uS5cex
7 Persönliches Interview, Dezember 2016
8 Jakob, Christian: Dann ist er halt Nigerianer. In: tageszeitung, 17. Dezember 2016 | http://bit.ly/2vcvCu9
9 Ebd.
10 Dokument liegt den Autoren vor
11 Persönliches Interview, Januar 2017
12 EU-Kommission and European External Action Service (EEAS): Joint Commission-EEAS non-paper on enhancing cooperation

on migration, mobility and readmission with Mali. 24. Februar
2016

13 Jakob, Christian: Dann ist er halt Nigerianer. In: tageszeitung,
17. Dezember 2016 | http://bit.ly/2vcvCu9

14 Generalsekretariat des Rates der EU: Vermerk Tagung des Europäischen Rates (28./29. Juni 2016) – Entwurf der Schlussfolgerun-
gen | http://bit.ly/2uPxhos

15 Internes Planungsdokument des Bundesamtes für Migration
und Flüchtlinge, liegt den Autoren vor

16 Schriftliche Auskunft der Pressestelle Ministerium für Arbeit,
Gesundheit und Soziales des Landes Nordrhein-Westfalen,
Mai 2017

17 Wolff, Reinhard: Danke Deutschland. In: tageszeitung,
5. Mai 2017 | http://bit.ly/2f35zyS

18 Ebd.

Entwicklungshilfe (S. 159 – 169)

1 Gesellschaft für Internationale Zusammenarbeit: Unternehmens-
berichte | http://bit.ly/2udAFpA

2 Datenbank Migration Control, tageszeitung
https://migration-control.taz.de/#de

3 750 Millionen Euro gegen Migration. In: tagesschau.de,
20. Februar 2017 | http://bit.ly/2f2Asn9

4 Ebd.

5 EU-Kommission: Africa-EU continental cooperation
http://bit.ly/2vgNYJW

6 EU-Kommission: Kommission stellt neuen Migrationspartnerschaftsrahmen vor: Zusammenarbeit mit Drittländern verstärken,
um Migration besser zu steuern. 7. Juni 2016
https://bit.ly/1UEg5Ha

7 Europäisches Parlament: Präsident Martin Schulz, Rede auf
der Tagung des Europäischen Rates, 28. Juni 2016
http://bit.ly/2vcyh77

8 Europäischer Rat: Schlussfolgerungen des Europäischen Rates,
28. Juni 2016 | http://bit.ly/2wflDkn

9 Europäischer Rat: Tagung des Europäischen Rates (20. und
21. Oktober 2016) – Schlussfolgerungen | http://bit.ly/2uOKI7O

10 Nerea Azkona: Políticas de control migratorioy de cooperación al
desarrollo entre España y África Occidental durantela ejecución

del primer Plan África. Alboan, Madrid, 2011
http://bit.ly/2uOG75x

11 Datenbank Migration Control, tageszeitung: Länderreport
Spanien | http://bit.ly/2hih7yU

12 Plan África: impedir las migraciones. In: Diagonal, 16. Oktober
2016 | http://bit.ly/2f2mp0P

13 Nerea Azkona: Políticas de control migratorioy de cooperación al
desarrollo entre España y África Occidental durantela ejecución
del primer Plan África. Alboan, Madrid, 2011
http://bit.ly/2uOG75x

14 Migration Policy Group, Migration News Sheet, Februar 2007,
S. 10

15 Telefoninterview, Juli 2017

16 Bundesministerium der Verteidigung: Fragen und Antworten zu
Ertüchtigung | http://bit.ly/2vncgTc

17 Bundesministerium für wirtschaftliche Zusammenarbeit und
Entwicklung: Marshallplan mit Afrika. 2. Säule: Frieden, Sicher-
heit und Stabilität. Februar 2017 | http://bit.ly/2f2uEtS

18 Bundestags-Drucksache 18/11889 | http://bit.ly/2wfx5N8

19 Compare Your Country: Official Development Assistance 2016
http://bit.ly/2vn92iR

20 OECD: Development aid rises again in 2016 but flows to poorest
countries dip. 11 April 2014 | http://bit.ly/2pxdSnl

21 Ebd.

22 EU-Kommission: EU External Investment Plan. Factsheet. Brüs-
sel, 10. Juli 2017 | http://bit.ly/2vn5KMy

23 EU Parlamament: Report on the proposal for a regulation of the
European Parliament and of the Council on the European Fund
for Sustainable Development (EFSD) and establishing the EFSD
Guarantee and the EFSD Guarantee Fund. 25. April 2017
http://bit.ly/2vZQYsc

24 Persönliches Interview, 4. Dezember 2016, Brüssel

25 Trading Economics: Niger – Net ODA received per capita
http://bit.ly/2vn8TMl

26 Maier, Anja: Kein Marshall-Plan für Afrika. In: tageszeitung,
10. Oktober 2016 | http://bit.ly/2wfi6CG

27 EU-Kommission: European Union steps up its support for Niger
to the tune of EUR 609.9 million. Brüssel, 15. Dezember 2016
http://bit.ly/2f2ezo8

28 750 Millionen Euro gegen Migration. In: tagesschau.de,
    20. Februar 2017 | http://bit.ly/2f2Asn9

29 SPD stellt Sicherheitshilfen für Tunesien infrage.
    In: Die Welt, 12. Januar 2017 | http://bit.ly/2jGaIht

30 Merkel kündigt »nationale Kraftanstrengung« bei Abschiebungen
    an. In: Frankfurter Allgemeine Zeitung, 9. Januar 2017
    http://bit.ly/2eWUWO1

31 Oppermann fordert Sanktionen gegen Herkunftsländer.
    In: Frankfurter Allgemeine Zeitung. 9. Januar 2017
    http://bit.ly/2tSTNcZ

32 Scholz fordert schnellere Abschiebungen.
    In: Die Zeit, 11. Januar 2017 | http://bit.ly/2f2vdE7

33 Gabriel: CSU blockiert Lösung bei Abschiebungen nach Nord-
    afrika. In: Frankfurter Allgemeine Zeitung, 7. Januar 2017
    http://bit.ly/2i4qeBI

34 Titz, Christoph: Unser Partner, der Diktator. In: Spiegel Online,
    10. Juni 2016 | http://bit.ly/2vcwSNM

35 Eritrea: EU-Gelder für das »Nordkorea von Afrika«. In: Euractiv,
    6. Juli 2016 | http://bit.ly/2wfjVzG

36 OECD: Statistics on resource flows to developing countries
    http://bit.ly/22IMHo5

37 World Bank: Remittances to Developing Countries Edge
    Up Slightly in 2015. Washington, 13. April 2016
    http://bit.ly/21eNbj8

38 EU Council: Valletta-Summit Action Plan, 11. bis 12. November
    2015 | http://bit.ly/2xnbkqe

39 EU-Kommission: Partnership Framework on Migration:
    Commission reports on results and lessons learnt one year one.
    Straßburg, 13. juni 2017 | http://bit.ly/2vcdekN

Europas Wärter (S. 170 – 186)

1 Besuch auf dem Schiff, November 2016

2 Jakob, Christian: Schrecklicheres verhindert. In: tageszeitung,
   17. April 2017 | http://bit.ly/2uRHwac

3 Frontex: Risk Analysis for 2017. Warschau, 2017
   http://bit.ly/2lKrFIs

4 Frontex: Programming Document 2017 – 2019, 12. Dezember
   2016, Warschau

5 Europäische Kommission: Europäische Migrationsagenda:

Kommission berichtet über die Fortschritte bei der Herstellung der vollen Einsatzfähigkeit der neuen Europäischen Grenz- und Küstenwache. Brüssel, 25. Januar 2017 | http://bit.ly/2tSJDZH

6 Frontex: Programming Document 2016–2019. Warschau 26. Dezember 2015

7 Frontex: Africa-Frontex-Intelligence Community Joint Report 2016. Warschau 2017 | http://bit.ly/2vZi1nh

8 Ebd.

9 Frontex: Risk Analysis for 2017. Warschau, 2017 http://bit.ly/2lKrFIs

10 Frontex: Africa-Frontex-Intelligence Community Joint Report 2016. Warschau 2017 S. 9 | http://bit.ly/2vZi1nh

11 Ebd.

12 Ebd.

13 Ebd.

14 Frontex: Annual Report 2006 | http://bit.ly/2jsPxOv

15 Frontex: Budget 2016 | http://bit.ly/2wf9097

16 Eder, Florian: New border force guards Europe's »broken fence«. In: Politico, 10. Juni 2016 | http://politi.co/2dximHe

17 Frontex: Budget 2016 | http://bit.ly/2wf9097

18 Jakob, Christian: Zwei One-Way-Tickets für 82.000 Euro. in: tageszeitung, 26. Januar 2017 | http://bit.ly/2hhMREp

19 Persönliche Auskunft, 24. Januar 2017

20 Afrique Europe Interact: Video Amadou Ba Flugzeug. 7. Dezember 2016. Youtube | http://bit.ly/2vZoOgT

21 Persönliches Interview, 25. Januar 2017

22 EU Fundamental Rights Agency: Opinion of the European Union Agency for Fundamental Rights on fundamental rights in the »hotspots« set up in Greece and Italy. Wien, November« 2016 http://bit.ly/2m8HoOK

23 UN High Commissioner for Refugees: Better Protecting Refugees in the EU and Globally: UNHCR's proposals to rebuild trust through better management, partnership and solidarity. Dezember 2016. | http://bit.ly/2h9FgXt

24 EU-Kommission: On a more effective return policy in the European Union. A renewed action plan. Brüssel, 2. März 2017 http://bit.ly/2mi5oRR

25 EU-Kommission: Refugee Crisis: European Commission takes decisive action. Strasbourg, 9. September 2015 | http://bit.ly/1iwsGOJ

26 Frontex Risk Analysis for 2016, Warschau, März 2016, S. 18
    http://bit.ly/1qmFE5Y

27 European External Action Service: EUNAVFOR MED Op
    SOPHIA – Six Monthly Report 1 January – 31 October 2016
    http://statewatch.org/news/2016/de/eu-council-eunavformed-
    jan-oct-2016-report-restricted.pdf

28 EU-Kommission: Migration on the Central Mediterranean route.
    Managing flows, saving lives. Brüssel, 25. Januar 2017
    http://bit.ly/2kxOOc3

29 Ebd.

30 EU Presidency in agreement with the President of the European
    Council: Malta Summit – External aspects of migration. 19. Januar
    2017 | http://bit.ly/2v1gGzm

31 European External Action Service und EU-Kommission: Options
    on developing cooperation with Egypt in migration matters.
    Undated. | http://bit.ly/2wf4yXX

32 Cuttitta, Paolo: Viewpoint Egypt: Europe's other north African
    border. Vrije Universiteit Amsterdam. April 2017
    http://bit.ly/2vY9u4g

33 Ebd.

34 Mixed Migration Hub. February Trend Bulletin 2017
    http://bit.ly/2vZiwhd

35 EU-Kommission: Third Progress Report on the Partnership
    Framework with third countries under the European Agenda
    on Migration, 2. März 2017 | http://bit.ly/2hiiVYC

36 Frontex: Frontex signs Working Arrangement with Nigeria.
    19. Dezember 2012 | http://bit.ly/2uRHdfm

37 EU Council, High Level Working Group on Asylum and
    Migration (HLWG). Outcome of Proceedings. 24 January 2017
    http://bit.ly/2g1u8jz

38 EU-Kommission: Third Progress Report on the Partnership
    Framework with third countries under the European Agenda
    on Migration, 2. März 2017 | http://bit.ly/2hiiVYC

39 Ebd.

40 EU-Kommission: Regional Operational Centre in support of
    the Khartoum Process and AU-Horn of Africa Initiative Action
    Document. 19. Dezember, 2016
    http://bit.ly/2hhAzMf

41 EU and Italian cooperation with Sudan on border control: what

is at stake? Report GUE/NGL Delegation to Khartoum, Sudan
19–22 December 2016 | http://bit.ly/2vcd2SV

42 Official Journal of the European Union: Regulation (EU)
2016/1624 | http://bit.ly/2fVddIg

43 Ebd.

44 Frontex: Fundamental Rights | http://bit.ly/1MjVe6w

45 Frontex: Management Board designates Fundamental Rights
Officer. 27. September 2012 | http://bit.ly/2hheGg6

46 Jakob, Christian: Brutale Zurückweisung. In: tageszeitung, 7. No-
vember 2013 | http://bit.ly/2tSh1jx. Und: Jakob, Christian: Rabiater
Rechtsbruch. In: tageszeitung, 16. Juni 2016 | http://bit.ly/2tSfPwr

47 Amnesty International: Hotspot Italy – How EU's flagship approach leads to violations of refugee and migrants rights. Oktober
2016 | http://bit.ly/2eCgnTE

48 Wriedt, Vera; Reinhardt, Darius (European Center for Constitutional and Human Rights, ECCHR): Analysis: Opaque and unac-
countable: Frontex Operation Hera. 2016 | http://bit.ly/2pZD0Ga

49 Ebd.

Technologie (S. 187–206)

1 Decision to close Dadaab refugee camp final, Ruto tells UN boss.
In: The Nation, 23. Mai 2016 | http://bit.ly/2vgmpQY

2 Die Genfer Flüchtlingskonvention nennt sich konkret: »Abkommen über die Rechtsstellung der Flüchtlinge vom 28. Juli 1951 –
Protokoll über die Rechtsstellung der Flüchtlinge, 31. Januar
1967«, UNHCR-Papier, Berlin, Dezember 2015
http://bit.ly/2v8peR0

3 Schlindwein, Simone: Abschied von Dadaab. In: tageszeitung,
3. Dezember 2016 | http://bit.ly/2uRiGHj

4 Kenyas anti-terror border wall sparks heated debate.
In: IRIN, 27. April 2015 | http://bit.ly/2hhUM4u

5 Kenia oder Somalia: Wem gehört das Öl unterm Meer?
In: Deutsche Welle, 19. September 2016 | http://bit.ly/2udC13l

6 Nkala, Oscar: Kenya Begins to Build Wall Along Somali Border.
In: DefenceNews, 26. April 2016

7 Nairobi leads EA arms race with Sh96 billion military budget.
In: BusinessDaily, 25. April 2017 | http://bit.ly/2uRx81T

8 Hintergrundgespräch mit Teilnehmern der Reise, Berlin,
14. Oktober 2016

9   EU-Border Management in Northern Afghanistan (BOMNAF),
    2010 bis 2015, im Rahmen der Internationalen Zusammenarbeit
    der EU | http://bit.ly/2vZASPg

10 Blechschmidt, Peter: Hart an der Grenze. In: Süddeutsche
    Zeitung, 15. Juli 2011

11 Bundestags-Drucksache 17/10358 | http://bit.ly/2wrSxCC

12 Fried, Nico: Anschlussverwendung für Dirk Niebel.
    In: Süddeutsche Zeitung, 2. Juli 2014

13 Monroy, Matthias: »Klingendraht 22« aus Spanien: Das Symbol
    der Festung Europa. In: Heise Online, 14. September 2015
    http://bit.ly/2vgXuN2

14 Turkey starts building automatic shooting gun towers at Syrian
    border. In: YeniSafak, 30. Mai 2016 (http://bit.ly/1NYMGZc); vgl.:
    Arkin, Dan: Turkey to Install New Air Defense Systems on Syria
    Border. In: IsraelDefence, 6. Februar 2017

15 ASELSAN Jahresbericht 2016 | http://bit.ly/2v8vOqK

16 Africa-Frontex.Intelligence Community Joint Report 2016,
    Warschau, April 2017 | http://bit.ly/2vZi1nh

17 European External Action Service: Shared Vision, Common
    Action: A Stronger Europe A Global Strategy for the European
    Union's Foreign And Security Policy, Brüssel, Juni 2016
    http://bit.ly/2kvZ73G

18 Ministère de l'Europe et des Affaires étrangères; Déclarations
    officielles de politique étrangère du 22 avril 2016
    http://bit.ly/2vmTlIe

19 European External Action Service: Shared Vision, Common
    Action: A Stronger Europe A Global Strategy for the European
    Union's Foreign And Security Policy, Brüssel, Juni 2016
    http://bit.ly/2kvZ73G

20 Africa-Frontex-Intelligence Community Joint Report 2015, War-
    schau, 28. Januar 2016 | http://bit.ly/2ucN8tm

21 Frontex Risk Analysis for 2016, Warschau, März 2016, S. 5
    http://bit.ly/1qmFE5Y

22 EU-Kommission: Back to Schengen – A Roadmap, Communi-
    cation from the Commission to the European Parliament, the
    European Council and the Council, Brüssel, 4. März 2016
    http://bit.ly/1RsMcWk

23 EU-Kommission: European Defence Action Plan, November 2015
    http://bit.ly/2vZgrBP

24 Jungholdt, Thorsten: Von der Leyen leistet gleich zwei Offenba-
rungseide. In: N24, 6. Oktober 2016 | http://bit.ly/2vbVuWX

25 EU-Kommission: Guidelines for Integrated Border Management
in the Western Balkans, Januar 2007 | http://bit.ly/2hhWxPn

26 Calais Research Network: 40+ companies profiting from the Jun-
gle eviction and border violence, 16. Oktober 2016
http://bit.ly/2f1TXfq

27 Project on Integrated Maritime Policy in the Mediterranean: Prä-
sentation von Lt. Eduardo León, Guardia Civil: Seahorse-Projects:
Present and Future | http://bit.ly/2uduQsa

28 EU-Kommission Presseerklärung: »EUROSUR: Providing au-
thorities with tools needed to reinforce management of external
borders and fight cross-border crime«, Brüssel, 12. Dezember 2011

29 Borderline ... The EU's New Border Surveillance Initiatives Asses-
sing the Costs and Fundamental Rights Implications of
EUROSUR and the »Smart Borders« Proposals, Heinrich-Böll-
Stiftung, Juni 2012

30 Akkerman, Mark: Border Wars – The arms dealers profiting from
Europe's refugee tragedy, 4. Juli 2016 | http://bit.ly/2wfectE

31 Grieger, Fabian und Schlindwein, Simone: Das Geschäft mit
Hightech-Grenzen. In: tageszeitung, 15. Dezember 2016

32 Programm und Referentenliste des World Border Congress,
Marokko, 21. bis 23. März 2017 | http://bit.ly/2uRw3Hj

33 EU-Strategiepapier Nigeria, Brüssel, 24. Februar 2016
http://bit.ly/2g0amS8

34 EU-Strategiepapier Elfenbeinküste, Brüssel, 24. Februar 2016
http://bit.ly/2uOzFvr

35 EU-Strategiepapier Mali, Brüssel, 24. Februar 2016
http://bit.ly/2fZzpVF

36 Bericht des BMVg über die Ertüchtigung von Partnerstaaten in
dem Bereich Sicherheit, Verteidigung und Stabilisierung, Berlin
2. Juni 2016

37 Akkerman, Mark: Border Wars – The Arms Dealers Profiting
from Europe's Refugee Tragedy, Stop-Wapenhandel-Bericht,
4. Juli 2016

38 GIZ-Informationsblatt: Stärkung der Funktionsfähigkeit von
Polizeistrukturen in Afrika; siehe auch: Polizeiprogramm Afrika:
Programmkurzbeschreibung | http://bit.ly/2vbLBsl; und Bundes-
tags-Drucksache 18/11307 | http://bit.ly/2wyi0t4

39 Sprecher der verschiedenen Firmen zitiert nach Interviews, geführt von Fabian Grieger im Rahmen des Artikels: Grieger, Fabian und Schlindwein, Simone: Das Geschäft mit Hightech-Grenzen. In: tageszeitung, 15. Dezember 2016

40 BMVg-Pressemitteilung: »Aufklärungsdrohne Heron: Das fliegende Auge über Mali«, Berlin, 1. Februar 2017
http://bit.ly/2uZTIsr

41 Bundestags-Drucksache 17/10721 | http://bit.ly/2x7qwH

42 Im Archiv der Autoren

43 Bundestags-Drucksache 18-5671, Berlin, 24. Juli 2015
http://bit.ly/2hgB1KP

44 Mitschrift der Eröffnungsrede der G20-Partnership with Africa Conference, Berlin, 12. bis 13. Juni 2017

45 Proctor, Keith: Europes Migrant Crisis: Defence contractors are poised to win big. In: Fortune, 10. September 2015
http://for.tn/2ubplKD

46 »Identification for Development (ID4D)«, Weltbankprojekt mit Länderstatistiken für Afrika, Update vom 31. Januar 2016
http://bit.ly/2f19Qmy

47 Diese und folgende Informationen und Zitate nach den Recherchen von Welch Guerra, Paul: Durchsichtige Afrikaner. In: tageszeitung, 9. Dezember 2016

48 Biometric System Market by Authentication Type. Marktstudie von MarketsandMarkets, November 2016 | http://bit.ly/1vGshYo

49 Libyen: Bundesdruckerei stellt neue biometrische Pässe her. In: FFM-Online, 31. Dezember 2013 | http://bit.ly/2f0J1ib

50 Interview geführt von Paul Welch Guerra, Berlin, 21. November 2016

51 Europäische Agentur für das Betriebsmanagement von IT-Großsystemen im Raum der Freiheit, der Sicherheit und des Rechts: Biometrics in large-scale ITRecent trends, current performance capabilities, recommendations for the near future. 6. Oktober 2010 | http://bit.ly/2weVUsp

52 Frontex Risk Analysis 2016, Warschau 2016

53 Enhancing security in a world of mobility: improved information exchange in the fight against terrorism and stronger external borders, Pressemitteilung der EU-Kommission, Brüssel 14. September 2016 | http://bit.ly/2tQ7U2F

54 Diese und folgende Informationen laut dem Bericht der

Bund-Länder-Arbeitsgruppe Rückführungen über Vollzugs-
defizite, April 2015 | http://bit.ly/2uMGZId

55 Ebd.

56 Ebd.

57 EU Council: Valletta-Summit Action Plan, 11. bis 12. November
2015 | http://bit.ly/2iligGJ

58 EU Trust Fund Action Document for operational committee deci-
sions. 4. Oktober 2016 | http://bit.ly/2vepW26

59 Marokko, Algerien und Tunesien sagen Rücknahme ihrer Staatsbürger zu, Pressemitteilung des BMI, 29. Februar 2016
http://bit.ly/2vXiQNp

60 Veridos Supplies Innovative Border Control Solution to the King-
dom of Morocco, Veridos-Pressemitteilung, Berlin, 21. März 2016
http://bit.ly/2vkzWaU

61 Mungai, Christine: Dirty hands: Why biometric voting fails in
Africa – and it doesn't matter in the end. In: Mail & Guardian
Africa, 30. März 2015 | http://bit.ly/2vXhSkp

62 Local observers cite intimidation in presidential polls.
In: Rwanda News Agency, Kigali, 11. August 2010
http://bit.ly/2uMFY2O

63 Rwanda vote »allows Kagame to extend term in office«.
In: BBC, 19. Dezember 2015 | http://bbc.in/1IeraNc

64 Um Mitternacht im Palast. In: Der Spiegel, 26. Juli 2010
http://bit.ly/2hfEs4o

65 The national ID scandal. In: Daily Monitor, 9. März 2013
http://bit.ly/2f0e2Ty

66 »Uganda being liberated from slavery of importing security docu-
ments« – President, Pressemitteilung des State House Uganda,
Kampala, 12. Juni 2016 | http://bit.ly/2vXs78e

67 G & D au centre d'une controverse. In: I-Cameroon, 25. Oktober
2012 | http://bit.ly/2vemsN8

68 Grill, Bartholomäus: Blutgeld aus Bayern. In: Die Zeit, 25 / 2008
http://bit.ly/2uO4MqY

69 EU-Strategiepapier Algerien, Brüssel, 9. Februar 2016
http://bit.ly/2ikcwwN

70 Joint Declaration on a Common Agenda on Migration and
Mobility between the Federal Republic of Nigeria and the
European Union and its Member States, 12. März 2015
http://bit.ly/2xlxaPB

71 EU-Strategiepapier Nigeria, Brüssel, 24. Februar 2016
    http://bit.ly/2g0amS8
72 Nigerian national ID program: an ambitious initiative. Gemalto-
    Pressemitteilung, 14. Mai 2017 | http://bit.ly/2vaLYTY

Das Mittelmeer (S. 207–227)

1 »Peng – feuern wir die Kanone ab«. In: Spiegel Online, 16. Juni
   2003 | http://bit.ly/2ve9zmg
2 Ebd.
3 Persönliches Interview, Juli 2009, Taboulba, Tunesien
4 Jakob, Christian: Die Angst vor dem Asylantrag. In:
   tageszeitung, 29. November 2013 (http://bit.ly/2hhxcoA) und: 23
   Tage ohne Hilfe. In: tageszeitung, 7. Oktober 2011
   http://bit.ly/2tVKMEe
5 Shenker, Jack: Migrants left to die after catalogue of failures, says
   report into boat tragedy. In: The Guardian, 28. März 2012
   http://bit.ly/2tW0IWQ
6 Persönliches Telefoninterview, März 2012
7 Blog Fortress Europe | http://fortresseurope.blogspot.de/
8 United for Intercultural Action: 33.305 documented refugees
   death since 1993. 20. Juni 2017 | http://bit.ly/2tQiW87
9 Amtsblatt der EU: Verordnung 343/2003 | http://bit.ly/2ubISuj
10 Deutschland blockiert Änderung der Flüchtlingspolitik. In: Die
    Zeit, 8. Oktober 2013 | http://bit.ly/2vetd1j
11 Redemanuskript EU-Kommission, 9. Oktober 2013
    http://bit.ly/2tWeTeA
12 International Organization for Migration: Missing Migrants
    Project | http://bit.ly/2fQfnJ1
13 International Organization for Migration: IOM Applauds Italy's
    Life-Saving Mare Nostrum Operation: »Not a Migrant Pull
    Factor«. 31. Oktober 2014 | http://bit.ly/2hfb526
14 International Organization for Migration: Missing Migrants
    Project | http://bit.ly/2fQfnJ1
15 Italien beendet Rettungsaktion »Mare Nostrum«. In: Deutsch-
    landfunk, 31. Oktober 2014 | http://bit.ly/2vlcyKp
16 Bundesamt für Migration und Flüchtlinge: Asylgeschäftsstatistik
    September 2014 | http://bit.ly/2wdjKVx
17 Frontex Operations Division, Joint Operations Unit: Concept of
    reinforced joint operation tackling the migratory flows towards

Italy: JO EPN-Triton. Als »restricted« eingestuft. Warschau, 28. August 2014

18 Telefoninterview, April 2016

19 Ebd.

20 Sitzungsproktoll LIBE-Ausschuss EU-Parlament, 4. September 2014 | http://bit.ly/2vXuZ54

21 Teofili, Chiara: Triton: Frontex a Italia, troppi interventi fuori area. In: Euractiv-Protal, 10. Dezember 2014 http://bit.ly/2hga0Y2

22 Redemanuskript EU-Kommission Jean-Claude Juncker, 23. April 2015 | http://bit.ly/2uPHShs

23 Frontex rechnet mit 300.000 Bootsflüchtlingen aus Libyen. In: Spiegel Online, 18. Mai 2016 | http://bit.ly/1YyxunC

24 International Organization for Migration: Missing Migrants Project | http://bit.ly/2fQfnJ1

25 Watch the Med Alarm Phone Initiative https://alarmphone.org/en/

26 Telefoninterview, 17. April 2014

27 Kopp, Hagen: Überleben Glückssache. In: medico Rundschreiben 4/2013 | http://bit.ly/2vayRCl

28 Telefoninterview, 17. April 2014

29 Christine Xuân Müller: Brandenburger startet Flüchtlingshilfe. In: Potsdamer Neueste Nachrichten, 12. Juni 2015 http://bit.ly/2wdejWs

30 Persönliches Interview, 2. Juni 2016, Valletta, Malta

31 Noch wird nicht geschossen. In: tageszeitung, 23. Juni 2016 http://bit.ly/2varquB

32 EU billigt Militäreinsatz gegen Flüchtlingsschleuser. In: Süddeutsche Zeitung, 22. Juni 2015 | http://bit.ly/2uPHMGC

33 De Maizière fordert Aufnahmelager für Flüchtlinge in Nordafrika. In: Die Zeit, 13. Oktober 2016 | http://bit.ly/2f0ZfYz

34 De Maizière will gerettete Flüchtlinge in Aufnahmelager in Nordafrika bringen. In: Die Welt, 13. Oktober 2016 http://bit.ly/2vaFgxk

35 Persönliches Interview in Rom, November 2016

36 Ebd.

37 European External Action Sevice: EUBAM Libya http://bit.ly/2rIEq6e

38 Oppermann will Flüchtlinge nach Nordafrika zurückbringen.

In: Frankfurter Allgemeine Zeitung, 5. Februar 2017
http://bit.ly/2tQxdSj

39 Bundeskanzleramt: EU muss Prioritäten setzen und schneller
    werden. 28. Januar 2017 | http://bit.ly/2ubxwX3

40 Bewarder, Manuel: Auswärtiges Amt kritisiert »KZ-ähnliche
    Verhältnisse«. In: Die Welt, 29. Januar 2017
    http://bit.ly/2vXtUdv

41 EU-Kommission: Managing migration along the Central Mediter-
    ranean Route. 25. Januar 2017 | http://bit.ly/2jQZVhx

42 Sarzanini, Fiorenza: Gommoni, elicotteri e la sala-radar Per la
    Libia piano da 800 milioni. In: Corriere della Sera, 20. März 2017
    http://bit.ly/2mGr4Uf; Migranti, il generale libico Haftar: »Con
    20 miliardi dall'Europa fermiamo il flusso. Sarraj ha violato gli
    accordi di Parigi«. In: Fatto quotidiano, 12. August 2017
    http://bit.ly/2x6lgKf

43 Vereint gegen die Flucht nach Europa. In: Tagesschau, 3. Februar
    2017. | http://bit.ly/2hg09Bi

44 Europäischer Rat: Erklärung von Malta. 3. Februar 2017
    http://bit.ly/2vauXJk

45 Libyens gewähltes Parlament lehnt Flüchtlingspakt mit Italien ab.
    In: Die Zeit, 8. Februar 2017 | http://bit.ly/2uMEAgF

46 Baldini, Alessandra: Libya: al-Sarraj and Gentiloni sign agreement
    on migrants. In: OnuItalia, 2. Februar 2017 | http://bit.ly/2hfBiha

47 Pundy, Doris: Alles nur Ablenkung? Streit um private Seenotret-
    ter. In: Deutsche Welle, 7. Juli 2017 | http://bit.ly/2vadYa8

48 International Organization for Migration: Missing Migrants
    Project | http://bit.ly/2fQfnJ1

49 Zinti, Alessandra: Pm di Trapani: »Singoli membri di Ong
    indagati per favoreggiamento di immigrazione clandestina«.
    In: Repubblica, 10. Mai 2017 | http://bit.ly/2uMq5ZV

50 Bewarder, Manuel: »Einsätze vor Libyen müssen auf den Prüf-
    stand«. In: Die Welt, 27. Februar 2017 | http://bit.ly/2vXiczr

51 Kurz: »Der NGO-Wahnsinn muss beendet werden«. In:
    Die Presse. 24. März 2017 | http://bit.ly/2tWjzkQ

52 Meisner, Matthias: Ermittlungen gegen Dresdner Seenotretter.
    In: Tagesspiegel, 26. Juni 2017 | http://bit.ly/2tf0PvQ

53 Innenminister Thomas de Maizière kritisiert Flüchtlingsretter.
    In: Der Westen, 18. Juli 2017 | http://bit.ly/2hg6hJG

54 Ärzte ohne Grenzen: Seenotrettung im Mittelmeer: Ärzte ohne

Grenzen weist Vorwürfe als bittere Scheindebatte zurück. 18. Juli 2017 | http://bit.ly/2f0n431

55 International Organization for Migration: Missing Migrants Project | http://bit.ly/2fQfnJ1

56 Barigazzi, Jacopo: Germany rejects Italian proposal to open EU ports to migrants. Politico, 6. Juli 2017 | http://politi.co/2tYAO4v

57 EU-Kommission: Central Mediterranean Route: Commission proposes Action Plan to support Italy, reduce pressure and increase solidarity. 4. Juli 2017 | http://bit.ly/2tnTE1T

Wirtschaftsförderung im Dienste der Migrationskontrolle (S. 229–240)

1 Diese und folgende Zitate und Schilderungen nach der Mitschrift der Veranstaltung durch die Autoren, Berlin, 12. Juni 2017

2 Ebd.

3 The Jobs Gap – Making inclusive growth work in Africa. Tony Blair Institute for Global Change, 26. Juni 2017 http://bit.ly/2vXtEey

4 Müller: »Afrika ist ein Chancenkontinent«. In: ZDF, 19. Januar 2017 | http://bit.ly/2wetyhI

5 Persönliches Interview mit Christoph Kannengießer, Hauptge-schäftsführer des Afrika-Vereins der deutschen Wirtschaft, Berlin, 19. Juni 2017

6 Menzel, Stefan: Volkswagen entdeckt Afrika. In: Handelsblatt, 21. Dezember 2016 | http://bit.ly/2tQxXXo

7 Rede von Bundesentwicklungsminister Müller beim Dialog mit den afrikanischen Botschafterinnen und Botschaftern in Deutsch-land: Eckpunkte für einen Marshallplan mit Afrika, Berlin, 24. November 2016 | http://bit.ly/2vbfj0r

8 Ebd.

9 Entweder wir handeln, oder Millionen kommen. In: Tagesschau, 27. Februar 2017 | http://bit.ly/2wdfrJz

10 Rede von Bundesentwicklungsminister Müller beim Dialog mit den afrikanischen Botschafterinnen und Botschaftern in Deutsch-land: Eckpunkte für einen Marshallplan mit Afrika, Berlin, 24. November 2016 | http://bit.ly/2vbfj0r

11 Oxfam: 0,7 Prozent für Entwicklungshilfe ist mehr Schein als Sein. OECD-Pressemitteilung, Berlin, 11. April 2017 http://bit.ly/2tQxRPw

12 »Merkel-Plan«: 300 Millionen Euro zusätzlich für Afrika. In: Die Welt, 12. Juni 2017 | http://bit.ly/2vm2tgq

13 Pro! Afrika – Perspektiven fördern, Chancen nutzen, Wirtschaft stärken. Strategiepapier des Bundesministeriums für Wirtschaft und Energie | http://bit.ly/2tQv5Ko

14 Ebd.

15 Partnerschaft mit Afrika: Startschuss für G20-Afrika-Konferenz in Berlin, Pressemitteilung des Finanzministeriums, 12. Juni 2017 http://bit.ly/2vlWUOS

16 Nkusi, Fred: Why protectionism is a threat to integration? In: New Times, 27. März 2017 | http://bit.ly/2hfZNus

17 East Africa: Rwanda Won't Opt Out of Northern Corridor Standard Gauge Railway Project – Govt. In: New Times, 19. Mai 2017 http://bit.ly/2hh1gAD

18 Schäuble, Wolfgang: »Nationale Alleingänge sind keine Antwort«. In: Die Zeit, 2. März 2017 | http://bit.ly/2vaZlDu

19 G20-Finanzministertreffen in Baden-Baden: Drohende Schuldenkrisen ignoriert, Pressemitteilung von erlassjahr.de, Baden-Baden/Düsseldorf, 18. März 2017 | http://bit.ly/2vXidmY

20 The G20's Compact with Africa: Some disastrous recipes for sustainable development. WEED-Pressemitteilung, 27. April 2017 http://bit.ly/2x6MHDS

21 Obenland, Wolfgang: Europas Einfluss auf die globale Ungleichheit. In: Braunsdorf, Felix (Hrsg.): Fluchtursachen »Made in Germany«, FES-Papier, November 2016

22 Der Compact with Africa: Nord-Süd-Initiative der G20 mit gefährlicher Kehrseite, Erlassjahr-Positionspapier, 13. April 2017 http://bit.ly/2vXQAuf

Freihandel (S. 241–250)

1 Entwicklungsminister Müller wirbt für fairen Handel mit Afrika. In: Bild, 1. März 2017 | http://bit.ly/2tWrrCG

2 1963 trafen sich die Staaten der Europäischen Wirtschaftsgemeinschaft EEC mit 17 afrikanischen Staaten in Kameruns Hauptstadt zum sogenannten 1. Yaounde-Abkommen. Sie unterzeichneten ein Abkommen, nach dem Rohstoffe aus den am wenigsten entwickelten Ländern Afrikas zollfrei in den Schengen-Raum importiert werden dürfen, 1969 wurde dieses Abkommen erneuert: das 2. Yaounde-Abkommen

3 Schlindwein, Simone: Not my cup of coffee. In: Fluter, 9. September 2016 | http://bit.ly/2cySRSV

4 Uganda's First Local Coffee Processing Plant Opens. In: Uganda Radio Network, Kampala, 17. Juli 2009 | http://bit.ly/2x6EvmM

5 Der Irrsinn mit der Milch, ZDF-Dokumentarfilm, 25. Januar 2017 http://bit.ly/2vaQ3aN

6 Reichert, Tobias und Leimbach, Johannes: Billiges Milchpulver für die Welt – Das Auslaufen der EU-Milchquote und die Milcherzeugung und -exporte in Deutschland und der EU, Oktober 2015 http://bit.ly/2vexFx7

7 Sarmadi, Dario: NGOs: Deutsche Milchexport-Offensive bedroht Entwicklungsländer. In: Euractiv, 14. Oktober 205 http://bit.ly/2uMDNfE

8 Honest Accounts? The true story of Africa's billion dollar losses. Curtis Research Report. Juli 2014 | http://bit.ly/UaHCW8

9 Everything But Arms (EBA) – Who benefits, Strategiepapier der EU-Kommission, Brüssel, 30. April 2013 | http://bit.ly/2tQtJ2d

10 Africans fear »ruin« in Europe trade talks. In: Africa Renewal, Juli 2007 | http://bit.ly/2ubqOAq

11 EPA protests in Ghana. In: BBC, 30.9.2008 http://bbc.in/2uMIBSd

12 Kenya, Rwanda sign East Africa trade deal with Europe. In: The East African, 1.9.2016 | http://bit.ly/2ct243j

13 EU-Freihandel mit Afrika: Unfairer Deal? In: Deutsche Welle, 11. Januar 2017 | http://bit.ly/2hfWvHK

14 Burundi says will not sign EPAs; Dar mulls decision as Uganda backs Kenya, Rwanda. In: The East African, 4.9.2016 http://bit.ly/2cncOfR

15 Tanzanian parliament advises government not to sign EPA with EU. In: International Centre for Trade and sustainable Development, 17. November 2016 | http://bit.ly/2hfIp9l

16 Mwambe, Geoffrey Idelphonce: Analysis of the Economic Partnership Agreement between the East African Community and the European Union: A Gravity Model Approach, Dezember 2014

17 Report: EAC members risk losing Europe aid over EPA. In: The Citizen, 25. Dezember 2016 | http://bit.ly/2vkFYsa

18 UN body warns region against signing trade deal with EU. In: The East African, 22. April 2017 | http://bit.ly/2pc4rvT

19 EPA: To sign or not to sign? That is the question for EAC part-
    ners. In: The East African, 21. Mai 2017 | http://bit.ly/2uPGziy
20 EAC-Europe trade deal signing put on hold. In: The East African,
    27. Mai 2017 | http://bit.ly/2uMDr8R
21 Economic Partnership Agreement with West Africa –
    Facts and figures, Papier der EU-Kommission, Juli 2014
    http://bit.ly/2uc29vE
22 Ebd.
23 Amtsblatt der Europäischen Union: Internationale Übereinkünfte
    mit Elfenbeinküste, Brüssel 7. Oktober 2016 | Amtsblatt der
    Europäischen Union: Internationale Übereinkünfte mit Ghana,
    Brüssel 15. Dezember 2016 | http://bit.ly/2uMe8DG
24 How can the EPA help Ghana's sustainable development?,
    EU-Broschüre, Juni 2016 | http://bit.ly/2nZNcSQ
25 EPA-Handelsabkommen EU-Ghana ratifiziert!, Blog-Beitrag von
    Marí, Francisco, Referent für Welternährung, Agrarhandel und
    Meerespolitik, 5. Dezember 2016 | http://bit.ly/2uZOQDG
26 Ebd.

Fazit (S. 251–261)

1 Denmark's contraception aid to Africa »to limit migration«.
   In: BBC, 12. Juli 2017
2 Rede von Kanzlerin Angela Merkel auf der G20-Afrika-Partner-
   schaftskonferenz, Berlin, 12. Juli 2017
3 Grenzkontrollen am Brenner »auf Knopfdruck« möglich.
   In: Die Presse, 23. Januar 2017 | http://bit.ly/2tQvEUr
4 Lage am Brenner stabil, die Panzer bleiben in Kaserne.
   In: Tiroler Tageszeitung, 5. Juli 2017
5 Telefoninterview Landespolizeidirektion Tirol, 9. August 2017
6 Entwicklungsminister warnt vor riesiger Fluchtbewegung aus
   Afrika, in: Die Welt, 18. Juni 2017
7 Hintergrundgespräch mit Polizeikommandant im Ostkongo,
   dessen Truppen im Rahmen des GIZ-Projektes für Grenzkontrollen ausgebildet wurden, Goma, 14. Februar 2017

Weiterführende Literatur

Aiding Surveillance – An exploration of how development and humanitarian aid initiatives are enabling surveillance in developing countries, eine Studie von Privacy International, September 2013
http://bit.ly/2udRDnN

Akkerman, Mark: Border Wars – The Arms Dealers Profiting from Europe's Refugee Tragedy, StopWapenhandel-Bericht, 4.7.2016
http://bit.ly/2wfectE

Andersson, Ruben: Hardwiring the frontier? The politics of security technology in Europe's ›fight against illegal migration‹, in: Security Dialogue, 47/2016, S. 22–39 | http://bit.ly/2tYTYYt

Andersson, Ruben: Time and the Migrant Other: European Border Controls and the Temporal Economics of Illegality, in: American Anthropologist, Vol. 116, No. 4/2014, S. 1–15
http://bit.ly/2tT7BnD

Baldo, Suliman: Border Control from Hell – How the EU's migration partnership legitimizes Sudan's »militia state«, ein Bericht des Enough Project, April 2017 | http://bit.ly/2w08SL4

Betts, Alexander; Collier, Peil; Dierlamm, Helmut; Juraschitz, Norbert: Gestrandet: Warum unsere Flüchtlingspolitik allen schadet – und was jetzt zu tun ist. München, Siedler, 2017

Biometrics: Friend or foe of privacy?, eine Studie von Privacy International, Dezember 2013 | http://bit.ly/2hiyuzB

Bis an die Zäune bewaffnet, eine Studie der Heinrich-Böll-Stiftung, Januar 2015 | http://bit.ly/2uepNrb

Buckel, Sonja: Welcome to Europe – Die Grenzen des europäischen Migrationsrechts. Juridische Auseinandersetzungen um das »Staatsprojekt Europa«. Bielefeld, transcript, 2013

Burgis, Tom: Der Fluch des Reichtums: Warlords, Konzerne, Schmuggler und die Plünderung Afrikas. Frankfurt, Westend, 2016

Braunsdorf, Felix (Hrsg.): Fluchtursachen »Made in Europe« – Über europäische Politik und ihren Zusammenhang mit Migration und Flucht, eine Studie der Friedrich-Ebert-Stiftung, November 2016 | http://bit.ly/2hnyARN

Castles, Stephen; de Haas, Hein; Miller, Mark J.: The Age of Migration: International Population Movements in the Modern World. Basingstoke, Palgrave, 2013 el Gawhary, Karim: Auf der Flucht: Reportagen von beiden Seiten des Mittelmeers. Wien, Kremayr & Scheriau, 2015

Frankenhaeuser, Malin: Mapping Migration & Development in six regional migration dialogues, eine Studie des International Centre for Migration Policy Development, Wien 2015 http://bit.ly/2wfrOoz

Grenzwertig – Eine Analyse der neuen EU-Grenzüberwachungs-initiativen EUROSUR und »intelligente Grenzen«, eine Studie der Heinrich-Böll-Stiftung, Juni 2012

Heimeshoff, Lisa-Marie: Grenzregime II: Migration – Kontrolle – Wissen. Transnationale Perspektiven. Berlin, Assoziation A, 2014

Hess, Sabine; Kasparek, Bernd; Kron, Stefanie: Der lange Sommer der Migration: Grenzregime III. Berlin, Assoziation A, 2016

Human Trafficking and Smuggling on the Horn of Africa-Central Mediterranean Route, eine Studie der Sahan Foundation and IGAD Security Sector Program (ISSP), Februar 2016 http://bit.ly/2uepIUp

Im Schatten der Zitadelle – Der Einfluss des europäischen Migrationsregimes auf Drittstaaten, eine Studie von medico international, Brot für die Welt und Pro Asyl, November 2013 http://bit.ly/2hixuMb

Johnson, Dominic: Afrika vor dem großen Sprung. Berlin, Wagenbach, 2011

Mbolela, Emanuel: Mein Weg vom Kongo nach Europa. Zwischen Widerstand, Flucht und Exil. Wien, Mandelbaum, 2014

The Global Surveillance Industry, eine Studie von Privacy International, Juli 2016 | http://bit.ly/2uOYC9Z

Tinti, Peter und Westcott, Tom: The Niger-Libya corridor – the smuggler's perspective, in: ISS Paper 29, November 2016 | http://bit.ly/2h2beBR

Van Reisen, Mirjam/ Estefanos, Meron/ Rijken, Conny: Human Trafficking in the Sinai: Refugees between Life and Death, Brüssel, Oktober 2012 | http://bit.ly/2vbE9x9

Namens- und Abkürzungsverzeichnis

AECID   Agencia Española de la Cooperación Internacional de Desarrollo

AEI   Afrique-Europe-Interact (transnational organisiertes migrationspolitisches Netzwerk)

AFIC   Africa-Frontex-Intelligence Community (Afrika-Frontex-Geheimdienstbund)

AG Rück   Bund-Länder-Arbeitsgruppe Rückführungen

AHK   Außenhandelskammer

AI   Amnesty International

al-Shabaab   eigentlich Harakat al-Shabaab al-Mujahideen (Bewegung der Mudschaheddin-Jugend, islamistische Miliz in Somalia)

AME   L'Association Malienne des Expulsés (Malische Vereinigung der Abgeschobenen)

AQM   al-Qaida im Maghreb (Islamistische Miliz und Ableger des Terrornetzwerks im Maghreb)

ASD   Aerospace and Defence Industries Association of Europe (Europäischer Verband der Luftfahrt-, Raumfahrt- und Rüstungsindustrie)

AU   African Union (Afrikanische Union)

BAMF   Bundesamt für Migration und Flüchtlinge

BKA   Bundeskriminalamt

BMVg   Bundesministerium für Verteidigung

BMZ   Bundesministerium für wirtschaftliche Zusammenarbeit und Entwicklung

Boko Haram   »westliche Bildung ist Sünde«, islamistische Miliz im Norden Nigerias

CDU   Christlich Demokratische Union

CIGEM   Centre d'Information et de Gestion des Migrations (Europäisch-malische Behörde zur Umsetzung der malischen Migrationspolitik)

CSU   Christlich-Soziale Union

DG ECHO   Directorate-General for European Civil Protection and Humanitarian Aid Operations (EU-Nothilfeagentur)

DIE	Deutsches Institut für Entwicklungspolitik
DW	Deutsche Welle
EAC	East African Community (Ostafrikanische Gemeinschaft)
EADS	European Aeronautic Defence and Space, europäischer Luft-, Raum- und Rüstungskonzern, heißt seit Anfang 2014 Airbus (SE)
EBCG	European Border and Coast Guard (Europäische Grenzschutz- und Küstenagentur)
ECCHR	European Center for Constitutional and Human Rights (Europäisches Zentrum für Verfassungs- und Menschenrechte)
ECHR	European Court of Human Rights (Europäischer Gerichtshof für Menschenrechte)
ECOWAS	Economic Community of West African States (Westafrikanische Wirtschaftsgemeinschaft)
EDF	European Development Fund (Europäischer Entwicklungsfonds)
EEAS	European External Action Service (Europäischer Auswärtiger Dienst)
EIRR	Eritrean Initiative on Refugee Rights (Eritreische Initiative für Flüchtlingsrechte)
EMN	European Migration Network (Europäisches Migrationsnetzwerk)
EOS	European Organisation for Security (Europäische Organisation für Sicherheit)
EPA	Economic Partnership Agreement (Wirtschaftspartnerschaftsabkommen)
ERMCE	Enhancing the Response to Migration Challenges in Egypt (EU-finanziertes Programm zur Migrationspolitik in Ägypten)
ESF	European Security Fencing (spanischer Zaunhersteller)
ESI	European Stability Initiative (Europäische Stabilitätsinitiative)
ESSN	Emergency Social Safety Net (EU-Programm zur Unterstützung syrischer Flüchtlinge in der Türkei, bezahlt aus der FRT)
EU-LISA	European Agency for the operational management

	of Large-Scale IT Systems (Europäische Agentur für das Betriebsmanagement von IT-Großsystemen)
EUBAM	European Union Border Assistance Mission (EU-Trainingsmission in Libyen)
EUCAP	EU Capacity Building Mission (EU-Militärmission in Niger und Sahel)
EURODAC	European Dactyloscopy (Fingerabdruck-Identifizierungssystem für den Abgleich der Fingerabdruckdaten aller Asylbewerber)
Europol	European Union's law enforcement agency (EU-Polizeibehörde)
EUROSUR	European Border Surveillance System (Europäisches Grenzüberwachungssystem)
EUTF	EU Emergency Trust Fund (Europäischer Nothilfe-Treuhandfonds für Afrika)
EUTM	European Training Mission (Europäische Trainingsmission)
FRA	EU Fundamental Rights Agency (Agentur der Europäischen Union für Grundrechte)
FRT	Facility for Refugees in Turkey (EU-Programm zur Unterstützung syrischer Flüchtlinge in der Türkei)
GIZ	Deutsche Gesellschaft für Internationale Zusammenarbeit
GNA	Government of National Accord (Übergangsregierung in Libyen)
Hawala	Islamisches Finanzsystem
HRW	Human Rights Watch
IBM	Integrated Border Management (Integriertes Grenzmanagement)
ICAO	International Civil Aviation Organization (Internationale Zivilluftfahrtorganisation)
ICC	International Criminal Court (Internationaler Strafgerichtshof)
ICJ	International Court of Justice (Internationaler Gerichtshof)
IGAD	Intergovernmental Authority on Development (Zusammenschluss nordostafrikanischer Staaten für Entwicklung und Friedenssicherung)

IOM	International Organization for Migration (Internationale Organisation für Migration)
IPA	Instrument for Pre-accession Assistance (EU-Finanzierungsinstrument für Heranführungshilfe)
IS	Islamic State (Islamischer Staat)
IWI	Israel Weapon Industries (Israelischer Rüstungsverband)
Janjaweed	Sudanesische Reitermiliz in Darfur, übersetzt: »berittene Teufel«
JEM	Justice and Equality Movement (Sudanesische Rebellenorganisation »Bewegung für Gerechtigkeit und Gleichheit«)
KfW	Kreditanstalt für Wiederaufbau
LIBE	Committee on Civil Liberties, Justice and Home Affairs (Ausschuss für bürgerliche Freiheiten, Justiz und Inneres des Europäischen Parlaments)
MINUSMA	United Nations Multidimensional Integrated Stabilization Mission in Mali (UN-Mission in Mali)
NATO	North Atlantic Treaty Organization (Nordatlantikpakt)
NCCHF	National Committee to Combat Human Trafficking (Sudans Komitee zur Bekämpfung des Menschenhandels)
NDR	Norddeutscher Rundfunk
NGO	Non-Governmental Organization (Nichregierungsorganisation)
NIS	Nigeria Immigration Service (Nigerianische Immigrationsbehörde)
NISS	National Intelligence and Security Service (Sudans Geheimdienst)
NRC	Norwegian Refugee Council (Norwegischer Flüchtlingsrat)
NSS	National Security Sector (Ägyptens Geheimdienst)
OECD	Organization für Economic Co-Operation and Development (Organisation für wirtschaftliche Zusammenarbeit und Entwicklung)
RABIT	Rapid Border Intervention Teams von Frontex (an die Außengrenzen entsandte Polizeibeamte aus der ganzen EU)

ROCK	Regional Operational Centre in support of the Khartoum Process and AU-Horn of Africa Initiative (Regionales Operationszentrum zur Unterstützung des Khartoum-Prozesses)
RSF	Rapis Support Forces (Schnelle Einsatztruppe, Sudans Grenzschutzeinheit)
SADC	Southern African Development Community (Südafrikanische Entwicklungsgemeinschaft)
SPÖ	Sozialdemokratische Partei Österreichs
UEMOA	Union Economique et Monétaire Ouest Africaine (Westafrikanische Währungsunion)
UN	United Nations (Vereinte Nationen)
UNECA	United Nations Economic Commission for Africa (UN-Wirtschaftskommission)
UNEP	United Nations Environment Programme (UN-Umweltprogramm)
UNHCR	United Nations High Commissioner for Refugees (UN-Flüchtlingshilfswerk)
UNODC	United Nations Office on Drugs and Crime (UN-Büro zur Bekämpfung von Drogen und Verbrechen)
UNOWAS	United Nations Office for West Africa (UN-Büros für Westafrika und die Sahelregion)
USA	United States of America (Vereinigte Staaten von Amerika)
WAPIS	West Africa Police Information System (Informationssystem für Westafrika)
WDR	Westdeutscher Rundfunk
WHO	World Health Organization (Weltgesundheitsorganisation)
WTO	World Trade Organization (Welthandelsorganisation)

Geografisches Register

Abyei (umkämpfte Ölregion zwischen Sudan und Südsudan) 311

Adé (Grenzübergang zwischen Sudan und Tschad) 311

Addis Abeba 20, 311

Agadez (Wüstenstadt und Hub für Migranten in Niger) 131–135, 137f., 182, 310

Ägypten 19, 27, 59f., 73, 90f., 103–107, 115, 172, 174, 181f., 194, 227, 251, 311

Ajdabiya (Stadt in Libyen) 112, 311

Al Qatrun (Wüstendorf in Libyen nahe der Grenze zum Tschad) 50, 310

Alexandria (Küstenstadt in Ägypten) 103, 106, 115, 311

Algerien 22, 67, 87, 131, 141, 174, 191, 194, 206, 310

Ankara 55, 65, 83, 86, 100, 196, 311

Asmara 33–36, 113, 117, 122, 311

Äthiopien 20–23, 30, 31f., 34–36, 38, 59f., 67, 69, 105, 111–113, 156, 173f., 201, 246, 260, 311

Baden-Baden 237–240

Baden-Württemberg 26, 146, 151

Bamako 20, 46, 140, 142, 152–155, 177f., 253, 310

Be'er Sheva (Stadt in der Negev-Wüste in Israel) 91, 311

Bengasi (Küstenstadt in Libyen) 54, 311

Berlin 7f., 13–15, 20f., 23–26, 29, 33–35, 40, 49, 69, 105, 125, 128f., 132, 148, 150f., 159, 167, 185, 200, 202, 216, 222, 227, 229, 231–233, 238, 240, 242, 252f., 257, 260

Blue Nile (Konfliktregion im Sudan) 18

Botswana 245

Braunschweig 199

Brüssel 8, 13, 21, 24, 29f., 34f., 38, 40, 42, 48, 51f., 54f., 57–60, 62, 69, 71f., 77, 85, 128, 136, 155, 165, 168, 182, 195, 207, 227, 246, 248, 253, 258, 260

Bujumbura 117, 311

Burundi 89, 116f., 121, 122, 246f., 260, 311

Calais (nordfranzösische Hafenstadt und Region in Nordfrankreich an der Meerenge über den Ärmelkanal) 107, 194

Ceuta (spanische Exklave in Marokko) 39, 43, 45f., 190, 310

Dadaab (Flüchtlingslager in Kenia an der Grenze zu Somalia) 101, 187f., 311

Damaskus 75, 311

Daressalam (Hauptstadt von Tansania) 238, 247, 257

Darfur (Kriegsgebiet im Sudan) 17–19, 26 f., 107
Den Haag 129
Dikili (Grenzstadt Türkei) 83, 311
Dirkou (Wüstenstadt in Niger) 131, 310
DR Kongo 8, 89, 116, 118, 120, 174, 198, 201, 260, 298, 310, 311

Elfenbeinküste 8, 22, 91, 136, 138, 174, 196, 198, 230–232, 235, 237, 241, 245, 248, 310
Entebbe (Kleinstadt am Victoriasee in Uganda) 98, 311
Eritrea 20, 22, 32–38, 54, 59 f., 89, 91, 94, 105 f., 109, 112–114, 117, 120 f., 123, 168, 173 f., 209, 214, 253, 256, 260, 311
Evros (Grenzfluss zwischen der Türkei und Bulgarien) 55

Farmakonisi (griechische Insel) 185, 311

Gambia 22, 54, 138, 174, 194, 310
Gao (Wüstenstadt und Hub für Migranten in Mali) 137–140, 310
Ghana 22, 128, 131, 135, 138, 143, 164, 175 f., 196, 201, 204, 232, 235, 238, 245, 248 f., 310
Griechenland 27, 54-56, 59, 71, 81–86, 120, 185, 191 f., 207, 209, 220, 311

Heremakono (Stadt in Mali) 140
Homs (Stadt in Syrien) 80, 89–103, 105, 107, 114, 189, 195, 200, 232, 251 f., 273 f., 311

Israel 54, 89, 311
Istanbul 101 f., 311

Jemen 100, 311
Jordanien 107, 197, 311

Kabalagala (Stadtviertel in Ugandas Hauptstadt Kampala) 121
Kairo 27, 54, 73, 104–106, 181, 201, 257, 311
Kamerun 42, 128–130, 174, 198, 206, 245, 310
Kampala 89–91, 93, 95, 97, 120–124, 311
Kap Verde 45, 63, 153, 172, 194, 253
Kenia 31, 34, 59, 98, 101, 106, 122, 175, 187–189, 196, 199, 201, 233, 235, 238, 245–247, 311
Khartoum 17, 22, 24 f., 27–29, 31 f., 36, 59 f., 102, 107, 109 f., 112, 114, 166, 183, 311
Kigali 94 f., 97, 99, 117, 237, 311
Klein-Asmara (Stadtteil in Nakivale) 117
Klein-Bujumbura (Stadtteil in Nakivale) 117
Klein-Kigali (Stadtteil in Nakivale) 117
Klein-Mogadischu (Stadtteil in Nakivale)...117
Kongo (Fluss) 8

Lampedusa (italienische Insel) 49 f., 113, 209, 213 f., 310

Lesbos (griechische Insel) 54 f., 82, 311

Libyen 54, 56 f., 85, 87 f., 103, 106, 109 f., 112, 114 f., 132 f., 136, 139, 163, 171–175, 180 f., 191 f., 197, 202, 210–212, 214, 218-225, 227, 254, 260, 294, 311

Mali 20–23, 25, 45-47, 67, 69, 135–141, 143 f., 151–156, 162 f., 175, 177, 196 f., 199 f., 204, 227, 252 f., 256, 260, 269, 310

Marokko 22, 39 f., 43, 67, 156–158, 162, 172 f., 175, 179, 185, 190 f., 194, 196, 201, 204, 213, 237, 240, 291, 310

Mauretanien 43 f., 47 f., 135, 162, 172, 174, 176, 185, 194, 197 f., 200, 204, 310

Melilla (spanische Exklave in Marokko) 39, 41–43, 45 f., 190, 310

Mexiko 189

Mogadischu 101 f., 112, 117, 311

Mombasa (Stadt in Tansania) 238, 311

Nairobi 122, 187, 189, 201, 235, 245 f.,287, 311

Nakivale (Flüchtlingslager in Uganda an der Grenze zu Tansania) 117, 119 f., 311

Namibia 245

Niamey 20, 133, 137, 165, 182, 222, 310

Niedersachsen 25, 27

Niger 20–22, 45, 48, 54, 61, 67, 87, 115, 123, 131–135, 137–139, 144, 156, 165, 175, 182, 191, 197 f., 200, 204, 222, 227, 253, 255 f., 260, 310

Niger (Fluss) 8

Nigeria 14, 21–23, 49, 67, 69, 87 f., 100, 115, 126–131, 134–136, 146, 148, 150 f., 156, 164, 172, 175, 182 f., 191, 196–199, 204, 206, 243, 248, 252 f., 256, 260, 265, 310

Nouadhibou (Stadt in Mauretanien) 43 f., 185, 310

Paris 8, 57, 128, 152, 155, 178, 192 f., 227, 237, 260

Philippinen 112

Polen 57, 119

Rabat 22, 24, 40, 59 f., 166, 310

Rakka 73, 75 f.

Ruanda 20, 94–99, 102, 105, 117, 119, 122, 205, 232 f., 237 f., 242, 246 f., 252, 311

Saudi-Arabien 74, 106, 190, 311

Senegal 20–22, 41, 47, 67, 69, 135, 138, 156, 162, 164, 172, 175, 183, 185, 194, 201, 237, 310

Sharm El-Sheikh (Küstenstadt in Ägypten) 60, 311

Simbabwe 206

Sirte (Stadt in Libyen) 51, 310

Somalia 22, 33, 59, 98, 101 f., 112, 117, 173, 175, 187 f., 218, 260, 311

Südafrika 50, 126, 232, 245
Sudan 17–19, 22–32, 34, 45,
    59 f., 65, 67, 89, 91, 102 f.,
    105, 107, 109–114, 123, 168,
    173, 175, 183, 201 f., 253, 260,
    263 f., 311
Süd-Kordofan (Konfliktregion
    im Sudan) 18
Südsudan 34, 59 f., 89, 98, 106,
    116–118, 121, 124 f., 175, 198,
    260, 311
Syrien 18, 27, 56, 65, 72–76,
    78–82, 84 f., 100, 187, 191 f.,
    213, 251, 254, 260, 311

Tansania 117, 119, 199, 238,
    246 f., 311
Tel Aviv 90, 93, 97 f., 311
Tobruk (Stadt in Libyen) 219,
    224, 311
Togo 20, 135, 138, 148, 175, 238,
    310
Tripolis 19, 50–54, 87, 110,
    112 f., 223, 310
Tschad 18 f., 21 f., 50 f., 132, 134,
    165, 175, 198, 200, 311
Tunesien 22, 25, 49, 54, 87, 163,
    167, 172 f., 175, 191, 194, 197,
    207, 213, 222, 227, 235, 237,
    310
Tunis 54, 167, 310

Turin 29
Türkei 39, 54–56, 65–68,
    71–87, 95, 100–103, 106 f.,
    160, 164 f., 173, 187, 191, 195,
    222, 232, 251, 254, 270, 311

Uganda 10, 34, 89, 91, 94–99,
    105, 116–125, 201, 205 f., 242,
    247, 252, 311
Ulm 198
Urfa (Stadt im Süden der Tür-
    kei) 74, 76, 79 f., 311
USA 7, 28, 57, 90, 146, 172, 189,
    189, 191–193, 233,

Valletta 22, 28, 48, 59, 61–63,
    66–68, 136, 138, 140, 154 f.,
    160, 166, 168, 173, 180, 203,
    224

Warschau 134, 173, 176, 194

Yassan (Grenzposten Niger /
    Mali) 137–139, 310

Zentralafrikanische Republik
    260, 311
Zouérat (Stadt im Norden
    Mauretaniens) 43, 310
Zuwara (Küstenstadt in Libyen)
    214, 310

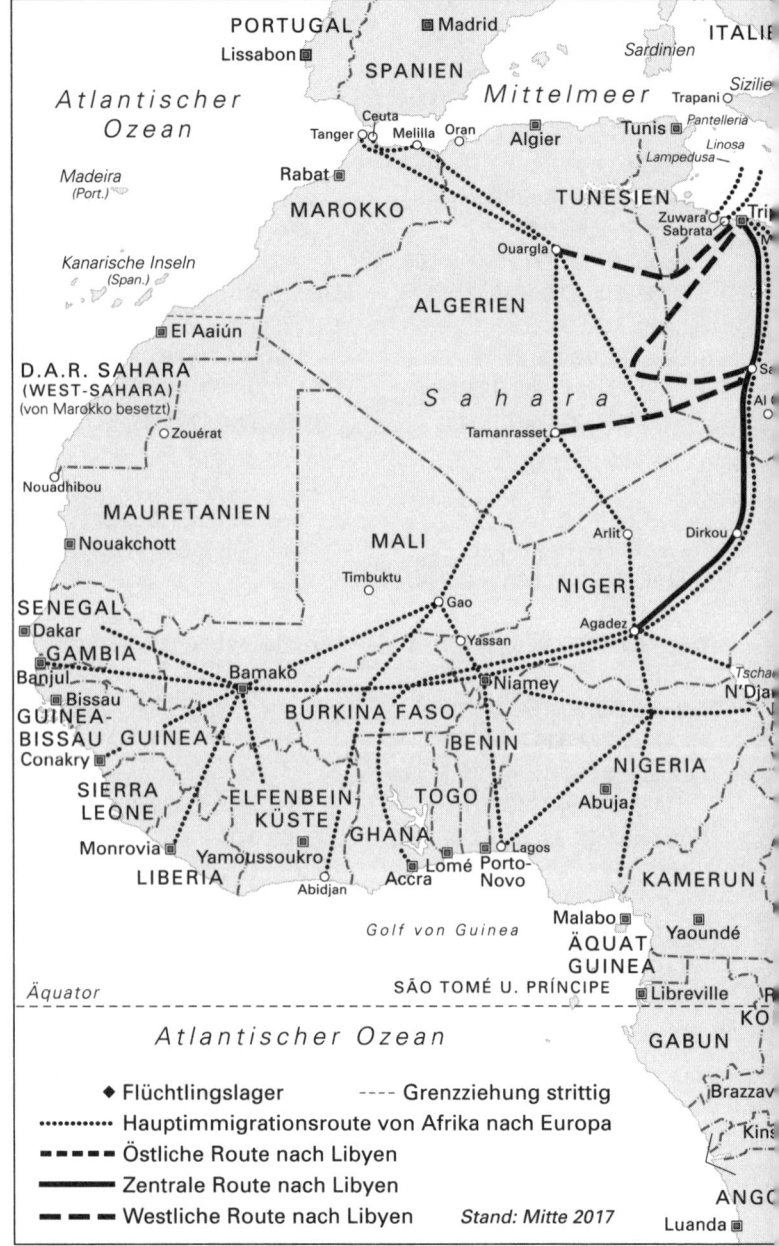

PORTUGAL
Lissabon ■   ■ Madrid   **SPANIEN**   **ITALI**

Sardinien

Atlantischer   *Mittelmeer*   Trapani ■   *Sizilie*
Ozean   Ceuta   Tunis ■   *Pantelleria*
Tanger ○○   Melilla   Oran ○   ■ Algier   *Linosa*
    Lampedusa —

Madeira
(Port.)   Rabat ■   **TUNESIEN**   Zuwara ○ ■ Tri
   MAROKKO   Sabrata

Kanarische Inseln
(Span.)   Ouargla ○

   ■ El Aaiún   **ALGERIEN**   ○ Sa

D.A.R. SAHARA   *S a h a r a*   Al
(WEST-SAHARA)   ○
(von Marokko besetzt)   Tamanrasset ○
   ○ Zouérat

○
Nouadhibou   **MAURETANIEN**   Arlit ○   Dirkou
   ■ Nouakchott   **MALI**

Timbuktu   **NIGER**
○
SENEGAL   ○ Gao   Agadez ○
■ Dakar   ○ Yassan
GAMBIA   Bamako   *Tscha*
Banjul   ■ ■ Niamey   N'Dja
  ■ Bissau   **BURKINA FASO**
GUINEA-
BISSAU GUINEA   **BENIN**
Conakry ■   **NIGERIA**
   SIERRA   **TOGO**   Abuja ■
   LEONE   **ELFENBEIN-**
   KÜSTE   **GHANA**
Monrovia ■   Yamoussoukro ○   ○ Lagos
   LIBERIA   ■ Lomé Porto-
   Abidjan   Accra   Novo   **KAMERUN**

Golf von Guinea   Malabo ■   Yaoundé ■
   ÄQUAT.
   GUINEA
Äquator   SÃO TOMÉ U. PRÍNCIPE   ■ Libreville   **KO**

Atlantischer Ozean   **GABUN**

   Brazzav

   Kins
   ANGC
Luanda ■

◆ Flüchtlingslager   - - - - Grenzziehung strittig
・・・・・・・ Hauptimmigrationsroute von Afrika nach Europa
━ ━ ━ Östliche Route nach Libyen
━━━━ Zentrale Route nach Libyen
━ ━ ━ Westliche Route nach Libyen   *Stand: Mitte 2017*

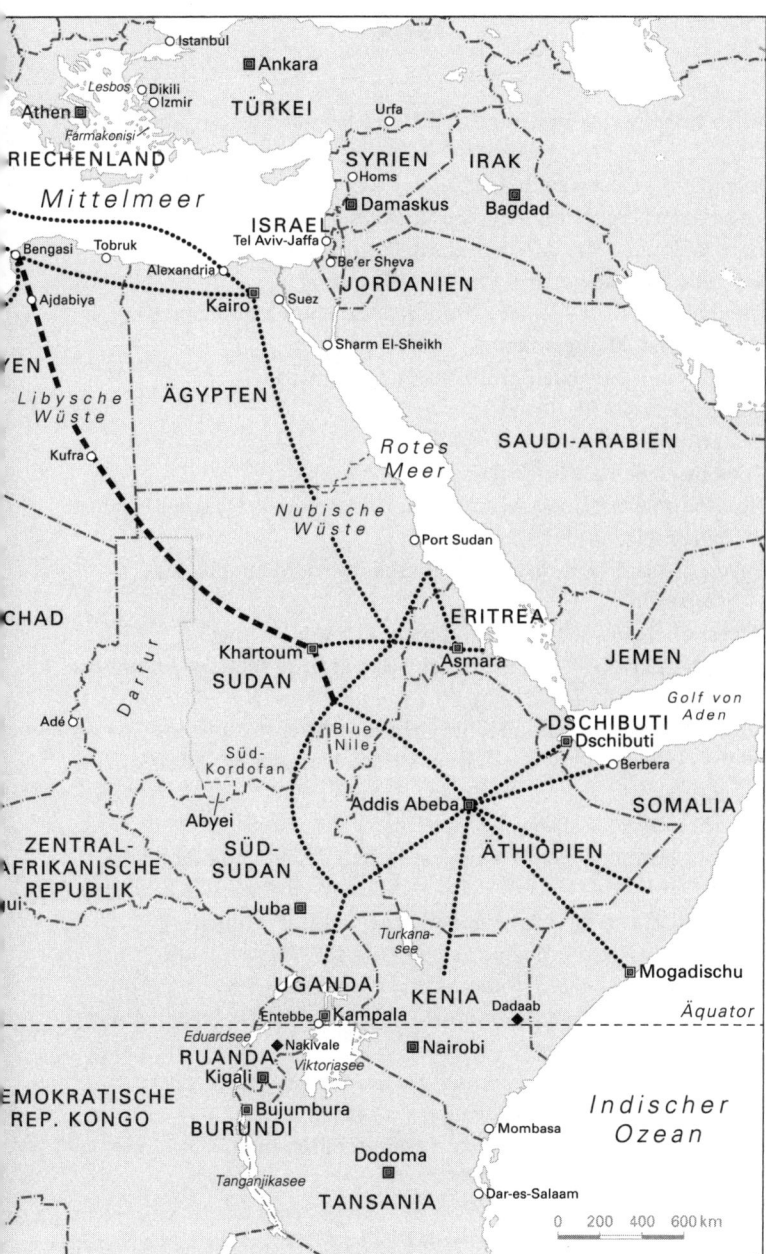

Dank

Allen InterviewpartnerInnen und Hilfeleistenden bei der Recherche:

Samir Abi – Observatoire Migration / Visions Solidaires (Lomé)
Luise Amtsberg (MdB) – Bundestagsfraktion Die Grünen (Berlin)
Ingo Badoreck – Dt. Afrika Stiftung (Berlin)
Marcella Barocco – Alarm Phone (Nimwegen)
Cheikh Ould Baya – Valletta Process Focal Point Mauretanien –
    (Zouérat, Mauretanien)
Olaf Bernau – Afrique Europe Interact (Bremen)
Inge Brees – CARE (Brüssel)
Sean Burke – Statewatch (London)
Tony Buyan – Statewatch (London)
Jean-Pierre Cassarino – Institut de recherche sur le Maghreb contem-
    porain (Tunis / Perugia)
Sékou dit Gaoussou Cisse – EU-Botschafter der Republik Mali
    (Brüssel)
Albert Chaibou – Alternatives Espaces Citoyen (Niamey)
Claudia Charles – Groupe d'information et de soutien des immigrés
    (Paris)
Ulrich Delius – Gesellschaft für bedrohte Völker (Göttingen)
Alpha Abdoulaye Diallo – Réseau Afrique Jeunesse de Guinée
    (Conakry)
Alassane Dicko – Afrique Europe Interact (Bamako)
Helmut Dietrich – Forschungsgesellschaft Flucht und Migration
    (Berlin)
Stephan Dünnwald – Bayerischer Flüchtlingsrat (München)
Hans-Georg Eberl – Afrique Europe Interact (Wien)
Sabine Eckart – medico international (Frankfurt)
Musa Ecweru – State Minister for Relief and Disaster Preparedness
    Uganda (Kampala)
Meron Estefanos – Eritrean Initiative on Refugee Rights (Oslo)
Michael Flynn – Global Detention Project (Genf)
Ralph Genetzke – International Centre for Migration Policy Develop-
    ment (Brüssel)
Jürgen Gottschlich (Istanbul)
Andreas Grünwald – Mitarbeiter Bundestagsfraktion Die Linke (Berlin)

Mohamed Ibn Chambas – Leiter UN-Büro für Westafrika und die Sahelregion, United Nations Office for West Africa (Dakar)

Milka Isinta – Panafrican Network in Defense of Migrants Rights (Nairobi)

Cooper Inveen (Freetown, Sierra Leone)

Dominic Johnson – tageszeitung (Berlin)

Chris Jones – Statewatch (London)

Thomas Hohlfeld – Mitarbeiter Bundestagsfraktion Die Linke (Berlin)

Christoph Kannengießer – Afrika Verein der Dt. Wirtschaft (Berlin)

Uwe Kekeritz (MdB) – Bundestagsfraktion Die Grünen (Berlin)

Ska Keller (MdEP) – Fraktion Die Grünen / EFA, Europaparlament (Brüssel)

Jakob Kießling – Mitarbeiter Bundestagsfraktion Die Grünen (Berlin)

Gerald Knaus – European Stability Initiative (Berlin)

Martial Tetenyo Kodah – World Infant Alliance (Accra, Ghana)

Hagen Kopp – Alarm Phone (Hanau)

Judith Kopp – Pro Asyl (Frankfurt)

Karl Kopp – Pro Asyl (Frankfurt)

Andie Lambe – International Refugee Rights Initiative (Kampala)

Ramona Lenz – medico international (Frankfurt)

Barbara Lochbihler (MdEP) – Die Grünen / EFA

Carlos Lopes – University of Cape Town

Sabine Lösing (MdEP) – Die Linke / EL

Christian Manahl – EU-Delegation Eritrea (Asmara)

Katja Maurer – medico international

Matthias Monroy – Mitarbeiter Bundestagsfraktion Die Linke (Berlin)

Niema Movassat (MdB) – Bundestagsfraktion Die Linke (Berlin)

Melanie Müller – Stiftung Wissenschaft und Politik (Berlin)

Ruben Neugebauer – Sea Watch e.V. (Berlin)

Carolin Njuki – Intergovernmental Authority on Development (Nairobi)

Neda Noraie-Kia – Mitarbeiterin Bundestagsfraktion Die Grünen (Berlin)

Olawale Maiyegun – Sekretär für Migration und soziale Fragen bei der Afrikanischen Union (Addis Abbeba)

Rex Osa – Refugees for Refugees (Stuttgart)

Marina Peter – Brot für die Welt (Berlin)

Liepollo Pheko – International Network on Migration and Development (Südafrika)

Martijn Pluim – International Centre for Migration Policy Development (Wien)

Claire Rodier – MIGREUROP (Paris)

Marina Schramm – IOM Niger (Agadez)

Benjamin Schraven – Dt. Institut für Entwicklungspolitik (Bonn)

Christoph Strässer (MdB) – Bundestagsfraktion SPD (Berlin)

Ninja Taprogge – Care Deutschland (Nairobi)

Ralph Töpfer – Dt. Institut für Menschenrechte (Berlin)

Jerome Tubiana – Small Arms Survey (Paris)

Nfaly Sanoh – Director, Free Movement and Tourism, ECOWAS (Abuja)

Maurice Stierl – Alarm Phone (Berkeley)

Zafira Sukee – Statewatch (London)

Mirjam van Reisen – Europe External Policy Advisors (Brüssel)

Pierre Vimont – Carnegie Europe (Brüssel)

Lydia Wamala – World Food Programm Uganda

Bruno Watara – Afrique Europe Interact (Berlin)

Sophie Wirsching – Brot für die Welt (Berlin)

Reinhard Wolff (Stockholm)

Charly Xaxley – UNHCR Uganda (Kampala)

Abdelbasset Zenzeri (Taboulba)

Den Mitwirkenden am Rechercheprojekt Migration Control (www.taz.de / migrationcontrol), das Grundlage dieses Buches ist:

Förderung
Dr. Christian Ankowitsch – Fleiß und Mut e.V (Berlin)
Kirsten Maas-Alberts, Claudia Simons – Heinrich-Böll-Stiftung (Berlin)
Miriam Edding – stiftung :do (Berlin)
Mercator Stiftung (Berlin)
taz Panter Stiftung (Berlin)
Förderverein Pro Asyl e.V. (Frankfurt)
Ruben Neugebauer, Matthias Kuhnt – Sea Watch e.V. (Berlin)
Dieter Behr – Europäisches BürgerInnenforum (Wien)
Stefanie Kron – Rosa-Luxemburg-Stiftung (Berlin)

AutorInnen & Recherche
Inken Bartels (Hamburg)
Eric Bonse (Brüssel)

Michael Braun (Rom)
Alexander Bühler (Berlin)
Tony Buyan (London)
Ali Celikkan (Berlin)
Michael Flynn (Genf)
Katrin Gänsler (Cotonou)
Hans-Georg Eberl (Wien)
Belinda Grasnick (Berlin)
Fabian Grieger (Berlin)

Cooper Inveen (Freetown)
Dominic Johnson (Berlin)
Susanne Knaul (Tel Aviv)
Katharina Lipowsky (Berlin)
Bernard Schmid (Paris)
Philipp Sofian Naceur (Kairo)
Andrea Stäritz (Abuja)
Nina Violetta Schwarz (Berlin)
Lea Wagner (Berlin)
Reiner Wandler (Madrid)
Paul Welch Guerra (Berlin)

Technik
Daniél Kretschmar – taz.de (Berlin)
Laura Maikowski – Bildargumente (Berlin)
Pierre Maite – Ca Ira (Berlin)
Jürgen Neumann – Econauten (Berlin)
Gustav Pursche – Jib Collective (Berlin)
Robert Schuster – Econauten (Berlin)

Übersetzung
Lyda Baldwin, Charlotte Bomy, Anna Bodenez, Nivena Rafaat –
    lingua•trans•fair – Netzwerk für Kommunikation (Berlin),
    www.linguatransfair.de
Gaby Sohl – tageszeitung (Berlin)
University of Leeds, Centre for Translation Studies School of
    Languages, Cultures and Societies (Leeds)
Zentrum für Translationswissenschaften, Universität Wien

Über Autor und Autorin

Christian Jakob
Jahrgang 1979, Studium der Soziologie, Volkswirtschaft, Philosophie in Bremen und Mailand, Global Studies in Berlin, Buenos Aires und Delhi. Seit 2006 Redakteur der *tageszeitung*, zuerst bei der *taz Nord* in Bremen, dann im *taz1-Ressort* in Berlin, seit 2014 Reporter. Für seine Berichterstattung zur Asylpolitik wurde er 2015 für den Journalistenpreis »Der lange Atem« nominiert. 2016 erschien von ihm im Ch. Links Verlag »Die Bleibenden«, eine Geschichte der Flüchtlingsbewegung in Deutschland.

Simone Schlindwein
Jahrgang 1980, Osteuropastudien, von 2006 bis 2008 u.a. Moskau-Korrespondentin des *Spiegel*, seit 2008 lebt sie in Uganda und ist Korrespondentin der *taz* für die Region der Großen Seen: DR Kongo, Ruanda, Burundi, Uganda, Zentralafrikanische Republik, Südsudan. 2016 Auszeichnung mit dem Journalistenpreis »Der lange Atem« (zusammen mit Dominic Johnson) für ihre Recherchen über die ruandische Hutu-Miliz FDLR in der DR Kongo und Deutschland sowie das dazugehörige Buch »Tatort Kongo – Prozess in Deutschland«.

Dominic Johnson, Simone
Schlindwein, Bianca Schmolze
**Tatort Kongo –
Prozess in Deutschland**
Die Verbrechen der ruandischen
Miliz FDLR und der Versuch
einer juristischen Aufarbeitung

504 Seiten, Broschur
ISBN 978-3-86153-871-4
30,00 € (D); 30,90 € (A)

Das Buch führt von der Anklagebank in einem deutschen Gerichtssaal nach Ruanda und in den Ostkongo. Dort, wo eine straff organisierte Miliz Frauen vergewaltigt, Dörfer plündert und Menschen ermordet: Kriegsverbrechen, die teils von Deutschland aus gesteuert wurden. Es geht um die Hutu-Miliz FDLR, in der sich die Täter des ruandischen Völkermordes von 1994 neu organisiert haben. Ihre beiden politischen Anführer leben in Deutschland. Sie mussten sich ab 2011 vor dem Stuttgarter Oberlandesgericht verantworten. Ein Grundlagenwerk für alle, die sich mit afrikanischer Zeitgeschichte und der Aufarbeitung von Kriegsverbrechen und Menschenrechtsverletzungen beschäftigen.

www.christoph-links-verlag.de